카발라

히브리 종교철학

아돌프 프랑크

하 모 니

The Kabbalah
The Religious Philosophy of the Hebrews

Published in French **by Adolphe Franck(Author)**, 1843
Translated in English by I. Sossnitz, 1926
Translated in English by John C. Wilson, 1967 Translated in Korean by Tae hang Kim, 2023
All rights reserved.

This Korean edition was published by HARMONY in 2023.

The Kabbalah

The Religious Philosophy of the Hebrews

Adolphe Franck

카발라: 히브리 종교철학

2023년 5월 29 초판 1쇄 발행

저자   / 아돌프 프랑크
펴낸이 / 金泰恒
펴낸곳 / 하모니

출판등록 2009 5월 7일 제 2009-03호
충청북도 제천시 하소로 88, 203-605
전화 (043)920-7306, 010-4289-0093
E-mail: kthcross@hanmail.net

ISBN 979-11-85010-11-3 03200

목 차

서문

1편 카발라 서적
    1장 카발라의 고대성　35
    2장 창조의 서의 진실성　49
    3장 조하르의 진실성　57

2편 카발라 교리 분석
    4장 창조의 서　93
    5장 조하르: 카발라의 비유적 방법　107
    6장 조하르: 신의 속성에 대한 카발라 사상　113
    7장 조하르: 세상에 대한 카발라 사상　146
    8장 조하르: 인간의 혼에 대한 카발라 사상　157

3편 카발라와 유사한 철학
    9장 카발라와 플라톤 철학　183
    10장 카발라와 알렉산드리아 학파　190
    11장 카발라와 필론의 교리　205
    12장 카발라와 그리스도교　235
    13장 카발라와 칼데아인과 페르시아인의 종교　244

부록　271
주석　275

저자 서문

플라톤과 스피노자의 교리와 하나 이상의 유사점이 있는 교리, 그 형식에서 때때로 종교 시가(詩歌)의 장엄한 기풍이 나오는 교리, 기독교와 같은 땅에서 그리고 거의 동시에 탄생한 교리, 고대 전승의 증언 외에는 어떠한 뒷받침되는 증거도 없이, 성경의 의미를 더욱 직접적으로 파고들려는 분명한 동기를 가지고, 아주 깊은 신비의 그림자 속에서 12세기가 넘는 기간 동안 발전되고 전파된 교리, 바로 이런 교리가 아주 오래된 카발라 원전과 여러 단편에서 발견되고 있다.

모든 역사 연구, 특히 철학사 연구가 아주 중요한 시기가 되었고, 인간의 탐구는 그 지평선을 넓혀가고 있는 시점에서, 종파나 당파 정신을 넘어 보다 높은 관점에서 바라보아야 하는 이러한 주제 탐구에 용기 내어 참여하게 되었다. 이러한 주제를 둘러싼 어려움과 그 사상과 언어에서 나오는 모호성은 당연히 저자가 짊어져야 할 짐이라 생각한다.

그러나 이것이 카발라가 진지한 사람들의 주의를 끄는 유일한 이유는 아니다. 카발라가 16세기 초부터 17세기 중반까지 신학, 철학, 자연과학 및 의학에 상당한 영향을 미쳤다는 사실을 기억해야 한다. 미란돌라(Pico de la Mirandola, 1463-1494), 아그리파(Cornelius Agrippa, 1486-1535), 로이힐린(Reuchlin, 1455-1522), 파라셀수스(Paracelsus, 1493-1541), 모루스(Henry Morus), 플러드(Robert Fludd, 1574-1637), 판 헬몬트(Van Helmont, 1577-1644), 심지어 야코프 뵈메(Jakob Bohme, 1575-1624)까지 그들에게 영감을 준 것은 카발라 정신이었다. 이들 중 가장 위대한 사람인 야코프 뵈메는 신의 본성 깊은 곳에 있는 만물을 연결하는 본질을 우리에게 보여주기 위해 보편적 학문을 찾다가 길을 잃기도 했다. 카발라에 영향받은 사람 중에는 스피노자도 있지만 아직은 주장하기에 일러서 그에 대해서는 뒤에 언급하겠다.

내가 완전히 미지의 학문을 발견한 사람인 것처럼 그렇게 생각하지는 않겠다. 반대로 언론이 처음으로 카발라의 비밀을 폭로한 순간부터 시작하여, 카발라에 관해 기록된 모든 내용을 검토하는 데만 여러 해가 걸릴 만큼 어려운 분야임을 말하고 싶다.

그러나 여러 형태로 출판되고 인용된 그 많은 히브리어와 라틴어 및 독일어 서적에는 상당히 모순된 의견과 성급한 판단 그리고 환상적인 가설이 있고, 그리고 이 모든 것을 종합하면 참으로 서로 동화될 수 없는 혼돈이 있다. 이런 불협화음은 교리에 대한 평가나 그 기원에 관한 매우 복잡한 문제에서뿐만 아니라 교리의 설명 자체에서도 눈에 띄게 나타난다. 그런 이유로 이 문제를 연구하는 보다 나은 현대적인 방법은 가장 인정받은 원본의 텍스트에 기반을 두고 동시에 이전 연구에서 나온 훌륭하고 진실한 모든 것을 포함하면 유용할 것이다.

그러나 이 연구 계획을 시작하기 전에 독자 앞에서 이 독창적인 개념을 낳고 있고 어느 정도 이 책의 구성 요소를 포함하고 있는 문헌들에 관한 빠른 검토는 필요하다고 생각한다. 그래야 학문이 이 신비한 주제에 대해 얼마나 성공적으로 연구했는지, 그리고 선배 학자들이 우리에게 부여한 임무가 무엇인지에 대해 좀 더 정확한 생각을 할 수 있을 것이기 때문이다. 그 임무를 완수하는 것이 이 서문의 목적이다.

나는 히브리어로 글을 쓴 상당수의 현대 카발리스트들에 대해서는 말하지 않겠다. 개별적으로, 그들의 특징은 거의 중요하지 않으며, 몇 가지 예외를 제외하고는 카발라 체계에 거의 영향을 주지 않았기 때문에 그들 각자를 개별적으로 언급하는 것은 어렵고 지루한 일이기도 하다.

그들은 16세기 중반에 거의 비슷한 시기에 팔레스타인에서 설립된 두 학파로 나누어져 있다는 사실만 알면 충분하다. 하나는 모세 코르도베로(Moses Corduero, 1522-1570)에 의해 설립되었고, 다른 하나는 소수의 유대인이 메시아의 선구자로 여겼던 이삭 루리아(Isaac Luria, 1534-1572)에 의해 설립되었다.

이 두 사람이 학도들에게 심어준 미신적인 숭배에도 불구하고 둘 다 독창성이 부족한 주석가에 불과했다. 코르도베로는 원문의 정신에 깊이 들어가지는 않았지만, 최소한 원문의 의미는 가깝게 유지했다. 반면 루리아는 자신의 환상을 자유롭게 표현하기 위해 실제 텍스트에서 벗어났다. 내가 자주 참고한 사람이 둘 중 누구인가는 여기서 말할 필요는 없지만, 일반적으로 이삭 루리아가 더 중요시된다는 점은 언급하고 싶다.

나는 리차드 시몬(Richard Simon), 버넷(Burnet) 그리고 휘팅겐(Huttingen)처럼 카발라에 대해 잠깐 언급한 저술가들은 다루지 않겠다. 또한 자신의 연구에 출처를 표시하는 것에 한정한 사람들, 즉 요약하는 데 만족한 작가나 다른 사람들이 말한 것을 반복하는 사람들도 마찬가지로 제쳐두겠다. 이 모든 사람을 삭제한 이후에 나는 히브리인들의 신비 교리에 대해 보다 진지한 연구를 하였거나 적어도 그 교리를 깊은 모호함으로부터 끌어낸 공로를 인정받아야 하는 저자들을 다룰 것이다. 카발라 교리는 15세기 말까지 숨겨져 있었다.

카발라의 이름과 존재를 유럽 기독교인들에게 밝힌 첫 번째 사람은 그의 열정적인 마음과 열렬한 상상력으로 인해 본질에서 벗어났지만 이러한 결함 때문에 그가 활동한 세기의 사상에 강력한 추진력을 주었다. 그가 바로 레이몬드 룰루스(Raymond Lullus, 1235-1315)이다. 그가 이 신비 학문에 얼마나 깊게 입문했는지, 그리고 그것이 그의 교리에 어떤 영향을 미쳤는지 말하기는 어렵다.

나는 룰루스가 이 카발라 학문에서 신과 자연의 동일성을 도출했다는 어느 철학 역사가의 견해에 동의하지는 않는다. 그러나 그가 카발라에 대해 고상한 생각을 지녔고 카발라를 신성한 학문이자 이성적인 혼의 깨달음을 위해 빛을 비추는 참된 계시로 여겼다는 것은 확실하다. 그리고 카발리스트들이 자신들의 의견을 성서의 말씀과 연결하기 위해 사용한 작위적인 방법과 그들이 개념과 단어 대신에 숫자와 문자를 자주 사용한 것은 위대한 예술의 발명에 크게 기여했다는 추정이 가능하다. 룰루스가 루리아와 코르도베로라는 두 경쟁 학파가 존재하기 250년 전에 이미 고대와 현대 카발리스트를 구분했다는 점은 주목할 가치가 있다. 카발라 전체의 탄생을 이 시기로 삼으려 하는 현대 비평가들도 있다.

이 마요르카 철학자(룰루스)가 제시한 예는 오랫동안 그대로 남아 있었다. 그 이후로 카발라에 관한 연구는 미란돌라(Mirandola, 1463-1494)와 로이힐린(Reuchlin)이 이 학문에 다시 빛을 비추기 전까지는 잊혔기 때문이다. 그때까지 카발라는 소수의 열렬한 지지자를 제외하고는 이름과 존재만이 알려져 있었다. 그들이 활동한 세기에 대범한 마음과 폭넓은 학식으로 똑같이 존경받았던 이 두 사람은 아직은 카발라 주제의 어려움 속이나 카발라 사상 깊숙이 들어가지는 않았다.

미란돌라는 우리의 조사 대상인 광범위하고 다양한 면을 지닌 카발라를 몇 가지 주제로 한정하여 설명하려고 노력했다. 그러나 그는 원전 자료를 표시하지 않았고 자료 간의 연결점도 거의 발견되지 않았다. 그가 선정한 몇몇 주제는 원래 공개 토론과 논쟁을 통한 발전을 목적으로 의도된 것이 사실이다. 그러나 그것이 우리에게 남긴 영향력 면에서는 그 주제들의 간결성과 고립성 때문에 내용을 이해할 수가 없다. 그리고 아주 다양한 성격의 저작물에 흩어져 있는 여러 터무니없는 내용에서 우리가 바라는 통일성이나 발전 또는 진리의 증거를 찾기가 어렵다.

다른 한 사람인 로이힐린은 그렇게 상상력에 뛰어나지는 않았다. 그는 더 체계적이고 명석했지만 덜 배웠고 불행하게도 신뢰할만한 원전에서 자료를 끌어내는 재능이 없었다. 그는 자신보다 뒤에 태어났지만, 이 방면에서 그보다 앞서 있었던 이탈리아 작가인 미란돌라의 권위를 인용했다. 그러나 그에게서 아리스토텔레스 사상과 아라비아어로 해석된 그리스 전승에 대해 알고 있던 내용을 자신의 카발라 지식을 가지고 혼합한 14세기 주석가인 가짜 아브라함 벤 디오르(Abraham ben Dior)의 모습이 아니라, 부족한 비판 정신을 지닌 카스티야의 요셉(Joseph of Castile, 1248-1305)의 모습이 보인다.

게다가 로이힐린이 채택한 방식은 주제에 적합하지도 않고 진지함도 없다. 그리고 그가 몇 가지 불명확한 유추를 통해 카발라와 피타고라스 교리 사이의 연관성을 확립하려고 가장 중요한 질문을 다루지 않은 것은 아쉽다. 로이힐린은 이탈리아학파의 창시자는 카발리스트의 제자였으며, 카발리스트에게 그의 체계의 기초뿐만 아니라 상징적 형태와 가르침의 성격까지 빚지고 있다고 주장했다.

로이힐린의 명성을 확립한 두 작품 중 『카발라 예술(de Arte Cabbalistica, 1517)』 하나만이 히브리인의 신비 교리를 순서대로 설명하고 있다. 다른 하나인 『기적의 말씀(de Verbo Mirifico, 1494)』은 사실 첫 번째로 출판된 것으로, 앞 작품에 대한 소개일 뿐이다. 그러나 이 소개는 좀 더 오래된 개념에서 발전한 것처럼 보이지만 개인적인 관점에서 생각한 것이다. 이 책에서 저자는 신에게 바쳐진 이름을 정의하는 척하면서 자신의 신비롭고 모험적인 정신을 마음껏 발휘했다. 그는 그리스에서든 동양에서든 모든 종교철학이 히브리 문헌들에서 기원했다는 것을 일반적인 방식으로 증명하려고 노력하였다. 그리고 여기서 그가 나중에 "기독교 카발라"라고 불리는 것의 토대가 세워졌다.

그 시대부터 카발라 사상은 보다 일반적인 관심의 대상이 되었고, 깊은 지식을 지닌 작품에서뿐만 아니라 16세기와 17세기의 과학 및 종교 운동에서도 진지하고 중요한 일로 여겨졌다. 이 시기에 아그리파(Cornelius Agrippa, 1486-1535)의 두 작품, 포스텔(Postel, 1510-1581)의 지적이고 호기심 많은 창의력 있는 작품들, 피스토리우스(Pistorius, 1546-1608)가 출판한 기독교 카발리스트들에 대한 작품, 보이신(Joseph Voysin, 1610-1685)의 번역서들, 동양 고대에 대한 키르히너(Kirchner, 1601-1680)의 연구물들, 마지막으로 이 모든 작품의 이력서이자 완성품인 『베일 벗은 카발라(Kabbalah Unveiled)』가 연속으로 나왔다.

아그리파에게 이중적인 성격이 보인다. 하나는 『오컬트 철학(de Occulta Philosophia, 1533년과 1531년에 쾰른에서 출판됨)』의 저자, 신비주의가 담고 있는 온갖 환상에 대한 열광적인 옹호자, 온갖 환상적인 예술의 거장(토匠)이고, 다른 하나는 학문의 불확실성과 허무함을 한탄하는 낙심한 회의론자이다.

카발라 연구에 가장 큰 공헌을 한 것은 확실히 첫 번째 인격은 아니다. 반대로, 카발라 체계의 형이상학적 측면, 즉 그 본질과 진정한 근원에 대한 시각을 잃어버리고 신비주의적 형태에만 집착하여 그것을 점성술과 마법으로 발전시킴으로써 그는 심오하고 진지한 마음의 소유자들을 카발라에서 멀어지게 하는데 적지 않게 기여했다.

그러나 회의론자인 아그리파는 이런 중독에서 회복되었고, 말하자면 이성을 회복하였으며, 오래된 카발라 개념과 영지주의의 다양한 분파와의 관계를 인정하였다. 그리고 카발리스트들이 인정한 다양한 속성, 즉 10개 세피로트라고 불리는 다양한 속성과 성 제롬이 마르첼라(Marcella)에게 보낸 편지에서 언급한 10가지 신비한 이름 사이의 유사점을 지적한 것도 그였다.

내가 아는 한, 포스텔은 카발라의 가장 오래되고 가장 모호한 기념비적 작품인 『창조의 서(Sefer Yetzirah)』를 라틴어로 번역한 최초의 사람이었다. 이것은 전설적인 전승에 따라 족장 아브라함의 저서로 심지어 아담의 것으로 여겨지기도 하는 작품이다. 본문만큼이나 모호한 이 라틴어 번역에서 판단할 수 있는 것은, 일반적으로 충실한 번역으로 보인다는 것이다. 그러나 저자가 어떤 새로운 종교의 사도를 흉내 내어 제멋대로인 상상을 정당화하기 위해 자신의 풍부한 학식을 사용하여 만든 본문의 주석에는 유용한 것이 아무것도 없다. 포스텔은 또한 왕립 도서관의 필사본들에서 찾았지만 찾을 수 없었던 『조하르(Zohar)』의 미출판 번역본의 저자로 인정받고 있다.

피스토리우스(Pistorius)는 더 유용하고 더 겸손한 목표를 설정했다. 그는 카발라 내용으로 출판되었거나 카발라 정신이 고취된 모든 글을 하나의 컬렉션으로 통합하려고 노력했다. 그러나 알 수 없는 이유로 그는 작업이 반쯤 끝났을 때 작업을 중단했다. 원래 작품을 구성하게 될 두 개의 방대한 책 중 하나는 히브리어로 기록되어서 결과적으로 유대교의 영향을 받은 모든 카발라 책에 바쳐졌다. 다른 하나는 기독교 카발리스트들에게 바쳐졌는데 저자의 말을 인용하면 이렇다, "기독교인임을 고백하는 사람들은 항상 경건하고 정직한 삶으로 다른 사람과 구별되며, 따라서 사람들은 그들의 글이 유대인의 장황한 말이라는 이유로 거절하지 않을 것이다." 이것은 그 시대의 편견에 대한 현명한 예방 조치였다. 하지만 마지막 책만 존재한다.

이 책에는 『창조의 서』의 라틴어 번역본과 이미 언급한 로이힐린의 두 저작물 외에도 "미란돌라의 논문"에 대한 신비적이고 전적으로 자의적인 주석이 포함되어 있다. 이 논문은 『카스티야의 요셉』 작품을 라틴어로 번역한 것으로 『놀라운 말씀(de Verbo Mirifico, 로이힐린의 첫 카발라 작품)』의 기본이 되는 역할을 하였다.

마지막으로 두 명의 유대인 작가의 논문이 있는데, 그중 한 명은 카발라 연구를 통해 기독교를 포용했는데, 그 사람은 막시밀리안 1세 황제의 주치의인 폴 리치(Paul Ricci)이다. 다른 한 사람은 유명한 아브라바넬의 아들 혹은 유다 아브라바넬(Judah Abravanel, 1465-1521) 또는 히브리인 레온(Leon)으로 더 잘 알려진 인물이다.

히브리인 레온은 그의 작품 『사랑에 관한 대화(Dialogues on Love)』로 신비주의 역사에서 두드러진 위치를 차지할 만하며, 여러 프랑스어 번역본이 있다. 그러나 그의 작품은 카발라에 간접적으로 관련되기 때문에, 중요한 관점 중 하나에서 도출된 개념을 가볍게 지적하는 것으로 충분할 것이다.

신비적 토대보다 비유적 형식에 더 많은 관심을 기울인 폴 리치는 적당한 거리를 두고 로이힐린을 따르는 것으로 만족한다. 그리고 로이힐린과 마찬가지로 그는 카발라적인 절차를 통해 기독교의 모든 본질적인 믿음을 증명하려고 한다. 이것이 그의 작품 『천상의 농업에 대하여(De celesti Agricultura)』의 특징이다. 그는 또한 『카발라에 대한 소개(Isagoge in Cabbalistarum)』의 저자이기도 하다. 여기에서 그는 선배들의 의견을 다소 간략하게 요약하는 것에 그쳤다. 그러나 선배들과는 달리 그는 카발라 전통을 히브리 족장들이나 인류의 조상까지 거슬러 올라가는 것으로 하지는 않는다. 그는 이러한 전통이 그리스도께서 자신의 교리를 전파하기 시작하셨을 때 이미 유행했으며 그 전통이 새 언약을 위한 길을 닦았다는 믿음에 만족한다. 그의 말에 따르면, 조상의 신앙을 버리지 않고 복음을 받아들인 수천 명의 유대인들은 다름 아닌 당시의 카발리스트들이었다.

요셉 보이신에 대해 말하자면, 그는 조하르 본문에서 혼의 속성을 충실하게 번역하였고, 번역한 내용이 큰 영향력을 발휘하여서 그는 더욱 중요한 작품에 매진하게 되었다. 그것이 카발라에 대한 그의 기여로 볼 수 있다.

키르히너(Kirchner)라는 이름은 깊은 존경심 없이는 말해질 수 없다. 그는 모든 학문의 살아있는 백과사전이었다. 그의 엄청난 학식을 넘어서는 학문은 없으며, 그의 중요한 발견으로 그에게 빚진 여러 학문으로는, 특히 고고학, 언어학 및 자연과학이 있다. 그러나 이 뛰어난 학자는 비평가와 철학자에게 필요한 자질이 부족하였고 때때로 고지식함도 드러내었다. 그가 카발리스트의 교리를 설명하는 내내 보여주는 성격이 바로 그런 것이었다.

따라서 그는 카발라가 족장 아브라함에 의해 처음으로 이집트로 전해졌고, 이집트에서 카발라가 모든 종교와 모든 철학 체계와 혼합되어 동양의 나머지 지역으로 점진적으로 퍼졌다는 사실을 조금도 의심하지 않는다. 그러나 그는 이 가상의 권위와 이 엄청난 고대성을 인정하면서도 카발라의 진정한 가치를 훼손한다. 카발라의 심오하고 독창적인 사상, 카발라가 담고 있는 대담한 신조, 카발라의 모든 종교와 도덕의 토대를 꿰뚫는 놀랄만한 견해는 그의 연약한 지각력 너머에 있다.

그에게 카발라는 수천 가지의 숫자와 문자 조합, 임의의 암호, 마지막으로 성경을 제외한 모든 권위에 반항하는 사람들에게 성서에 접근할 수 있게 의미를 부여하는 다소 환상적인 절차로 존재한다. 내가 이 책을 집필하면서 가지고 온 여러 사실과 텍스트는 이 이상한 관점을 파괴하는 것을 목표로 하고 있으므로 나는 이것에 대해 더 이상 언급하지 않을 것이다. 로이힐린과 미란돌라와 마찬가지로 키르히너도 현대 카발리스트들의 작품만을 알고 있었다고 여겨진다. 이들 카발리스트 중 대다수는 죽은 문자와 무의미한 상징에서 지혜로 가는 길의 중간에 멈췄다고 생각한다.

오늘날 우리를 사로잡고 있는 주제에 대해 로젠로스(Christian Knorr Rosenroth, 1636-1689)의 『베일 벗은 카발라(Kabbala Denudata)』만큼 완전하고 정확한 그리고 존경받을 만한 작품은 없다. 이 책은 큰 노력과 희생으로 저술되었다.

이 책에는 충실하게 번역된 귀중한 텍스트들이 있는데 카발라의 가장 중요한 저서인 조하르(Zohar)의 오래된 단편들이 그 속에 있다. 텍스트가 없는 경우 광범위한 분석과 매우 상세한 표를 제공한다. 또한 현대 카발리스트의 수많은 발췌문이나 전체 논문을 포함하고 있는데, 이는 카발라 실체에 대한 지식을 위해 우리를 준비시키는 일종의 사전이다.

그리고 마지막으로 저자는 카발라에 정통한 자들을 기독교로 개종시키려는 구실로 그리고 아마도 진지한 바람을 가지고, 그들의 교리와 유사성을 보이는 신약성경의 모든 구절을 수집했다. 그러나 이 위대한 사업의 성격에 대해 환상이 있어서는 안 된다. 전임자들과 마찬가지로 카발라의 가장 오래된 기념비적 작품들의 기원과 전승 또는 진정성에 대해서는 언급이 없기 때문이다. 또한 카발라 체계의 잘 짜인 완전한 설명을 거기에서 찾는 것은 헛된 일이다. 그것은 필연적으로 이러한 성격의 작품에 들어가야 하는 자료만을 포함한다. 그리고 이 단일한 관점에서 보더라도 그것은 비판으로부터 자유롭지는 않다.

부데(Johann Franz Budde, 1667-1729)의 표현 중 일부는 가혹했지만, 부데가 다음과 같이 말했을 때 그렇게 부당하지는 않았다. "그것은 필요한 것과 불필요한 것, 유용한 것과 쓸모없는 것이 혼돈 속에서 뒤범벅되어 던져지는 모호하고 혼란스러운 작품이다." 그가 더 나은 선택을 했으면 그의 작품은 더 풍부하고 덜 광범위했을 수 있었다.

그리고 나는 에레라(Abraham Cohen de Herrera, 1570-1635)의 거짓 카발라 작품에 대해서도 똑같이 말할 것이다. 철학적 학식으로 주목할만한 이 스페인 랍비는 카발라의 진정한 원칙을 이삭 루리아 학파의 현대적 전통으로 대체하는 데 만족하지 않았다. 그는 플라톤, 아리스토텔레스와 플로티누스, 아비센나(980-1037) 그리고 미란돌라의 사상, 즉 그가 아는 그리스와 아라비아 철학의 모든 사상을 카발라와 혼합함으로써 카발라 원칙을 훼손시키는 일을 했다.

현대 철학 역사가들은 주로 에레라를 카발라 해석의 지침으로 삼았는데, 아마도 그의 논문의 교훈적인 순서와 언어의 정확성 때문일 것이다. 그리고 그러한 지침이 받아들여졌기 때문에, 카발라의 기원을 아주 최근으로 잡는다거나, 카발라를 잘 알려진 다른 체계를 모방한 표절로 간주하는 것은 놀라운 일이 아니다.

마지막으로, 로젠로스는 가장 오래된 원전(原典)에 집착하고 싶지 않았고, 조하르에 숨겨진 독창성과 흥미로운 사실을 많은 인용문을 통해 우리에게 알리고 싶지 않았다. 그런데 그가 이성을 지닌 사람이라면 아무도 읽지 않을 이삭 루리아의 주석을 선호한 이유는 무엇일까? 저자 자신이 이 헛된 망상을 밝히는 데 드는 희생과 노고를 말했는데, 그런 노고가 10세기경 사디아(Saadia, 892-942)에서 시작하여 13세기에 나흐마니데스(Nachmanides, 1194-1270)에서 끝이 난, 아직 거의 알려지지 않은 카발리스트들의 긴 계보 연구에 사용되었으면 더 낫지 않았을까?

이런 식으로, 전통이 처음 기록된 순간부터 레온(Moses de Leon, 1240-1305)에 의하여 그들의 비밀이 완전히 침해된 시점까지 조하르를 구성하는 모든 전통을 포함했으면, 우리는 카발라 전통의 전체 연결사슬을 가질 수 있었을 것이다. 이 작업이 너무 어려웠다면 적어도 유명한 마이몬(Moses hen Maimon/Maimonides 1138-1204)의 옹호자인 나흐마니데스의 높이 평가되는 작품에 시간을 할애하는 것은 가능했었을 것이다. 나흐마니데스의 카발라 지식은 하늘에서 예언자 엘리야가 그에게 가져왔다고 할 정도로 대단한 감탄을 불러일으켰다.

그 빈틈과 수많은 불완전성에도 불구하고 로젠로스의 성실한 작품은 인내와 학식의 기념비로 영원히 남을 것이며, 유대 사상을 알고자 하는 사람이나 온갖 형태의 신비주의를 관찰하고자 하는 사람들이 참고할 만하다. 카발라에 대한 그의 깊은 지식 덕분에 카발라 교리는 개종의 도구나 오컬트 과학으로만 연구되지 않게 되었다. 그것은 철학적, 문헌학적 연구와 철학의 일반 역사 그리고 이성적 신학 영역에서 카발라의 지식으로 신약성서의 어려운 구절을 설명하려는 역할로 자리를 잡았다.

이런 방향을 선택한 첫 번째 사람은 신학자이자 저명한 철학자인 게오르크 베흐터(George Wachter, 1663-1757)이다. 그는 스피노자주의라는 잘못된 비난을 받았으며 자신이 헌신한 두 학문을 조화시키려고 시도하였다. 베흐터의 관심은 처음에는 다음과 같은 방식으로 카발라로 향했다. 아우크스부르크의 신앙고백(the confession of Augsburg)을 믿는 한 개신교인이 자신이 잘 모르던 이 체계에 유혹되어 공개적으로 유대교로 개종하고 그의 실명(Johann Peter Speeth, ?-1701)을 버리고 모세 게르마누스(Moses Germanus)라는 이름을 선택하였다. 그는 베흐터와 편지를 주고받았는데 그 편지에서 『유대교에서 스피노자주의』라는 제목의 작은 책이 나왔다(Amsterdam, 1699, 12mo, 독일어)

이 책은 카발라 사상의 본질이나 기원에 대해 많은 것을 밝히지 않지만 가장 큰 관심을 끄는 질문을 하나 제기한다. "스피노자는 카발라에서 입문하였는가, 그리고 이 교리가 그의 체계에 어떤 영향을 미쳤는가?"

그때까지 카발라의 중요한 요점과 기독교의 근본적인 교리 사이에는 상당히 밀접한 연관성이 있다는 것이 학자들 사이에서는 거의 일반적인 의견이었다.

베흐터는 이 두 가지 개념의 체계가 큰 간격으로 분리되어 있음을 입증하려고 했다. 그는 카발라는 무신론이고 신을 부정하고 세상을 신성시한다고 생각했다. 스피노자의 교리는 카발라에 좀 더 현대적인 형태가 주어진 것으로 생각했다.

우리는 여기서 두 체계(카발라와 기독교)가 그 자체로 잘 판단되었는지 아닌지를 조사할 필요는 없지만, 그들의 유사성에 대한 이론이나 역사적 계승에 대한 어떤 근거가 있는지 하는 여부는 조사할 필요가 있다. 주어진 유일한 증거는(나는 다소 터무니없는 유추와 유사성을 믿지 않기 때문에) 두 개의 중요한 구절로 구성되어 있는데, 하나는 스피노자 『윤리학(Ethics)』에서, 다른 하나는 스피노자의 편지이다.

편지 내용은 다음과 같다. "내가 만물이 신 안에 존재하고 만물이 그 안에서 움직인다는 것을 단언할 때, 나는 고대의 모든 철학자처럼 그리고 성 바울처럼 말하는 것이다."

『윤리학』의 구절은 더 결정적이다. 스피노자는 본질의 단일성에 대해 말하면서 다음과 같이 덧붙인다. "그들이 신, 신의 지성, 그리고 그 지성의 작용 아래 있는 대상들은 하나이며 같은 것으로 생각할 때, 어떤 히브리인들은 이것을 안개를 통하여 인식한 것으로 말한다."

이들 글의 역사적 의미는 조하르에 대한 가장 충실한 주석인 한 카발라 작품에서 거의 문자 그대로 번역된 다음 내용과 나란히 놓으면 이해가 된다.

창조주는 자신이 지식이요, 아시는 분이며, 알려진 분이다. 신의 앎의 방식은 실제로 신 자신 밖의 사물에 신의 생각을 적용하는 것이 아니다. 그분이 존재하는 모든 것을 인식하고 아신다는 것은 바로 그분 자신을 인식하고 앎으로써이다. 그와 합일하지 않은 것은 하나도 없고 그가 그의 본질에서 찾을 수 없는 것은 없다. 그분은 모든 존재의 원형이시며 그분 안에서 만물은 가장 순수하고 완성된 형태로 존재한다. 따라서 피조물의 완전성은 바로 이 존재에 있으며, 그 덕분에 피조물은 존재의 근원과 합일되어 있음을 알게 된다. 그리고 그들이 그것에서 벗어나는 정도에 따라 그들은 그 숭고하고 완전한 상태에서 멀어진다. 1)

이들 구절에서 어떤 결론을 끌어낼 수 있는가? 여러 개념, 테카르트 사유방식, 전적으로 독립적인 이성의 발전, 그리고 무엇보다도 천재(스피노자)의 오류뿐만 아니라 현대 철학의 역사에서 하나의 예가 될 수 있는 대담한 개념이 나오는데, 아무 의미가 없는 것인가? 사람들은 이런 모순에 대해 반박하려고 시도조차 하지 않는다.

더욱이, 스피노자가 카발라에 대한 요약된 내용만 알았고 확신이 없었고 카발라의 중요성은 자신의 철학 체계를 정립한 후에야 인식할 수 있었을 것이라는 추측은, 앞에 인용 글에서 쉽게 알 수 있다.

그러나 이상하게도 베흐터는 카발라의 이익을 위해 스피노자의 모든 독창성을 제거하고 그 교리 자체를 한심한 표절, 특징 없는 편집물로 바꾸어버렸다. 결과적으로 가장 모순적인 체계로 바꾸어버렸다. 어떻게 스피노자 작품이 유신론적이라기보다 무신론적일 수 있는가? 그는 세상과 구별되는 유일신이 아니라 범신론을 가르치지 않는가?

그러나 베흐터가 두 번째 책에서 동일한 주제에 대하여 자신의 의견을 상당히 수정했다는 점을 고려하는 것이 공정할 것이다.2) 따라서 이것에 따르면 스피노자는 더 이상 무신론의 사도가 아니라 숭고한 학문으로 계몽되어 그리스도의 신성과 기독교의 모든 진리를 인정한 참된 학자가 된다. 그는 이전에는 스피노자를 알지도 못한 채 판단했고, 첫인상을 기록할 때 선입견과 흥분된 감정으로 그에 대한 부정적인 영향을 받았다고 솔직히 고백한다.

그는 카발라라는 이름을 지녔지만 본질적으로 다른 두 가지 카발라 교리를 구별함으로써 카발라에 대해서 똑같이 사과한다. 그가 경멸하고 저주하는 현대 카발라와, 그에 따르면 니스 공의회까지 지속된 최고 수준의 전통 학문이었고 그 기원이 불가사의한 고대에 있는 고대 카발라를 구별했다. 교회의 초창기 교부들인 최초의 기독교인들은 다른 철학을 가지고 있지 않았다. 그리고 스피노자를 진리의 길로 이끈 것은 바로 이 고대 카발라 철학이었다고 한다. 저자는 이런 점을 고집스럽게 주장하며 그것을 연구의 중심으로 삼는다

전체적으로 매우 피상적이고 때로는 정확하지 않지만, 스피노자의 교리와 카발라 교리 사이의 이러한 유사성은 카발라의 진정한 의미에 대하여 사람들을 깨우치게 하는데 적지 않게 기여했다. 나는 카발라의 성격과 형이상학적 원리에 관해 이야기하는 것이다.

그 유사성은 그토록 많은 놀라움과 추문을 불러일으킨 이론, 즉 신이 유일한 실체이며 존재하는 모든 것의 내재적 원인과 본질이라는 이론이 새로운 것이 아니라는 것과 종교의 이름으로 기독교의 요람에서 이미 나타났다는 것을 증명하는 연구로 이어졌다.

그러나 이 개념은 그다지 멀지 않은 고대의 어딘가에서도 보인다. 그렇다면 이 개념의 기원은 어디에서 찾아야 하는가? 그것은 그리스인가 아니면 프톨로마이오스 시대의 이집트인가? 아니면 그것을 처음 발견한 팔레스타인인가? 아니면 더 나아가 동방에서 찾아야 하는가?

이것이 형식에만 특별한 주의를 기울이는 소수의 비평가를 제외한 모든 사람의 마음을 근본적으로 사로잡은 질문이며, 카발라 전통에 부여된 의미이기도 하다.

그것은 성서에 적용되는 특정한 해석 방법의 문제가 아니고, 신이 친히 모세나 아브라함이나 아담에게 계시한 이성을 훨씬 초월한

신비에 관한 질문이 아니라, 순전히 인간 학문의 질문이고, 그 자체로 한 고대 민족의 전체 형이상학을 대표하는 체계, 따라서 인간 지성의 역사에 큰 관심을 끄는 체계에 관한 질문이다. 이것은 비유와 신비주의를 제거한 철학적 관점이다.

이 정신은 브루커(Johann Jakob Brucker, 1696-1770)의 설명에서 완벽하게 자리 잡고 있고 일반적으로 널리 퍼진 것 같다. 따라서 1785년 카셀에 있는 고대 유물 조사 협회(Society for the Investigation of Antiquities at Cassel)는 다음과 같은 주제로 학술 대회를 열었다. "만물이 신의 본질의 발출로 생성된다는 카발리스트의 교리는 그리스 철학에서 온 것인가 아니면 그렇지 않은가?" 불행히도 대답은 질문보다 훨씬 덜 합리적이었다.

여기서 상을 받은 작품은 확실히 카발라의 본질과 이 체계의 기원에 관하여 새로운 정보를 주지는 않는다. 그것은 훼손된 우화를 재생산하는 것으로 만족한다.

그 작품은 오르페우스(Orpheus)의 찬가와 탈레스 철학과 피타고라스의 철학에 있는 카발라 개념을 보여준다. 그것은 그들을 이스라엘 족장들과 동시대인으로 만들고, 조금의 망설임도 없이 카발라 개념을 칼데아인들의 고대 지혜로 우리에게 소개한다. 저자가 인류의 요람까지 그 연대가 거슬러 올라가는 일루미나티(Illuminati) 종파에 속했다는 것을 알면, 그다지 놀라운 주장은 아니다.

그러나 성경을 이성적으로 설명하는 완전히 독립적인 방법인 이성적 신학(Rational Theology)은 빈번히 카발라를 사용하였다. 스피노자가 자신의 신학적, 정치적 소책자 논문에서 그 예를 보여주었다. 앞서 말했듯이 당시의 이단을 언급한 바울 서신의 여러 구절을 설명하는 녹석으로 이 신학을 사용했다. 또한 그 안에서 요한복음서의 첫 구절에 대한 설명을 찾고자 했으며, 영지주의 연구나 일반적인 교회사 연구에 유용하게 쓰려고 노력했다.

티데만(Tiedemann, 1748-1803)과 테네만(Tennemann, 1761-1819)은 카발라가 철학사에 속함을 인정하는 일종의 증서를 부여했다. 곧 헤겔학파가 등장했는데, 이 학파는 다른 형태로 자신들의 교리 중 일부가 발견된 카발라 체계를 사용하지 않을 수 없었다.

이 유명한 학파에 대한 반발은 확실히 즉각적이었고, 『카발라주의와 범신론(Kabbalism and Pantheism)』이라는 쓸모없는 작품이 나온 것은 이러한 감정 때문이었다.

이 작은 책의 저자는 증거를 희생시켜가면서 그가 비교하려는 두 체계 사이에 유사점이 없다는 것을 증명하려고 노력한다. 그가 논증의 근거로 사용하는 구절이 그 구절에서 끌어내는 추론과 정반대되는 경우가 종종 있기 때문이다.

게다가 학식에 있어서는 자기보다 앞선 대부분 작가보다 훨씬 열등하다. 그리고 그의 호화로운 인용에도 불구하고 출처에 대한 비판이나 개념에 대한 철학적 평가에서는 선배 학자들을 능가하지 않는다.

마지막으로, 독일의 동양학자들과 신학자들 사이에서 탁월한 위치에 있는 톨루크(Tholuck, 1799~1877)가 최근에 자신의 지식과 뛰어난 비평으로 이 주제에 대하여 기여하기를 바랐다.

그러나 그는 카발라의 기원이라는 한 가지 주제에 관심이 있었고, 그의 견해를 이해하려면 심오한 논의가 필요하기에, 나는 이것을 이 책의 본문에서 다루려고 그에 대한 논평은 유보한다. 이것은 또한 여기에 이름을 올릴 만한 가치가 있지만 아직 언급되지 않은 많은 현대 작가에게도 해당이 된다.

이것이 실질적으로 카발라 서적의 의미와 기원을 밝히기 위해 지금까지 한 노력이다. 앞에서 언급된 불완전한 책들에 충격받아서, 모든 것이 다시 새롭게 시작되어야 한다는 결론을 내리고 싶지는 않다. 반대로, 그러한 뛰어난 사람들의 노력과 오류조차도 무시할 수 없다고 확신한다.

사실상 어떤 도움 없이 기념비적 작품들에 접근하는 것이 가능하더라도, 지금까지 이들 작품에 주어진 다양한 해석을 미리 아는 것이 필요하다. 왜냐하면 이들 해석 각각은 그 자체로 잘 확립된 관점이지만, 그것에만 집착할 때는 결함이 되는 관점이기 때문이다.

따라서 방금 말한 것을 확인하고, 앞서 말한 내용을 요약한다면, 카발라는 신비적 열정으로 기독교 교리의 계시로 예상되는 카발라의 비유적 형식과 신비적 특성만을 마음에 둔 일부 사람들에 의해 받아들여졌다.

또한 어떤 사람들은 카발라를 오컬트 예술로 받아들였고, 그들은 진정한 의도를 숨기는 이상한 형상과 이상한 공식 그리고 인간과 우주 사이의 끊임없는 관계에 충격을 받았다.

마지막으로 또 다른 사람들은 카발라의 모든 형이상학적 원리를 가지고 그 안에서 그들 시대의 철학 선례를 찾으려고 노력했다.

다양한 편견에 의해 지배되는 부분적이고 불완전한 연구를 통해 사실과 모순되지 않고도 카발라에서 이 모든 것을 찾을 수 있다는 것은 이해가 된다. 그러나 카발라에 대한 정확한 개념을 지니기 위해서 그리고 지성적인 작품들 사이에서 그것이 실제로 차지하는 위치를 찾기 위해서는 카발라 체계의 관심 차원이나 종교적 믿음의 관심 차원에서만 연구되어서는 안 된다.

나는 오히려 진리를 위해서만 노력할 것이고 인간 사상의 일반

역사에 아직 거의 알려지지 않은 몇 가지 요소를 제공하려고 노력할 것이다. 이것이 내가 시간과 연구를 아끼지 않은 이 작품에서 도달하고자 하는 목표이다.

AD. FRANCK. 1843

영어 역자 서문

　내가 독일 번역가처럼 이 책의 장점에 대해 긴 서문을 쓴다면 주제넘는 일일 것이다. 기껏해야 형편없는 모조품에 불과할 것이기 때문이다.
　이 책의 저자(아돌프 프랑크)와 독일어 번역가(아돌프 옐리네크)의 전기를 연구하는 사람은 누구나 저자의 철학에 대한 열정적 헌신과 독일어 번역자의 탈무드 지식 및 유대 철학에 대한 박식함을 인정할 것이고, 그들이 책에서 다루는 주제에 대해 말할 수 있는 확실한 권위를 가지고 있음을 인정할 것이다.
　그리고 카발라에 대한 진실한 설명을 원하는 모든 사람에게 이것을 정중하게 들려줄 수 있는 자격이 그들에게 있음을 인정할 것이다. 나는 이러한 자격 중 어느 것도 가지고 있지 않다. 따라서 내 논평은 이 번역의 구성에 한정시킬 것이다.
　나는 주로 여기에서 다루는 주제의 대중화를 지향했으며, 따라서 나는 이런 성격의 주제나 이와 유사한 성격의 주제를 다루는 작업에서 종종 만나는 복잡한 문구나 모호한 표현을 가능한 피했다. 나의 주석은 다소 설명적인 성격을 띠며 독자가 익숙하지 않을 수 있는 어떤 점에 대해 알려주는 역할을 한다.
　하지만 때때로 나는 비평가의 역할을 하지 않을 수 없었다. 특히 프랑스어 원본과 독일어 번역 사이의 불일치를 보이는 곳에서 그러하였다. 그러한 경우에 나는 당연히 원래 출처에서 해결책을 찾을 수밖에 없었고, 저자의 번역이나 독일어 번역자의 번역이 원래 출처인 히브리어나 아랍어 본문의 진정한 의미를 보여주지 않을 것 같

때는 때때로 나의 의견을 감히 내놓아야 했다.

    나는 독일어 번역자 옐리네크 박사가 작성한 모든 주석을 번역했으며 프랑스 원문의 부록 번역을 생략한 그의 예를 따랐다. 그가 그렇게 한 이유는 내가 보기에 정당해 보인다. 대신에 옐리네크 박사의 『조하르(Zohar)에 대한 서지적 고지』에 대한 부록을 추가했다. 이 부록은 프랑스어 텍스트의 부록을 생략한 것에 대한 충분한 보상이 될 것으로 확신한다. 또한 독자의 편의를 위해 색인을 추가했다.

    이 번역에서 나올 수 있는 부정확성과 실수에 대해서는 독자와 비평가의 너그러운 양해를 구하며 선의로 수정할 사항을 알려주시는 분들에게 늘 감사한다. 번역 작업은 결코 쉬운 일이 아니었다. 번역 작업은 바쁜 업무에서 빼낸 시간에 그리고 육체적, 정신적 휴식을 위한 시간 동안(자정부터 새벽까지) 진행되었다.

        소스니츠(I. SOSSNITZ), New York, May, 1926.

영어 역자 서문

이 책은 원래 1843년에 파리에서 프랑스어로 발행된 책으로 제목은 『La Kabbale; ou la philosophie religieuse des Hebreux』이다. 책의 저자인 아돌프 프랑크(1809-1893)는 히브리어 학자이자 동양학자로 이 책 이외에도 모세오경을 번역했으며, 생 마르탱(St. Martin)과 그의 스승 마르티네스 파스칼리스(Martines Pasqualis)에 초점이 맞추어진 프랑스 신비 철학자들에 대한 연구물을 간행했다.

그는 콜레주 드 프랑스(College de France)에서 자연철학과 법철학 교수로 재직하였고 이 분야에서도 많은 저작물을 남겼다.

이 책에서는 원서의 히브리어로 된 각주와 카발라의 기원과 의미를 다룬 옛 문헌들을 조사한 저자의 서문을 포함하여 너무 학문적인 내용은 뺐다. 이 학문적인 내용을 참고하고자 하는 사람은 1889년과 1892년의 프랑스판과 1927년에 뉴욕에서 간행된 I. 소스니츠(I. Sossnitz)의 영어번역본을 보면 된다. 이 영어번역본은 소스니츠의 영어번역본을 기본으로 삼았으나 그것을 아주 상세히 분석하여 번역하였으므로 사실상 새로운 번역이라고 말할 수 있다.

이 번역서는 카발라에 관심이 있는 선택된 독자가 카발라를 이해하는데 도움이 되는 아주 신뢰할만한 책이 될 것이다. 카발라 관련 문헌은 이 책을 포함하여 아주 소수의 작품만이 있다. 유혹적이지만 혼란스러운 카발라의 기원에 관한 질문에 대해서는, 저자가 히브리 대학교 유대 신비주의 역사 교수이며, 살아있는 위대한 유대 신비 역사학자인 게르숌 숄렘(Gershon Sholem)을 포함하여 후대 학자들의 지지를 받았다는 것을 말하고 싶다. 저자는 카발라 기원을 서기 이전으로 보고 있다.

프랑스 원본의 간행과 게르숀 숄렘의 『카발라(Kabbalah)』 간행 사이의 백여 년의 세월 동안 서유럽의 유대인 사이에서 카발라는 암흑기를 겪었다. 이것은 프랑스 혁명과 종교 관용의 분위기가 형성된 후에 유대인들은 서유럽인의 삶을 받아들였기 때문이다.

물론 이것은 신비 공동체의 일원에서 벗어나 개인으로 그런 삶을 받아들여야 가능한 일이기도 했다. 그래서 유대교의 흐름은 합리주의적이고 비신비주의적인 방향으로 향했다. 카발라는 잊혔고 좀 더 정확하게 말한다면 그것이 부끄러운 과거인 양 억압되었다.

저자 프랑크는 당시에 유럽인의 삶을 받아들였지만, 서양에서 고대 카발라의 지혜를 보존하고 해석한 아주 소수의 유대 철학자 중 한 사람이었다. 유대 역사가들은 카발라를 마법적이고 무언가 비밀스럽고 터무니없는 그런 것으로 규정하는데, 그는 이 책에서 알 수 있듯이 카발라는 아주 세련되고 지혜로운 철학임을 보여줄 수 있었다. 수천 년이 지난 지금에 와서도 카발라는 문명인에게 지혜와 지식의 분명한 차이를 가르칠 수 있다.

이 책이 간행되고 지속적으로 이 책에 관심을 가진 사람들로부터 헌신적인 의견이 있었다. 그러나 히틀러의 홀로코스트 후유증으로 지금에야 계명된 유대인들 상당수가 이 고대 지혜의 가르침에 관심을 가지기 시작했다. 그리고 이들과 더불어 수소폭탄의 위험에 직면한 비유대 사회에서도 카발라에 관심을 가지기 시작했다. 이런 새로운 독자들을 위하여 아돌프 프랑크의 인기 있는 카발라 서적을 소개하게 되었다.

존 C. 윌슨(John C. Wilson), 1967

역자 후기

　10여 년 전에 『카발라의 신비 열쇠』를 저술하면서 많은 카발라 서적을 참고했다. 당시 도움이 많이 된 책이 20세기 최고의 카발라 학자인 "아리야 카플란"의 저서 3권이었고 이들 책은 하모니 출판사를 통해 모두 번역 출간이 되었다. 그리고 이번에 번역 출간하는 책은 그때 참고했던 문헌 중 하나이다.
　카발라의 경전이라 할 『조하르』와 『창조의 서』에 대한 기원과 내용의 진실성을 작가의 풍부한 인문학적 지식과 많은 문헌을 통해 검증하는 책이다. 다만 19세기에 저술된 책이라 카발라가 빛을 보기 시작한 20세기의 문헌이나 학설을 참고하지 못한 한계는 있지만 당시에 보면 대단한 시도였고 지금도 그 가치는 인정받고 있다.
　소개하고 싶은 카발라 서적은 많지만, 책의 가치, 국내 시장성 그리고 역자의 능력 등을 고려하여 이번에 이 책을 번역 소개하지만, 언젠가 국내에도 조하르 전체와 창조의 서 해설서, 아리의 사상을 담고 있는 카발라 서적, 이 분야의 권위 있는 유대 학자인 게르솜 숄렘의 서적 등이 국내에 번역 소개되길 기원해 본다.
　영어 역자들의 글에서 알 수 있듯이 이 책은 프랑스어로 저술되었고 독일어와 영어로 번역되었다. 그리고 영어번역본을 가지고 한국어 번역을 시작하였다. 저자의 주석은 되도록 원문 그대로를 실으려 했다
　책에는 많은 철학자와 종교학자 그리고 유대 랍비들이 등장하고 그 시대적 영역은 1세기에서 19세기까지이다. 책에 나오는 많은 인물의 활동 시기는 문맥의 이해를 위하여 필요하나 저자는 그런 정보는 주지 않는다. 그래서 등장인물의 약력에 대해서는 되도록 최소한

으로 역주를 달았지만, 문맥의 흐름을 위해 인물의 활동 시기는 본문에 거의 다 넣었다.

　이 책은 인문학 지식이 있고 카발라에 대한 어느 정도의 지식이 있어야 접근이 가능한 책이라 할 수 있다. 더군다나 책의 저자는 책을 읽는 독자를 고려하여 친절하게 설명하려는 모습은 거의 없다, 저자의 의도를 모르면 자주 문맥의 의미를 놓치기 쉽고, 무슨 의미인지 알 수 없는 경우도 많다. 어려운 철학 개념과 사상을 다루는 책이라 어쩌면 너무도 당연한 일일 수도 있다. 이런 내용에 대해 역자가 작은 지식을 동원하여 문맥의 의미를 명확하게 해 주는 설명을 괄호 안에 넣어 설명하거나, 해석이 필요한 부분은 주를 달아 이해를 도왔다.

　한가지 언급하고 싶은 것은, 이 책에 나오는 카발라 이론(10개 세피로트로 이루어진 생명나무, 세계관, 혼 이론 등)은 카발라 서적 중 하나인 『조하르』에 근거한 것이다. 역사적으로 많은 카발라 학파가 있었고 이런 학파의 교리는 조금씩 다르므로 조하르 내용이 카발라 교리의 유일한 기준이라고 생각하면 안 된다는 점이다. 그리고 카발라 기원에 대한 저자의 추론은 학자들의 여러 의견 중 하나임을 알았으면 한다.

　책의 시장성과 여러 철학의 에센스를 담은 내용의 어려움으로 번역과 출판에 고심을 많았다. 그러나 카발라를 공부하는 독자들에게 약간의 도움이 되고자 하는 마음에 번역과 출판을 하게 되었다. 번역과 출판에 도움을 주신 분들에게 감사의 마음을 전한다.

　　　　　　　　　　　　　　　　김태항,　2023년 5월

제1편 카발라 서적

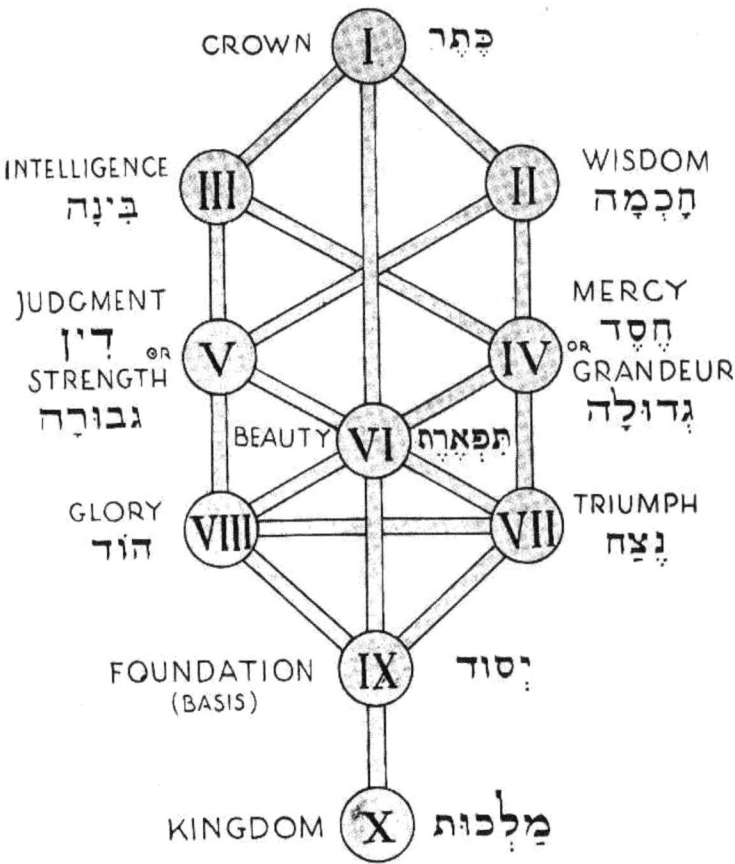

조하르에 근거한 생명나무
(Cordovera's "Pardes Rimonim")

제1장 카발라의 고대성

카발라의 열렬한 지지자들은, 카발라는 최초 인간이 에덴동산에서 추방당한 후에 그가 지닌 원래의 고귀함과 지복(至福) 상태를 회복하는 법을 가르치기 위해 천사들이 하늘에서 가지고 온 가르침이라고 주장한다.3) 어떤 사람들은 히브리인들에게 율법을 준 모세가 시나이산에서 40일간 머무는 동안 신에게서 직접 카발라를 받아 70인의 장로에게 전하였고, 모세는 그들과 성령의 선물을 공유했으며, 그들은 대를 이어 그것을 구전으로 전하였다고 한다. 그리고 에스라 시대에 이르러 에스라4)가 율법과 함께 카발라를 기록하도록 명령받았다고 추정한다.5) 그러나 구약성서의 내용을 아주 철저히 검토해도 오직 소수의 선택된 사람들만을 위해 보존되어온 매우 심오하고 순수한 비밀 가르침이나 교리에 관한 내용은 하나도 찾을 수 없다.

히브리인들은 자신들이 기원한 시기와 바빌로니아 유수에서 귀환한 시기 사이에, 초창기 모든 나라의 사람과 마찬가지로 예언자와 제사장 그리고 시인들 외에는 진리의 전달자나 마음의 조력자를 알지 못했다. 시인은 예언자나 사제와 차이가 있었지만, 시인은 이 둘과 자주 혼동되었고, 제사장은 가르침을 주지 않았지만 화려한 의식(ritual)을 통해 주의를 끌어당겼다. 종교가 과학이라도 되듯이 가르치고 영감의 언어를 교리 스타일로 바꾸는 사람들, 이들을 다른 말로 부른다면 신학자들인데, 이들에 대해서는 이 시기 어디에도 그들의 이름이나 그들의 존재에 대한 언급이 없다.

그들이 "전통의 교사들"을 의미하는 탄나임(Tannaim)이라는 일반적인 이름으로 처음 나타난 것은 기원전 3세기 초인데, 이는 새로운 권위가 된 "전통"이라는 이름으로, 성서에 명백하게 표현되어 있지 않은 모든 것이 그때 가르쳐졌기 때문이다.

이들 탄나임은 이스라엘 역사상 가장 앞선 시대의 교사들로 최고의 존경을 받고 있었으며, 오래된 전승 계보를 유지하고 있었다. 그 계보의 마지막 인물이 미슈나(Mishna)를 편집한 경건자 유다(Judah the Pious)인데 그는 선배들의 말을 수집하여 후대에 전했다. 이들 중에는 랍비 아키바(R. Akiba)와 시메온 벤 요하이(Simeon ben Yohai) 그리고 그의 아들과 친구들이 있는데, 이들이 카발라의 가장 오래된 기념비적인 내용(조하르)을 만들어 낸 것으로 추정된다.

2세기 말에 유다가 죽자 새로운 교사 세대가 시작되었다. 그들은 아마라임(Amaraim)이라 불렸는데, 그들은 자신들의 권위를 전혀 내세우지 않고 탄나임에게서 배운 것만을 이해하기 쉽게 설명했고, 아직 발표되지 않은 탄나임의 가르침을 알렸기 때문이다. 300여 년이 지나면서 이렇게 생겨난 주해서와 이런 새로운 전통 방식은 엄청나게 늘어나서 이들은 마침내 전통의 종결과 완성이라 할 수 있는 게마라(Gemara)란 이름으로 집대성되었다.

이 두 개의 모음집(미슈나와 게마라)은 처음 형성된 때부터 오늘날까지 세심하게 보존되어 탈무드(Talmud)라는 이름으로 합쳐져 있는데, 카발라 체계의 밑바탕이 되는 사상을 탐구하는 것은 아니더라도, 카발라의 기원이 되는 시기와 장소에 관한 자료를 위해서는 탈무드에 관한 우선적인 탐구가 필요하다.

"미슈나(학기가 2장)"에서 다음과 같이 놀라운 구절을 볼 수 있다. "창세기의 창조 이야기는 두 사람에게는 설명이 될 수 없고, 메르카바(Merkaba 하늘의 전차) 이야기는 심지어 한 사람에게도 설명이 될 수 없다. 다만 현명하여 스스로 지혜를 도출할 수 있는 사람만이 이해할 수 있다."

탈무드에 나오는 랍비 제라(R. Zerah)는 훨씬 더 엄격한데, 그는 장(章)의 개략적인 내용도 아주 품위 있는 사람에게만 드러나거나 아주 신중한 사람에게만 알려진다고 덧붙인다. 이 구절을 원문대로 번역하면, "고독으로 가득 찬 마음을 지닌 사람"이다.

이 말이 창세기나 에스겔서 본문을 말하는 것이 아니라는 것은 분명해 보인다. 에스겔서에서는 예언자 에스겔이 그발 강둑에서 본 하늘 전차의 환상에 대해 말하고 있기 때문이다. 말하자면 구약 전체는 모든 사람에게 알려졌고 까마득한 시절부터 전통을 꼼꼼하게 준수하는 사람들은 1년 동안 최소한 한 번 회당에서 구약을 통독할 의무가 있었다. 모세도 모세오경으로 알려진 율법을 공부하라고 권했으며, 바빌론 유수에서 귀환한 후에는 에스라가 회중 앞에서 율법을 낭독했다(에스라 2:8).

그러므로 앞에 언급된 내용이 창조 이야기나 에스겔서의 이야기를 자신이나 다른 사람이 이해할 수 있게 해석하는 것을 금지하는 것이 아닌 것으로 보인다.

여기서 쟁점은 해석에 관한 것인데, 더 적절하게 말하자면 이미 알려진 것일지라도 신비의 봉인 아래 가르쳐진 교리에 관한 것이다. 즉 그것은 원리에서나 형식에서나 일정한 형태가 정해져 있는 학문의 봉인인데, 그것은 몇 개의 장(章)으로 나누어지고 그 각 장은 요약문으로 시작되는 것을 우리는 볼 수 있다.

이것은 에스겔의 환상(vision)에는 적용될 수 없다. 에스겔의 환상은 몇 개의 장에 나오는 것이 아니라 오직 하나의 장, 정확하게는 첫 번째 장에만 나오기 때문이다. 더욱이 그 비밀 교리는 두 부분으로 구성되어 있다고 볼 수 있는데, 그 각각의 중요성은 서로 같지 않다. 즉 한 부분은 두 사람에게는 가르쳐질 수 없으나, 다른 부분은 완전히 공개가 금지되어 있어서, 그가 최고로 가혹한 조건을 충족시켰더라도 한 사람에게도 가르쳐질 수 없었다.

마이모니데스(Maimonides, 1138-1204)가 카발라에 대해 잘 몰랐지만, 그가 카발라의 존재를 부정할 수는 없었다고 믿는다면 그의 저서[6]의 『창세기 이야기』로 불리는 전반부는 자연과학을 가르친 것이고, 『하늘 전차 이야기』라 불리는 후반부는 신학에 대한 논설을 담고 있다고 볼 수 있다. 카발리스트들은 이런 견해를 받아들였다.

여기에 같은 사실이 비슷한 방식으로 제시된 또 다른 구절이 있다.

> 어느 날 랍비 요하난(R. Johanan)이 랍비 엘리에제르(R. Eliezer)에게 말했다. "이리 오시오. 내가 메르카바 이야기를 가르쳐 드리겠소." 그러자 엘리에제르가 "나는 그럴 만큼 나이가 들지 않습니다."라고 대답했다. 그가 늙었을 때 요하난은 죽었고 얼마 후 랍비 아시(R. Assi)가 그에게 와서 "내가 메르카바 이야기를 가르쳐 주겠소."라고 말했다. 그러자 엘리에제르가 "내가 들을 자격이 있다고 생각했다면, 그대의 스승인 요하난에게 배웠을 것이요"라고 대답했다.[7]

이 신비스럽고 성스러운 학문에 입문하기 위해서는, 지성과 높은 지위뿐 아니라 나이가 상당히 들었어야 했다.[8] 오늘날 카발리스트들도 준수하고 있는 이 조건을 충족하더라도, 그 사람이 이 엄청난 비밀의 짐을 받아들인 자신의 지성과 도덕적 능력을 늘 확신하는 것은 아니었다. 그가 짊어져야 할 엄청난 비밀은 그의 신앙과 종교 율법

준수에 위험할 수도 있었기 때문이었다.

이에 대한 흥미로운 예가 탈무드에서 보이는데, 비유적인 표현으로 되어 있어서 뒤에 설명한다.

교사들이 가르치기를, 네 사람이 기쁨의 낙원에 들어갔는데. 그들은 벤 아자이(ben Azai), 벤 조마(ben Zoma), 아헤르(Aher) 그리고 랍비 아키바(R. Akiba)였다. 벤 아자이는 낙원을 둘러보고는 죽었다. 그에게는 구약의 이 구절이 적용될 수 있다. "야훼에게 충실한 자의 죽음은 그분께 귀중하다(시편 116:15)." 벤 조마도 낙원을 둘러보고는 미쳐버렸다. 구약은 그와 같은 사람에 이렇게 말한다. "꿀을 봐도 적당히 먹어라. 너무 많이 먹으면 토하리라(잠언 25:16)." 아헤르는 낙원을 파괴했다. 그러나 아키바만이 평화롭게 들어갔다가 평화롭게 나왔다.[9]

이 구절을 문자 그대로 받아들여 또 다른 삶에 대한 모습을 물질적으로 표현한 것으로 보기는 어렵다. 탈무드는 낙원을 말할 때, 여기에 인용된 본문에 있는 것과 같은 그런 신비적인 표현은 사용하지 않기 때문이다.

그러므로 우리는 네 명의 교사가 들어간 기쁨의 낙원은 실제가 아니라 위에 언급된 신비 학문이라는 훌륭한 유대 권위자들의 주장에 동의해야 한다. 그 학문은 불신앙보다 더 치명적인 정신이상이나 탈선으로 이끌 수도 있어서, 약한 지성의 소유자에게는 위험한 학문이다.

게마라가 탈무드에 나오는 유명한 인물인 아헤르에 대해, 그가 "낙원을 파괴했다.'라고 언급할 때 보여주려 한 것은 그의 탈선이다.

게마라에 의하면, 아헤르(본명은 엘리샤 벤 아부아, Elisha ben Abua)는 이스라엘에서 지혜로운 교사 중 한 사람이었다고 한다. 그의 이름이 아헤르로 바뀌었는데(아헤르의 문자적 의미는 "다른"이란 뜻인데, 즉 다른 사람을 의미한다) 그것은 그가 겪은 변화를 가리키는 것이다.

그리고 실제로 치명적인 호기심에 이끌려 그 정원에 들어갔다가 나왔을 때, 그는 공개적인 불신자가 되었다. 게마라에 의하면, 그는 악의 세력에게 자신을 내주었고, 도덕을 버렸고, 신앙을 배신하였으며, 수치스러운 생활을 했고, 심지어 그가 유아를 살해했다고 비난하는 사람들도 있었다.

참으로 그의 오류는 어디에 있었던가? 그는 종교의 가장 중요한 비밀을 탐구했는데 그것이 그를 어디로 이끌었는가? 예루살렘 탈무드는 아헤르가 두 개의 최고원리를 알았다고 분명하게 기술하고 있다. 이 모든 이야기가 나오는 바빌로니아 탈무드는 같은 내용을 전하는데, 아헤르가 하늘에서 신 옆에 있는 천사, 메타트론(Metatron)의 능력을 보았을 때, "어쩌면 최고의 권능이 둘이 있을 수도 있겠구나."라고 외쳤다고 한다.

우리는 이 사안을 너무 길게 다룰 필요는 없다. 더 중요한 다른 사실들을 인용해야 하기 때문이다. 그래도 그 천사 즉 메타트론이라 불리는 그 존재는 카발라 체계에서 매우 커다란 역할을 한다는 사실이다. 정확하게 말하자면, 가시적 세계를 지배하는 존재가 바로 메타트론이다. 그는 우주에 존재하는 항성과 행성 등 천체를 다스리고 또한 이 모든 것을 감독하는 천사들도 다스린다. 그의 위에는 신의 본질(the Divine Esence)을 띤 지성적 형상들과, 너무 순수하여 물질적인 것에 직접적인 통제를 할 수 없는 영들(spirits) 외에는 아무것도 없기 때문이다. 또한 그의 이름이 지닌 숫자의 가치는 전능자

(Almighty)의 동의어(Shaddai)가 지닌 숫자의 가치와 같다는 것도 잘 알려져 있다.10)

곧 입증이 되겠지만, 카발라는 이원론보다 일원론에 훨씬 더 가깝다. 그러나 신의 지성적 본질이 세상의 지배 권능과 분리되어 있다는 카발라의 비유적 주장은 게마라에 언급된 오류를 설명해주는 것은 아닐까?

같은 출처(미슈나)에서 가져온 자료이고 마이모니데스의 의견이 실려 있는 앞에 나온 인용문은 우리가 다루는 요점을 잘 드러내어 줄 것 같다. 그것은 일종의 철학이고 종교 형이상학인 교리(카발라)가 유대교 최초의 신학자들인 탄나임 일부에서 구전으로 가르쳐졌다는 것이다. 탈무드에 따르면, 고대에는 신에 대한 개념을 표현하기 위한 세 가지 신의 이름이 있었다고 한다. 그것은 유명한 테트라그라마톤(Tetregrammaton), 즉 4자 문자로 된 이름과 성서에는 없는 두 가지 이름으로 첫째는 12문자로 된 이름이고 둘째는 42문자로 된 이름이다. 첫 번째 이름은 대중에게는 금지되었지만, 학파 안에서는 자유롭게 유포되었다. (미슈나) 본문에는 "현인들은 그 이름을 일주일에 한 번 아들과 제자에게 가르쳤다."라고 나온다.

원래는 12문자로 된 신의 이름이 훨씬 많이 알려져 있었다. "그 이름은 모두에게 알려졌다. 그러나 불경한 사람들이 늘어나자 그 이름은 사제 중에 아주 과묵한 사람들에게만 주어졌고, 그들은 축복기도를 하면서 사제들의 찬미 소리에 묻혀서 그 이름이 들리지 않게 했다."11)

끝으로 42문자로 된 이름은 가장 신성한 신비로 여겨졌다. "그것은 사려 깊고, 나이가 지긋이 들고, 성품이 온화하고, 절도를 지키고, 완고하지 않고, 점잖은 사람에게만 가르쳐졌다." 탈무드는 이렇게 덧붙이고 있다. "이 비밀을 받아 그것을 방심하지 않고 순수한 마음으로 지킨 사람은 신의 사랑과 인간의 호의를 기대할 수 있고, 그의 이름은 존경심을 불러일으키고, 그의 지식은 잊힘 없이 보호될 것이며, 그는 우리가 사는 세상과 다가올 세상, 이 두 세상의 상속자이다."12)

「마이모니데스」는 어떤 언어에도 42문자로 된 이름은 없으며, 알파벳에 모음이 없는 히브리어에도 당연히 없다고 지적한다. 그는 42문자가 여러 단어를 이루고 있어, 각각의 단어가 최고 존재에 대한 분명한 개념이나 근본적 속성을 표현하는 것이며, 그 모두가 함께 신의 본질에 대한 참된 정의를 제공한다고 결론지었다.13) 그는 계속하여 이렇게 말했다. "이 이름 자체로 학문이 되었고 그 학문의 지식이 가장 현명한 자에게만 맡겨졌다는 것은, 의심할 여지 없이 신의 본질을 정의하기 위해서는, 신과 만물의 독특성이 더 잘 설명되어야 한다는 의미이다."

이것은 4문자로 된 이름에도 마찬가지이다. 그렇지 않다면, 구약에 자주 나오고, 구약이 "나는 스스로 있는 자이다."라는 고상한 정의를 지닌 이름과 현자들이 1주일에 한 번 선택된 소수의 제자에게 속삭이는 이름이 어떻게 비밀이 유지되어 내려올 수 있었겠는가? 마이모니데스는 탈무드에서 신의 이름에 대한 지식이라 부르는 것은 신학이나 형이상학의 작은 부분일 뿐이며 이런 이유로 이것이 잊히지 않는 증거라고 결론 내린다. 왜냐하면 활동하는 지성 즉 이성에 뿌리내린 개념은 잊힐 수가 없기 때문이다.14)

탈무드 학자들로부터 공인된 권위를 지녔고 자유로운 사상가인 마이모니데스의 상식적인 이러한 생각을 거부하기는 어려울 것이다.15) 여기서 한 가지 의견을 추가하고자 하는데, 아래 내용은 상식적인 눈으로는 보면, 중요하지 않을 수도 있지만, 이 연구가 다루고 있는 개념체계에서는 가치 있는 일이며, 역사적 사실로 받아들일 수 밖에 없다.

카발라의 10개 세피로트 각각의 신성한 히브리 이름을 세고 여기에 접속조사 "와우"(v)를 세피로트의 마지막 이름 앞에 놓으면, 그 문자들의 수가 정확히 42개가 된다.16)

선택된 소수의 사람에게조차 그토록 엄하게 제한되었던 삼중(三重)의 신성한 이름이 이것이 아닐까? 여기서 마이모니데스의 주장이 완전히 정당성을 얻는다.

우선 이 42문자들은 하나의 이름이 아니라 몇 개의 단어를 형성한다. 그리고 각각의 단어들은 어쨌든 카발리스트들의 견해로는 신의 본질적인 특성, 또는 존재의 필요한 형상 중의 하나를 표현하고 있다고 한다.

최종적으로 이 모든 것이 합쳐져서 이들 단어는 우리 마음이 인식할 수 있는 만물의 최고원리를 가장 정확하게 정의한다고 한다. 이 견해는 카발라와 조하르, 그리고 조하르 주석가들을 따른 것이다. 신에 대한 통상적인 신앙과 아주 커다란 간격이 있는 이러한 신의 개념을 고려하면, 만반의 예방조치로 입문자 집단에게만 가르침을 한정시킨 것은 쉽게 이해될 수 있다. 당분간은 이 점에 대해서는 크게 강조하지 않을 것이지만 그 중요성은 결코 과장된 것이 아니다. 인용된 구절에서 드러난 증거를 제시한 것으로 만족한다.

「미슈나」가 편집되었을 당시에, 창조와 신의 본질에 대한 비밀 교리가 존재하였다. 비밀 교리의 연구와 그것의 분리에 대한 합의가 있었고, 이것에 대한 이름은 그것을 알 수 없었던 사람들에게도 일종의 종교적 외경심을 불러일으켰다. 그러나 이 교리가 얼마나 오랫동안 존속했을까? 그 기원을 정확하게 판단할 수 없다면, 그 기원을 가린 짙은 어둠의 그림자가 언제 생겼는지를 알 수 있는 방법이 있을까? 이제 우리가 답하려고 하는 것이 바로 이 질문에 대한 것이다.

매우 신뢰할 만한 역사가들의 견해에 의하면, 「미슈나」 편집은 늦어도 창조 후 3949년, 그리스도 탄생 후 189년에 끝났다.[17] 경건자 유다(Judah the Holy)가 탄나임이 자신에게 전해 준 가르침과 전통을 수집하기만 했다는 것을 기억한다면, 결과적으로 창조와 메르카바의 비밀을 경솔하게 드러내는 것을 금지한 인용 구절은 그 구절이 들어 있는 문헌보다는 더 오래된 것이라는 결론이 나온다.

사실 우리는 인용된 구절들의 저자가 누구인지 알지 못한다. 그러나 이런 사실 자체가 이 구절 내용이 오래된 것임을 입증하는 것이다. 왜냐하면 그 구절이 한 사람의 견해를 표현한 것이라면, 그것은 율법적 권위를 지니지 못했을 것이고, 그런 상황에서 의례 그렇듯이, 신뢰할 만한 사람의 이름이 그 구절의 저자로 언급되었을 것이기 때문이다.

게다가 교리 그 자체는 비밀을 드러내지 말라는 규범보다는 필연적으로 앞서 있을 수밖에 없다. 그것은 일반인뿐 아니라 이스라엘의 학자와 교사 사이에 전파될 위험이 있다고 인식되기 전에, 이미 알려져서 권위를 얻었던 것이 분명해 보인다. 그러므로 무모하게 추정하지 않더라도, 교리의 성립 연대는 늦어도 AD 1세기 말로 추정될 수 있다. 이 시기는 아키바(Akiba)와 시메온 벤 요하이(Simeon ben Yohai)가 살았던 시대인데, 카발리스트들은 카발라에서 가장 중요하고 유명한 작품을 그들이 썼다고 생각한다. 오래되고 뛰어난 카발라 작품인 조하르의 일부인 「이드라 랍바(Idra Rabba)」에 보면 시메온 벤 요하이의 절친한 친구들과 열정적인 제자들의 이름이 나오는데 그중에 한 사람인 집포라의 랍비 요세(R. Jose of Zippora)도 이 세대에 속한다. 이 책 대부분의 인용 구절은 탈무드에서 가져오는데 탈무드의 거룩한 메르카바의 지식은 그에게서 기원한 것이다.

카발라 문헌의 고대성을 증명하는 것은 아닐지라도 최소한 카발라의 개념들이 오래된 것임을 증명하는 권위 있는 글 중에는 옹켈로스(Onkelos, 35-120)가 쓴 칼데아어 모세오경 번역본이 있다. 이 유명한 번역본은 신의 계시로 여겨져 커다란 존경을 받았다.

바빌론 탈무드는 모세가 시나이산에서 기록된 율법과 구전 율법을 받았을 때, 이것도(카발라 교리) 함께 받았으며, 그것이 전승으로 탄나임 시대까지 내려왔고, 옹켈로스는 그것을 필사하는 영광을 누렸을 뿐이라고 추정한다.

현대 신학자들 중 상당수가 옹켈로스 번역본에서 그리스도교의 기초를 찾았다고 믿었다. 그들은 특히 멤라(Memra)라는 말속에서 두 번째 신성한 인격[18]을 알아보았다고 주장하는데, 멤라는 실제로 "말" 또는 "생각"을 의미하며, 번역자가 어디서나 여호와의 이름을 대신하여 쓴 말이다.[19]

이것으로 보아 이 번역본의 정신은 미슈나, 탈무드, 정통 유대교, 그리고 심지어 모세오경의 정신과는 모순되는 것이 확실하다. 요컨대 이 번역본은 많은 신비주의의 흔적을 지니고 있다. 가능하거나 중요한 것이면 어디서든, 사실 또는 형상이 개념으로 대체되고, 영적 의미를 드러내려고 문자 그대로의 의미를 희생시키고, 신의 속성을 묘사하기 위해 신인동형론이 파괴되고 있다.

죽은 문자에 대한 숭배가 우상숭배로 타락해 버린 시대, 사람들이 율법의 구절과 단어와 문자나 세며 세월을 보내던 시대에[20], 공적인 교사들과 정통 종교 지도자들은 엄청나게 증가한 이질적인 종교의식 때문에 의지와 지성을 억압하는 것 외에는 더 나은 것이 없다고 생각했다. 물질적이고 현실적인 생각에 대한 반감과 고상한 이상주의를 위해 문법과 역사를 희생하는 습관은 신비 교리의 모든 특성을 지닌 오래된 비밀 교리의 존재를 분명하게 드러내는 것이다. 끝으로 카발리스트들은 그들의 목적을 이루고, 자신들의 개념을 계시의 용어로 전달하기 위하여 때때로 다소간 비이성적인 수단에 의존하였다.

그러한 수단 중의 하나가 문자의 숫자 가치를 바꾸거나, 더 나은 방식으로는, 일정한 순서에 따라 한 글자를 다른 글자로 바꾸어서, 새로운 알파벳을 만들어 내는 것이었다. 이러한 방법은 옹켈로스 번역본보다 오래된 번역본에서뿐 아니라 탈무드에서도 자주 사용되었다. 옹켈로스 번역본보다 오래된 번역본이란 요나단 벤 우지엘(Jonathan Uzziel, BC 1세기-AD 1세기)의 아람어 번역본(성경 예언서 번역)을 말하는데[21], 그는 나이 든 힐렐(Hillel the Aged, BC 1세기)과 동시대에 살았으며 그의 제자였다. 힐렐은 헤롯의 통치 초기에 대단한 권위를 가지고 가르침을 주었던 인물이었다.

확실히, (문자 숫자 가치 바꾸기 등과 같은 비이성적인) 그러한 과정은 모호하지만 아주 다양한 개념을 산출하는 역할을 할 수 있다. 그러나 대중에게서 그들의 사상을 숨기기로 결심하지 않는 한, 그들은 인위적인 언어를 발명하지 않으며, 그 언어의 열쇠를 의도적으로 숨기지는 않는다.

더욱이 탈무드가 비슷한 방법을 자주 사용하더라도, 탈무드는 우리가 여기서 설명한 방식 그리고 가장 오래된 것이라고 믿는 방식을 사용하지는 않는다. 이것을 따로 떼어 놓고 보면, 그다지 가치 있는 것은 아니지만, 앞에서 묘사한 내용에 더해지면, 이것은 무시될 내용은 아니다. 이들을 함께 비교하면, AD 1세기 말 이전에, 유대인들 사이에는 미슈나, 탈무드, 그리고 경전과 구별되는 크게 존경받는 학문이 유포되고 있었다고 말할 수 있다. 그것은 철학의 필요성뿐만이 아니라, 성찰과 독립의 필요성 때문에 생겨난 신비 교리(카발라)이며, 그럼에도 불구하고 그것은 자신에게 유리하게 전통과 경전이 합쳐진 권위를 내세운다.

이제부터 자연스럽게 카발리스트라고 부를 이 교리의 수호자들은 에세네파와 혼동되지 말아야 하고, 혼동될 수도 없다. 에세네파는 훨씬 앞선 시기부터 알려졌고, 유스티니아누스 황제(Justinian, 483-565)의 통치 기간 이후에도 얼마간 그들은 자신들의 관습과 신앙을 유지하고 있었다.[22]

사실 이 점에 대해 신뢰할 만한 작가가 두 사람 있는데 요세푸스(Josephus, 37-100)[23]와 필론(Philo, 20 BC-50 CE)[24]이 그러하다. 이들의 말에 따르면, 이 유명한 교파의 목표는 본질적으로 도덕적이고 실천적이었다. 그들은 평등과 형제애 같은 것을 가르치려고 노력하였으며, 평등과 형제애는 나중에 그리스도교의 창시자와 사도들에 의하여 크게 설파된 것이다. 반면에 카발라는, 우리가 여기서 다룬 아주 오래된 증거 자료에 따르면, 완전히 사변적인 학문이며, 창조의 비밀과 신의 본질의 비밀을 드러내려고 했다.

에세네파는 중세의 신앙공동체와 매우 비슷한 조직사회였다. 그들의 생활방식은 그들의 정서와 사상을 반영하는 것이었다. 그들은 순수한 삶을 영위하는 것으로 알려진 사람들을 그들의 공동체 안으로 받아들였는데 심지어 여인이나 어린아이도 자격이 되었다. 카발리스트들은 처음 등장했을 때부터 출판물에 의해 그들의 비밀이 드러나 버린 시기까지, 자신들을 늘 신비로 감싸왔다. 그들은 아주 가끔 많은 주의를 기울인 후에 숙련된 소수 사람에게 그들의 문을 약간 개방했는데, 그 입문자들은 지성을 지닌 엘리트 집단에서만 선발되었고, 그들은 어느 정도 나이가 들어서 분별력과 지혜를 보증할 수 있는 사람들이었다.

끝으로, 에세네파는 안식일 준수에서 지나치게 엄격하였지만, 그럼에도 두려움 없이 유대 전통을 공개적으로 거부하고, 예배 의식보다는 도덕성을 중시하는 것을 분명히 하였다. 그들은 심지어 모세오경이 명령한 희생과 의식(ceremonies)을 거부하는 정도에까지 이르렀다. 대부분의 그리스도교 신비주의자와 이슬람 계통의 카르마트파(Karmatians))처럼, 숙련된 카발리스트들도 자신들의 종교의식을 엄격히 지켰다. 자신들이 좋아 만든 전통을 침해하지 않으려고 조심스러워했다. 앞에서 이미 언급하였듯이, 이들 중에는 크게 존경받는 미슈나 학자들도 있었다. 덧붙이자면 나중에도 이들은 자신들의 이런 신중한 습관을 포기하는 일이 거의 없었다.

2장 『창조의 서』의 진실성

이제부터 카발라 체계의 형성에 근간이 된 카발라 작품을 다루게 된다. 1편의 타이틀인 "카발라 서적"으로 판단하면 상당히 많은 서적이 있었던 것으로 보이지만, 여기서는 오랫동안 잘 보존되어왔고, 그 중요성과 고대성 때문에 우리의 관심을 끄는 서적만을 고찰할 것이다. "창세기 이야기"와 "거룩한 메르카바"에 대한 탈무드의 생각과 완전히 부합하는 서적 두 권이 있다. 하나는 『창조의 서(Sefer Yetzirah)』인데, 물리학 체계가 아니라, 일종의 우주론을 담고 있다. 이것은 제1 원리의 직접적인 결과로 모든 현상을 설명하는 시대와 국가에서나 생각할 수 있는 우주론이다. 이것은 탐구 정신을 질식시켰고 결국 외부 세계에서 지각된 어떤 일반적이고 겉으로 드러난 관계는 본질에 대한 학문으로 받아들여졌다.

또 다른 책은 『조하르(Zohar)』라고 불리는데, "광명"이란 뜻이며, 『다니엘서』의 "현명한 사람은 하늘의 광명같이 빛날 것이다" 구절에서 나온 제목이다. 이 책은 특히 신, 영, 인간의 혼에 대해 다루는데, 한마디로 말해서 영적 세계에 대한 것이다. 이 두 권의 책은 어떤 것에도 비교할 수 없을 만큼 가치 있고 중요하다. 난해함으로 가득 차 있는 「조하르」는 「창조의 서(세페르 예치라)」보다 내용이 훨씬 풍부하고 포괄적이어서 더 중요한 서적이지만 연원에 있어서는 『세페르 예치라』가 더 오래되었다.

의미도 연대도 잘 정립되지 않은 탈무드의 구절들이 『세페르 예치라』의 고대성을 입증하기 위하여 소환된다. 여기서는 이런 구절과 이들이 불러일으키는 전설과 논쟁은 무시될 것이고 우리는 이 책의(창조의 서) 주요한 특성과 관련하여서만 탈무드를 연구할 것이다. 이것은 이 책의 성격과 고귀한 기원을 보여주기에 충분할 것이다.

1. 이 책이 담고 있는 체계는 이 책의 이름에서 전해지는 개념과 모든 면에서 일치한다. 책 본문의 첫 번째 서술에서 그것을 확신할 수 있다. "32가지 경이로운 지혜의 길로, 영원하신 분, 만군의 주, 이스라엘의 신, 살아계신 분, 전능하신 분, 영원 가운데 거하시는 최고의 신, 그 이름이 숭고하시고 거룩하신 분께서 세상을 창조하셨다."

2. 이 책이 창조의 행위를 설명하는 방식과 숫자와 문자에 중요성을 부여한 것을 보면, 이 원리가 나중에 무지와 미신에 의하여 어떻게 남용되었는지를 이해하는 데 도움이 된다. 또한 앞에서 언급한 전설들이 어떻게 퍼졌으며, 숫자와 문자에 자연의 방향을 변화시키는 힘을 부여한 이른바 실천적 카발라가 어떻게 생겨났는지를 아는 데 도움이 된다.

이 책의 형식은 단순하고도 품위가 있다. 논증이나 논쟁은 찾아볼 수 없고 규칙적으로 금언이 나오는데, 각각은 고대의 신탁 말씀처럼 간결하다. 한 가지 놀라운 사실은, 후대에 혼을 지칭하는 데만 사용된 용어가 모세오경과 구약성서 전체에서는 살아 있는 육체를 지칭하는 데 사용되었는데, 여기서도 그렇게 사용되고 있다는 점이다.

이 책에는 외국에서 기원하는 단어가 많이 나온다. 일곱 행성의 이름과 하늘의 용의 이름은 칼데아인(Chaldeans)의 학문과 언어의 일부분이 분명하며, 칼데아인은 바벨론 유수 동안, 히브리인에게 막강한 영향력을 발휘했다. 그러나 탈무드와 철학과 학문을 다루는 좀 더 근래의 히브리어 저작물에서 자주 쓰이는 순수한 그리스어 표현과 라틴어 표현 그리고 아랍어 표현은 『세페르 예치라』에서는 보이지 않는다.

단언하건대 일반적으로 이런 특성을 가진 작품은 그리스 문명과도 아랍 문명과도 관련이 없으며, 그리스도교가 탄생하기 이전의 것이라고 할 수 있다. 그러나 논의 중인 이 문헌에서 그리스도 시대 이전의 아리스토텔레스의 용어와 철학의 흔적을 발견하는 일은 어렵지 않다. 예를 들어, 32가지 경이로운 지혜의 길에 관한 내용을 기술하고 나서, 세 개의 용어가 있음을 덧붙인다. 세는 것, 세어지는 것, 세는 행위 그 자체가 그것이다. 아주 초창기의 주석가들은 이것을 주체, 객체, 고찰 또는 사유하는 행위로 번역하였다. 이것은 아리스토텔레스의 형이상학 제12권(the twelfth book of Metaphysics)에 있는 유명한 구절을 자연스럽게 상기시킨다. 지성(the intelligence)은 가지적인 것(지성으로 알 수 있는 것, the intelligible)을 파악함으로써 자신을 이해하고, 바로 그 이해와 인식이라는 행위를 통해 가지적인 것이 된다. 그러므로 지성과 가지적인 것은 동일하다. 그러나 이 세 가지 용어는 후대에 본문에 첨가된 것임이 분명하다.[25] 왜냐하면 이 용어들은 그 앞에 나오는 내용과도 뒤에 나오는 내용과도 연결되지 않기 때문이다.

이 용어들은 이 책의 다른 부분에서는 다시 나오지는 않는다. 그러나 신의 지혜로 세상을 창조할 때 쓰인 32가지 방법을 뜻하는 10개 숫자와 22개 문자의 사용은 상세히 설명되고 있다. 끝으로 이 용어들이 왜 물질세계의 여러 부분 사이에 존재하는 관계를 다루는 글에만 나오는지 이해하기 어렵다.

만두이 판(the Mantua edition, 1562)에서 복제된 두 개의 『창조의

서』 사본에는 차이점이 있다. 하나는 책 뒤에 본문이 나오고, 다른 하나는 여러 주석 중간에 본문이 있다. 그러나 그 차이는 어떤 비평가들이 주장하는 것처럼 그렇게 크지는 않다.26) 공정하게 그리고 자세하게 비교해 보면, 두 사본은 중요하지 않은 몇 가지 이문(異文)에서만 차이가 있고, 그런 차이는 모든 고대 문헌에서 볼 수 있는 것이다. 왜냐하면 고대 문헌들은 오래되었다는 이유로 수 세기에 걸쳐 필사자의 부주의와 무지, 그리고 주석가들의 무모함에 시달려왔기 때문이다.

사실 두 자료 모두 같은 기반을 가지고 같은 체계를 설명한다. 두 사본 모두 같은 방식으로 장(章)이 나뉘어 있고, 장의 수가 같으며, 같은 순서로 나타나고, 같은 주제를 다룬다. 심지어 같은 개념이 같은 용어로 표현되어 있다.

그러나 서술 구절(명제)의 개수와 위치는 완전하게 일치하지는 않는다. 한 사본은 명제(서술 구절)가 반복되어 있는데, 다른 사본은 축약되어 있고, 한 사본은 합체되어 있는데, 다른 사본은 분리되어 있다. 마지막으로, 한 사본이 다른 사본보다 단어와 의미가 더 분명해 보인다.

마지막 차이점은 오직 한 구절에서 보인다. 제1장 끝에 10개의 숫자에 상응하는 10개의 우주원리가 열거되어 있는데, 한 사본은 우선 살아 계신 신의 영이 온다고 간단히 말하고 있고, 다른 사본은 이 살아 계신 신의 영이 성령이며, 이것은 동시에 영과 목소리와 말씀(Spirit, Voice and Word)이라고 덧붙인다. 확실히 이 개념은 중요한 것이지만, 그렇다고 이 개념이 다른 사본에서 빠진 것도 아니다. 곧 입증하겠지만, 이것은 전체 체계의 근간이며 결과이기도 하다. 더욱이 『창조의 서』는 10세기 초에 랍비 사디아(Rabbi Saadia)에 의해 아랍어로 번역되고 해설되었는데, 그는 고상하고 논리적이고 지혜로운 사람이었다. 그는 이 책을 아주 오래된 인간 지성의 최초의 기념비적 작품 중 하나로 간주했다.27)

이런 그의 진술에 지나친 가치를 부여하지 않는다 해도, 사디아를 계승한 12세기와 13세기 주석가들도 똑같은 확신을 표명했음은 우리가 알 필요가 있다.

고대의 모든 문헌처럼, 세페르 예치라는 제목과 저자명이 없고, 다음과 같은 이상한 말로 끝난다.

족장 아브라함이 이 모든 것의 의미를 숙고하고 탐구하여 이해하였을 때, 우주의 주님이 그에게 나타나시어 그를 친구라 부르시고, 그와 그의 후손과 영원한 계약을 맺으셨다. 그때 아브라함은 신을 믿게 되었고 그것이 그에게는 의로운 행위로 여겨졌다. 신의 영광이 그에게 임했다. "내가 네 어머니의 자궁 안에서 너를 만들기 전에, 나는 너를 알았다."라는 구절이 아브라함에게 해당하기 때문이다.

이 구절은 후대의 창작이라고 볼 수 없다. 약간의 변형과 함께, 이 구절은 만투아 판의 두 사본에 모두 존재하며, 오래된 여러 주석서에도 보인다. 창조의 서(세페르 예치라)에 대한 관심을 높이기 위해, 저자들이 이 책의 내용이 히브리인 최초의 족장이 밝혔던 견해, 즉 한 분이시자 전능한 신의 개념과 정확히 일치한다고 가정했거나, 다른 사람들이 그렇게 생각하도록 바랐던 것으로 보인다.

이외에도 유대인 전승에 따르면 아브라함은 천문학 지식이 뛰어났고 그가 자연의 장엄한 광경을 관찰하여, 참된 신에 대한 개념에까지 이르게 되었고 한다. 그럼에도 불구하고 앞에 인용된 구절은 상당히 조악하게 물질적 의미로 해석이 되어왔다. 종교적 존경심과 함께 아브라함의 이름이 언급된 이 책에서 그는 저자로 여겨져 왔다. 모제스 보트릴(Moses Botril, 14-15세기)의 『세페르 예치라 주석』28)은 다음과 같이 시작된다.

> 일신론의 원리를 불신하였던 당시 현자들에 반대해서 우리의 조상 아브라함(그분에게 평화가 있기를!)이 이 책을 썼다. 이것은 랍비 사디아가 『철학자의 돌』 1장에서 주장한 내용이다. 그의 말에 의하면, 칼데아의 현자들이 우리 조상 아브라함의 신앙을 이유로 그를 공격했다. 그리고 칼데아의 현자들은 세 파(派)로 나뉘어 있었다.
> 첫 번째 파는, 우주가 서로 대립하는 두 개의 근원적 원인에 종속되어 있으며, 하나의 근원적 원인이 다른 하나의 근원적 원인이 만든 것을 분주히 파괴하고 있다고 주장했다. 이 견해는 이원론자의 견해와 일치한다. 그들은 자기들의 이론을 선의 창조자와 악의 창조자 사이에는 공통된 것이 아무것도 있을 수 없다는 원리에 두고 있다.
> 이 반대되는 두 개의 원리가 서로 상대를 쓸모없게 만들고, 이런 식으로는 아무것도 성취될 수 없다. 그래서 두 번째 파는 결정적인 세 번째 원리를 인정하게 되었다.
> 마지막으로 세 번째 파는 태양 이외의 다른 신을 인정하지 않았으며, 그들은 태양을 삶과 죽음의 유일한 원리라고 인정했다.29)

널리 존경받았던 사디아의 대단한 권위에도 불구하고, 오늘날 그의 견해를 따르는 사람은 없다. 오래전부터 책의 저자로 족장 아브라함의 이름은 아키바로 대체되어왔다. 아키바는 아주 열정적인 전통 옹호자였고, 조국의 자유를 위해 몸 바친 순교자였다. 그가 고대 아테네와 로마의 공화국에서 활약했다면 후대 사람들은 아마 그를 가장 존경할 영웅 중에 포함시켰을 것이다.

「세페르 예치라(창조의 서)」의 저자가 아키바라는 주장은 저자가 아브라함이라는 주장보다는 신뢰를 좀 더 받는다. 그러나 이 이론도 마찬가지로 근거가 없어 보인다. 탈무드의 많은 곳에서는 아키바를 거의 신적인 존재로 표현하고, 그를 모세보다 뛰어난 인물이라고까지 높이고 있지만,30) 어디에서도 그가 메르카바나 창세기 학문의 권위자로 드러나지는 않는다. 어디에서도 그가 「창조의 서」나 그런 종류의 다른 책을 썼다는 추측을 하게끔 하는 것이 없다. 반대로, 그는 신의 본성에 대하여 고상한 개념을 지니지 않았다는 이유로 크게 비난받았다. 갈릴리 사람인 랍비 요세(Rabbi Jose)가 아키바에게 이렇게 말했다. "랍비 아키바, 당신은 언제까지 신의 권위를 모독할 작정이오?"31)

그가 사람들의 열정을 불러일으킨 요인은, 그의 전통 중시와 전통에서 삶의 모든 행동 규칙을 끌어낼 줄 아는 인내,32) 40년 동안 가르쳤던 열정, 그리고 아마도 그의 영웅적인 죽음이었다고 본다. 24,000명이나 되는 아키바 제자들은, 한 사람 이상에게 카발라의 아주 작은 비밀도 드러내면 안 된다는 미슈나의 금지조항에 어울리지 않는 숫자이다.

오늘날 몇몇 비평가들은 두 개의 다른 작품이 「세페르 예치라」라는 동일한 제목으로 알려져 있다고 생각했다. 그중 하나는 족장 아브라함이 저자인데 오래전에 사라졌고, 다른 하나는 훨씬 후대의 작품으로 지금 보존되고 있다는 것이다. 이것은 엄청난 무지에 입각한 견해이다. 모리누스(Morinus)33)는 이 견해를 16세기 연대기 작가34)에게서 빌려왔는데, 그 작가는 아키바에 대해 언급하면서 "아키바는 카발라에 경의를 표하려고 『창조의 서』를 쓴 사람이다. 그러나 아브라함이 쓴 또 다른 『창조의 서』가 있는데, 랍비 모세스 벤 나아만(Rabbi Moses ben Nahman, 1194-1270)이 이 작품에 대해 대단히 위대한 주석서를 썼다."라고 말하였다.35)

이 주석서는 13세기 말에 쓰였고, 위에 언급된 연대기(1549년)가 나오고 몇 년 뒤에 만투아판으로 출판되었는데, 이 주석서는 지금 우리 손에 있는 책(창조의 서)과 분명하게 관련이 있다. 그것은 책의 내용을 충실히 보존하고 있으며, 16세기 연대기 작가가 그것을 읽지 않은 것이 분명해 보인다.36)

이외에도 『세페르 예치라』의 저자에 대해서 아브라함의 이름 대신 아키바의 이름을 언급한 최초의 인물은 14세기의 카발리스트, 라뜨(Issac de Lattes)였다. 그는 「조하르」에 대한 서문을 쓰면서 이렇게 묻는다. "누가 아키바에게 아브라함으로부터 구전되어 내려온 이 책을 기록하도록 허락했는가?" 이 질문은 오직 하나의 「세페르 예치라」만이 있음을 강하게 추측하게 한다.

이렇게 『세페르 예치라(창조의 서)』 저자는 아직 밝혀지지 않았고 우리가 저자의 이름을 가리고 있는 베일을 벗길만한 사람도 아니다. 우리가 지닌 부족한 자료로 그것이 가능할지 의심된다. 그러나 누가 책의 저자인지에 대하여 불확실하고 이런 점에서 비난받지만, 그렇다고 그것이 우리가 증명해온 책의 여러 구절까지 불확실하다는 것은 절대 아니다. 이런 구절들은 순수하게 철학적 탐구를 위해서 충분한 가치가 있다.

3장 조하르의 진실성

훨씬 더 흥미롭지만, 훨씬 더 어려운 것이 『조하르』 즉 『광명의 서』인데, 카발라의 전체적인 경전이기도 하다. 조하르는 모세오경에 대한 적절한 주석의 형태를 취하지만, 영적 본질에 대한 의문을 완전히 독자적인 방식으로 다루고 있으며, 때로는 오늘날 최고의 지성인조차도 자부심을 느낄 만큼 수준 높은 교리도 나온다.

그러나 높은 수준의 교리가 계속 나오지는 않고 엄청난 무지와 미신을 드러내는 언어와 감정과 개념이 종종 나온다. 책에는 성서 시대의 힘찬 단순성과 순진한 열정도 보이고, 중세의 모습을 직접 엿보게 하는 당시의 인명, 역사적 사실, 보고(報告), 관습 등도 보인다.

이 책의 기원과 저자에 대해 참으로 다양한 견해가 생겨났는데, 이는 사상과 형식의 불균등성, 아주 다양한 시대에서 기원하는 특성들의 환상적 혼합, 두 개의 탈무드에서 조하르에 대하여 일절 언급이 없는 점, 그리고 13세기 말까지 조하르에 대한 확실한 자료 부족 때문이었다.

「조하르」의 구성과 고대성에 대하여 많은 의견이 있었고, 이 모든 것은 두 사람의 책에 공정하게 요약되어있다. 자쿠토(Abraham ben Solomon Zacuto, 1452-1515)는 자신의 저서 「세페르 유하신(Sefer Yuhasin, 계보의 서)」에서 이렇게 말하고 있다.

조하르의 빛은 세상을 비추고 있으며, 조하르는 율법과 카발라의 가장 심오한 신비를 담고 있다. 이 조하르는 시메온 벤 요하이의 이름으로 출판되었지만, 그의 작품은 아니다. 조하르는 그의 말에 기초하여, 제자들이 편집했다. 이어서 이들은 다른 제자들이 자신들의 과제를 지속하도록 맡겼다. 조하르는 미슈나와 그리고 구전 율법에 대한 다양한 견해와 가르침에 친숙한 나이 든 사람들이 썼기 때문에, 진리와 조화를 이룰 수 있었다. 조하르에 대해 알고 있었던 랍비 모세스 벤 나아만과 랍비 아셰르(Asher, 1250-1327)가 죽은 후에야 이 조하르가 발견되었다.37)

유명한 연대기 저자인 게달리아(Rabbi Gedalia, 1515/1526-1587)는 「전통의 사슬」38)에서 다음과 같이 자신의 의견을 표명한다.

창조 후 5500년경(AD 1290)에 예루살렘 방언(아람어 방언)으로 쓰인 조하르의 모든 부분은 랍비 시메온 벤 요하이가 썼으나, 신성한 언어(히브리어)로 쓰인 부분은 그가 쓴 것이 아니라고 주장하는 사람들이 있었다. 한편으로는 랍비 모세스 벤 나아만이 거룩한 땅에서 그 책을 발견하여 카탈로니아(Catalonia)로 보냈고, 거기서 다시 아라곤(Aragon)으로 보내져서 모세스 데 레온(Moses de Leon, 1238-1305)의 손에 들어갔다고 단언하는 사람도 있었다. 마지막으로 학자인 모세스 데 레온이 이 모든 주석을 고안해 내어 학자들로부터 이득을 얻으려고 랍비 시메온 벤 요하이와 그 친구들의 이름으로 출판했다고 생각한 사람들도 있었다. 그가 가난하고 부담감에 짓눌려 있어서 그렇게 했다는 말까지 덧붙였다.
내가 조사한 바로는, 이러한 견해는 근거가 없다. 반대로 나는 랍비 시메온 벤 요하이와 그의 독실한 친구들이 이 모든 것과 다른 더 많은 것을 실제로 말했다고 믿는다. 그 당시 그것들은 제대로 정리되지 못했을 것이다. 오랜 시간이 지나서야 흩어져 있던 부분들이 수집되고 정돈이 되었다. 이것은 놀라운 일이 아닌데, 우리의 스승이신 경건자 유다(Judah the Pious)가 사방에 흩어져 있던 여러 다른 사본을 수집하여 미슈나를 편집했을 때도 그러했기 때문이다. 같은 방법으로 랍비 아쉬(Rabbi Ashi)도 게마라(Gemara)를 수집했다.

요컨대, 책의 저자에 관한 질문에 대해서는 세 가지 답변이 있다. 어떤 학자들은, 히브리어로 쓰인 몇몇 구절을 제외하면 −이런 구절은 오늘날 전해지는 어떤 사본이나 어떤 판본에도 존재하지 않는다.−39) 조하르는 전부 시메온 벤 요하이의 작품으로 보아야 한다고 주장한다. 다른 학자들은 「조하르」를 모세스 데 레온이라는 사기꾼이 쓴 작품이며, 연대는 13세기 말이나 14세기 초로 추정한다. 또 다른 학자들은 이 극단적인 주장을 중재하려고 노력하는데, 이들은 시메온 벤 요하이가 구전으로 가르침을 전하는 것에 만족했으며 제자들의 기억이나 노트에 기록된 그의 어록은 그가 죽고 몇 세기가 지날 때까지 조하르라는 책으로 정리되지 않았다고 가정한다.

첫 번째 주장을 글자 그대로 본다면, 이것은 진지하게 논박할 가치가 거의 없다. 먼저 논박할 기초가 되는 사실을 살펴볼 건데, 이것은 바빌로니아 탈무드40) 에서 가지고 온 것이다.

어느 날, 랍비 유다(Rabbi Judah), 랍비 요세(Rabbi Jose), 랍비 시메온이 함께 만났다. 유다 벤 게림(Judah ben Gerim)이라는 사람이 옆에 서 있었다. 랍비 유다가 (대화를) 시작하며 말했다. "이 나라[로마]의 건축물은 얼마나 아름다운가요! 그들은 다리와 시장과 공중목욕탕을 만들었지요." 랍비 요세는 침묵을 지켰지만, 랍비 시메온 벤 요하이가 대답했다. "그들이 지은 것은 무엇이든지 자신들의 이익을 위해서 지은 것이오. 창녀들을 끌어들이려고 시장을 만들었고, 즐거움을 위해 공중목욕탕을 만들었고, 세금을 물리려고 다리를 만들었지요."

유다 벤 게림이 밖에 나가 자신이 들은 것을 이야기했다. 그 소식이 케사르[로마정부]의 귀에 들어갔다. 케사르는 다음과 같은 판결을 내렸다. "유다는 로마 정부를 칭찬했으므로 직위가 오를 것이고, 요세는 침묵하였으므로 키프로스로 추방될 것이다.41) 그리고 시메온은 정부를 비난했으므로 사형에 처해질 것이다." 랍비 시메온은 즉시 아들과 함께 서재에 숨었고, 그의 아내가 매일 빵 한 덩어리와 물 한 그릇을 가져다주었다. 그러나 (그를 숨겨주지 말라는) 금지령이 더욱 가혹해지자, 그는 아들에게 "여자는 마음이 가벼운데, 네 어머니가 만일 고문이라도 당한다면, 우리를 배신할 수 있다."라고 말하였다. 그래서 그들은 그곳을 떠나 깊은 동굴로 숨어들었다.

거기서 기적적으로 캐롭 나무(성 요한의 빵나무)와 샘물이 그들에게 제공되었다. 시메온과 아들은 옷을 벗고는 모래 안으로 들어가 목까지 잠기게 하고는 율법에 대하여 명상하면서 온종일 보냈다. 동굴에서 12년을 보냈을 때, 예언자 엘리야가 동굴 앞에 서서 외쳤다. "누가 요하이의 아들에게 케사르가 죽었고, 사형선고가 철회되었다고 알릴 것인가?" 그들은 밖으로 나와 사람들이 씨뿌리고 쟁기질하는 것을 보았다.42)

탈무드가 보증하지 않는 전승 하나가 있다. 이 12년의 고독과 금지령 동안, 시메온 벤 요하이는 그의 아들 엘레아자르(Eleazar)의 도움을 받아, 그의 이름이 붙어 있는 그 유명한 작품(조하르)을 썼다고 한다. 이 이야기에서 전설적인 요소를 뺀다고 하더라도, 이것에서 끌어낸 추론을 정당화하기는 여전히 어렵다. 법의 보호를 박탈당한 두 사람이 고통을 잊으려고 한 명상의 대상이나 그 결과를 알 수 없기 때문이다. 더욱이 『조하르』에는 AD 2세기에 예루살렘이 파괴된 후에 몇 년이 지나 죽은 시메온 벤 요하이가 분명히 알 수 없었던 수많은 사실과 인명이 나온다. 예를 들면 「미슈나」는 그가 죽은 후 거의 60년이 지나 쓰였는데, 그가 어떻게 그것이 여섯 부분으로 나누어진 것에 대해 말할 수 있었겠는가?43)

또 게마라는 유다(Judah the Saint)가 죽을 무렵에 시작되어 예수 탄생 후 500년이 되어서야 끝났는데, 그가 어떻게 게마라의 저자들과 그것에 사용된 방언에 관하여 기술할 수 있었겠는가? 그가 어떻게 6세기 초 이전에는 존재하지도 않은 티베리야 학파(the School of Tiberias)가 고안한 모음 부호의 이름과 그 학파가 도입한 여러 새로운 것들을 알 수 있었겠는가?

어떤 비평가들은 「조하르」에 나오는 "이스마엘 사람들"이 현대 유대 작품에 묘사된 아랍 이슬람인을 말하는 것이라고 한다.44) 다음 구절을 보면, 그런 해석을 부정하기는 어려울 것 같다.

달은 선의 표시이고 동시에 악의 표시이다. 보름달은 선을 의미하고, 초승달은 악을 의미한다. 달이 선일 수도 있고 악일 수도 있기에, 이스라엘 자손들과 이스마엘 자손들은 모두 달을 예측의 대상으로 여겼다. 보름달일 때 일식이 일어나면, 그것은 이스라엘인에게 좋은 징조가 아니고, 반대로 초승달일 때 일식이 일어나면, 그것은 이스마엘 사람에게 나쁜 징조이다. 이렇게 예언자의 말씀(이사야 29:14) "지혜롭다는 자들의 지혜가 말라버리고, 슬기롭다는 자들의 슬기가 숨어버리리라."가 입증된다.

그러나 이 구절은 『조하르』 원전의 일부가 아니라는 것을 알아야 한다. 이 구절은 「독실한 목자(The Faithful Shepherd)」라고 하는 그렇게 오래되지 않은 주석서에서 가지고 온 것이다. 최초의 편집자들이 틈을 발견하고 자신들의 권위로 이 주석서를 조하르에 집어넣은 것이다.

훨씬 더 결정적인 구절이 조하르에서 발견될 수도 있었다. 왜냐하면 이것은 시메온 벤 요하이의 제자가 스승의 입에서 직접 들었다고 말한 구절이기 때문이다.

이스마엘이 태어났을 때 그리고 할례를 받았을 때, 화가 있을지라! 그 이름이 축복받으실 주님은 무엇을 하셨던가? 주님은 이스마엘을 천상의 합일(celestial union)에서 배제하셨다. 그러나 그들이 언약의 징표를 받을 만하기에 주님은 그들을 위해 여기 아래의 신성한 땅에 그들의 몫을 남겨두셨다. 그러므로 이스마엘 자손들은 거룩한 땅을 다스리도록 운명지어졌으며, 이스라엘 자손이 그곳으로 귀환하는 것을 방해할 것이다. 그러나 이 상태는 이스마엘 자손의 공덕이 다하면 끝날 것이다. 그때부터 그들은 지상에서 끔찍한 전쟁을 일으키고, 에돔의 자손들이 그들과 대적하려고 연합하여 전쟁할 것인데, 일부는 땅에서, 일부는 바다에서, 일부는 예루살렘 근처에서 싸울 것이다. 어느 쪽도 승리하지 못할 것이나, 거룩한 땅은 에돔의 자손들 손에 넘어가지는 않을 것이다.

유대 작가들은(히브리어로 글을 쓴 작가들) 첫 번째 이교도인 로마와 기독교를 믿는 로마 그리고 전체적으로 모든 고대 민족을 에돔으로 명시했다. 위에 인용된 구절과 이교도인 로마는 확실히 관련이 없으므로, 이 구절은 틀림없이 예루살렘이 함락되기 전의 사라센의 이슬람교도와 기독교도 십자군 사이의 전쟁을 말하는 것이다. 이런 사실은 지금은 일반적인 지식이므로 재론할 필요는 없다.45)

이런 요하이의 예측에 관해서 우리의 판단을 어디에 두어야 할지 모르겠다. 그러나 나는 이제 일반적으로 알려져 있고 많은 비평가가 경쟁적으로 반복하여 이러한 사실을 증명하는 일에 더 이상 연연하지 않을 것이다. 마지막으로 우리가 도달하고자 하는 결론에 가치가 있기를 바라며 마지막 의견을 하나만 추가할 것이다

시메온 벤 요하이가 「조하르」의 유일한 저자일 수는 없으며, 그 책이 13년 동안의 명상과 고독의 산물이 아니라는 것을 확인하기 위해서는, 개념의 설명과 거의 항상 뒤섞여 있는 이야기들에 주의를 기울여야 한다. 이 방대한 카발라 문헌(조하르) 중에서 놀랄만한 부분이 「이드라 주타(Idra Zuta)」라는 단편집인데, 여기에 보면 시메온 벤 요하이가 임종이 다가오자 아들 엘레아자르와 몇몇 제자와 친구들을 불러 마지막 가르침을 주었다는 이야기가 나온다.

그가 엘레아자르에게 이렇게 말했다. "너는 가르칠 것이고, 랍비 아바(Rabbi Abba)는 글을 쓸 것이고, 나의 다른 친구들은 침묵 속에 명상할 것이다."46)

책에서는 스승 벤 요하이가 직접 말하는 것은 잘 나오지 않는다. 그의 아들이나 친구들이 그의 가르침을 암송했고, 그의 사후에는 그가 선한 가르침의 기억을 공유하고, 공동 신앙에 근거하여 서로를 교화시키려고 함께 모였다. 그들은 "형제가 함께 거주함이 얼마나

선하고 즐거운가?"라는 한 성서 구절이 자신들에게 해당한다고 생각했다.47) 길에서 만나면, 그들의 대화는 즉각적으로 평소에 하는 명상의 주제로 옮겨갔고, 구약성서의 구절은 순전히 영적인 의미로 해석이 되었다. 다음은 수천 개의 예시 중에서 무작위로 뽑은 것이다.

랍비 유다와 랍비 요세가 함께 여행하고 있었다. 랍비 유다가 동료에게 말했다. "내게 율법에 나오는 내용을 말해주게. 그러면 신의 영이 우리에게 내려올 것이네. 왜냐하면 사람이 율법에 나오는 말씀을 명상할 때 종종, 신의 영이 그와 함께하시거나, 길을 보여주시기 때문이네."48)

끝으로, 조하르에 인용된 책 중에서 널리 흩어져 있던 단편들만이 전해져 왔다는 것이다. 당연한 일이지만, 이들 단편은 「조하르」보다 오래된 것들일 수밖에 없다. 다음 (단편의) 구절이 늦어도 13세기 말에는 쓰였다고 믿어지지만, 한편으로 그 구절은 코페르니쿠스(1473-1543)의 몇몇 제자들이 썼다고 믿을 수도 있다.

원로 하무나(Hamuna the Elder)의 책은 지구가 구체처럼 그 자체로 돌고 있고 어떤 사람들은 위에 있고, 어떤 사람들은 아래에 있음을 완전하게 설명하고 있다. 또한 모든 피조물은 늘 같은 위치에 있더라도, 그 지역의 기후에 따라 모습을 적응시키고, 지구의 어떤 곳이 밝을 때, 다른 곳은 어둡고, 어떤 곳이 낮일 때, 다른 곳은 밤이며, 언제나 낮인 나라들, 적어도 밤이 잠시밖에 안 되는 나라들도 있다고 한다.49)

따라서 조하르의 저자가 누구였든 간에 그는 요하이의 죽음과 그의 마지막 순간을 이야기하기에 시메온 벤 요하이를 책의 저자로 생각하지 않았음이 분명하다.

그런데 13세기경에 가난에서 벗어나려고 이 책을 저술하는데 오랜 세월 헌신하였을 불운했던 허풍선이이며 그다지 유명하지도 않았던 랍비(모세스 데 레온)를 저자로 예우하는 것 외에는 다른 대안이 없는가? 그렇지는 않다. 이 책의 비밀스러운 특성과 고유한 가치를 고려하면 모세스 데 레온이 저자가 아니라는 것은 쉽게 입증이 된다.

우리에게는 이것에 맞서 다툴 수 있는 더욱 확신이 가는 주장이 있다. 『조하르』는 특별한 방언이 아닌 아람어로 쓰여 있다. 데 레온이 살았던 시대에는 사용하지 않았던 방언을 그가 어떤 계획으로 사용하였을까? 모리누스(Morinus)가 주장하는 것처럼50), 그가 책에서 여러 다른 사람의 이름을 사용하여 자기의 생각이 아닌 것처럼 보이기를 원했고 그래서 그 사람들이 살았던 시대의 언어로 말함에 의하여 자기의 작품이 진실한 것처럼 보이도록 시도했을까?

그러나 그는 폭넓은 지식을 소유하고 있었고, 이것은 우리와 다른 의견을 지닌 사람들도 인정하는 사실이며, 그래서 그는 시메온 벤 요하이와 그 동료들이 미슈나에 나오는 저자들이라는 것을 분명히 알았을 것이다. 그들이 예루살렘 방언(아람어)을 일상어로 썼다 하더라도, 그들이 히브리어로 책을 쓰는 것이 좀 더 자연스러웠을 것이다.

어떤 학자들은, 데 레온은 실제로는 히브리어로 글을 썼으며, 그가 조하르를 창작한 것은 아니고, 자기 의견을 넣어서 그 책을 왜곡했으며, 그 사기 행위기 곧 발각되었다고 주장한다. 그런 히브리어로 된 「조하르」 문헌이 전해져 내려오지 않기 때문에, 이 주장은 우리의 주의를 끌지 못한다. 진위 여부를 떠나서 이것은 우리의 주장을 확인시켜 준다. 그리고 모세스 데 레온이 히브리어로 카발라 관련 책을 쓴 것은 확실하며 그 제목은 『신의 이름』이고 간단히는 『이름』이다. 모세스 코르도베로(Moses Cordovero, 1522-1570)가 본 그 책은 여전히 사본으로 남아있다.51)

그가 인용한 몇몇 구절을 보면, 그것은 조하르에 나오는 교리 가운데 가장 모호한 내용 중 몇 가지에 대하여 아주 상세하고 섬세하게 주석을 단 것이었다. 예를 들면. "서로 다른 통로, 즉 모든 세피로트 사이에 존재하는 영향력과 상호관계는 무엇이고, 어떤 통로가 신성한 빛 또는 만물의 원초적 본질을 하나의 세피로트에서 다른 세피로트로 전달하는가?"

같은 사람이 칼데아-시리아(Chaldeo-Syrian) 방언(아람어)으로 조하르를 써 놓고는 -어려운 언어를 써서 흥미를 더하려고 했든, 일반인들이 자기 사상에 접근하지 못하게 하려고 했든- 나중에는 모든 사람이 이해하라고, 학자들도 심지어 거의 잊어버린 언어로 그렇게 힘들게 노력하여 숨겨놓은 그 신비를 히브리어로 설명하고 밝히는 행동이 이해 가능한가? 이것도 독자들이 그릇된 단서를 잡게 하려는 또 하나의 계략이라고 말해야 할까?

그러나 이것은 그가 비난받고 있는 이 한심한 목적을 위해서는 너무 많은 속임수와 시간과 인내 그리고 노력을 쏟은 것이 된다. 그런 계략은 어리석은 모순과 엄청난 시대착오로 비난받아 온 사람이 하기에는 너무 학구적이고 복잡하다.

조하르를 모세스 데 레온의 시대보다 훨씬 오래전에 유럽이 아닌 곳에서 쓰인 작품이라고 볼 만한 또 다른 이유가 있다. 「조하르」

에는 아리스토텔레스 철학의 흔적이 전혀 없고, 그리스도교와 그 창시자에 대한 단 하나의 언급도 없다. 그러나 그리스도교와 아리스토텔레스는 13세기와 14세기에 유럽에서 절대적인 권위를 누렸다. 그리고 어떻게 스페인의 가난한 한 랍비가 이 광신적인 시기에 기독교에 대한 불만을 제기하지 않고, 그리고 아리스토텔레스 철학에 굴복하지 않고 종교적 주제에 관한 책을 쓸 수 있었겠는가? 탈무드학자들과 후대 작가들은 기독교에 대해 자주 공격하였고. 사디아와 마이모니데스 그리고 같은 길을 따랐던 다른 많은 사람은 아리스토텔레스 철학의 엄청난 영향력에 굴복하였다.

『창조의 서』에 대한 많은 주석서에서, 그리고 그 당시와 몇 세기 전의 유명한 철학과 종교 문헌들에서, 아리스토텔레스의 영향력과 『기관(Organum, 아리스토텔레스의 논리학 저서)』에 나오는 용어를 볼 수 있다.

『조하르』에 이런 영향력이 보이지 않는 것은 아주 중요한 사실이다. 나중에 자세히 다룰 카발라의 세피로트에서 아리스토텔레스의 『범주론(Categorie)』52)에 대한 어떤 숨겨진 모방이 있는지 찾아볼 필요는 없다. 범주론은 논리적 가치밖에 없지만, 세피로트는 최고 수준의 형이상학 체계를 포함하고 있기 때문이다. 카발라와 그리스 철학 체계 사이에 닮은 점이 있다면, 그것은 플라톤 철학이다. 그러나 이것은 모든 종류의 신비주의에서도 마찬가지이다. 게다가 플라톤은 자신의 모국 밖에서는 거의 알려지지 않았다.

끝으로 주목할 점은 조하르에는 카발라 체계가 자세히 설명되고 있는데, 이 체계에 본질적인 그리고 이 체계에만 있는 개념과 표현이 13세기 말 훨씬 이전에 나온 문헌에서도 발견된다는 것이다. 『세페르 예치라(창조의 서)』의 주석가인 모세스 보트릴(Moses Botril,

14-15세기)에 의하면, 카발리스트들이 이해한 발출 교리는 사디아 (892-942)가 알고 있었다고 한다. 보트릴은 다음 구절을 인용하면서, 이 구절을 『철학자의 돌』에서 글자 그대로 가지고 왔다고 말한다. 사실 이 책은 사디아의 작품으로 잘못 알려져 있다.

> 오, 근원에 있는 저수지에서 물을 긷는 그대여! 모든 카발리스트에게 위대한 신비인 발출의 교리를 드러내고 싶은 유혹을 받을 때, 자신을 경계하시오. 이 신비는 율법의 말씀 속에 감추어져 있으니, "그대는 주님을 시험하지 말라."가 그것이요.

그렇지만, 사디아는 자신의 저서 『믿음과 견해』에서, 「조하르」에서 설명된 체계의 근간이 되는 이 교리를 아주 심하게 공격했다. 다음 구절이 그것을 증명한다.

> 창조주의 존재는 부정할 수 없지만, 우리 마음은 무(無)에서 무언가가 창조될 수 있다는 것을 생각할 수 없다고 하는 사람들을 종종 만났다. 창조주가 맨 처음 있었던 유일한 존재이므로, 그들은 창조주가 자신의 본질에서 모든 것을 끌어냈다고 주장한다. 그런 사람들 [신이 그들의 견해를 멀리하시기를]은 우리가 말한 다른 사람들보다 분별력이 없다.[53]

이 구절에 대한 우리의 해석은 『믿음과 견해』의 같은 장(章)에서 분명해지는데, 그 장에서 그들이 암시하는 믿음은 특히 『욥기』에서 정당화된다. "그렇다면 지혜는 어디에서 오며, 이해의 장소는 어디인가?.... 하느님이 그 길을 이해하시고 그 장소를 아신다."[54]

여기서 조하르가 정해놓은 최고 높은 세 개의 세피로트 이름을 보게 되는데, 그들은 다른 모든 세피로트를 포함한다. 이 세 개의 세피로트는 지혜, 지성 그리고 그들 위에 있는 장소(place) 혹은 무(Non-Being)이다. 무는 속성도 없고, 형상도 없고, 자질도 없는 무한을 나타내므로 그렇게 불린다. 이 무는 모든 실체가 없는 상태이므로 우리가 이해할 수 없다.55) 이런 의미에서 카발리스트들은 존재하는 모든 것이 무에서 나왔다고 말한다.

같은 저자(사디아)는 또한 우리에게 심리학 이론56)을 제공하고 있는데, 그것은 시메온 벤 요하이 학파의 것이라고 여겨지는 이론과 같다. 그는 「조하르」57)에서 분명하게 언급되는 혼의 선재설과 윤회설이 그의 시대에 몇몇 사람들에 의해 받아들여졌다면서58) 그 사람들은 자신들을 유대인이라 부르면서 자신들의 얼토당토않은 견해를 성서로 증명하여 확인하였다고 했다.

이것이 전부가 아니다. 성 제롬(St. Jerome, 347-420 AD)은 자신의 서신에서, 신성한 책들(Sacred Books)이 신을 나타내는 10개의 신비한 이름에 대해 말하고 있다고 한다.59) 그런데, 성 제롬이 언급하면서 열거하고 있는 이 10개의 이름은 「조하르」에 나오는 10개의 세피로트 혹은 다른 말로 신의 속성과 정확히 같다.

『신비의 서(Sifra d'Zeniuta)』는 조하르에서 오래된 단편 중의 하나로 이 속에는 카발라의 최고 원리가 요약되어있다. 아래는 『신비의 서』에서 발췌한 것이다.

인간이 신에게 기도하기를 원할 때, 그는 신의 신성한 이름, 즉 에흐예(Eh-yeh), 예호와(Jehovah), 야(Yah), 엘(El), 엘로힘(Elohim), 예도우드(Yedoud), 엘로히 제바오트(Elohi-Zebaot), 샤다이(Shaddai),

아도나이(Adonai) 등을 부르거나, 아니면 10개 세피로트의 이름, 즉 왕관, 지혜, 지성, 아름다움, 은혜, 정의 등을 부를 수 있다.60)

카발리스트들은 신의 10개 이름과 10개 세피로트는 하나이며 같다는 원리에 동의한다. 신 이름이 지닌 영적인 부분은 신성한 숫자들의 본질이기 때문이다.61) 성 제롬은 자신의 글 여러 곳에서, 천국, 히브리어로는 에덴동산이 이 세상보다 훨씬 더 오래되었다고 하는 "창세기에 대한 어떤 히브리 전승"에 대해 말한다.62)

탈무드가 "창세기의 역사"라고 부르는 신비한 학문에 포함된 전승이 유일하게 유사한 유대 전승이다. 이 전승에 대한 믿음은 「조하르」와 완전히 일치한다. 조하르에서는 최고의 지혜 즉 신의 말씀이 창조를 시작하여 완성했고, 모든 지성과 모든 생명의 원리를 진정한 에덴, 또는 상위의 에덴으로 말한다.63)

그러나 가장 중요한 사실은, 카발라가 언어에서나 사상에서나 영지주의 교파들과 본질적으로 유사하다는 것인데, 특히 시리아에서 기원하는 영지주의 교파들과 그리고 몇 년 전에 발견되어 시리아어에서 라틴어로 번역된 나사렛 문서의 종교 규칙과 매우 유사하다. 이 유사성에 대한 증거는, 뒤에 카발라 체계와 다른 종교나 다른 철학 체계 간의 관계가 잘 설명이 되는데, 이때 제시될 것이다.

이 시점에서 말하고 싶은 것은 (영지주의자들인) 마법사 시메온(Simeon the Magician, 1세기) 엘크사이트(Elcsaite), 바르데사네스(Bardesanes, 154-222), 발렌티누스(Valentine, 100-180)의 가르침이 이레네우스(Irenaeus, 130-202)와 알렉산드리아의 클레멘트(Clement of Alexandria, 150-215)와 같은 몇몇 교부의 작품에 산재해 있는 단편적인 글을 통해서만 전해지고 있다는 것이다. 그런데 13세기의 랍비(모세 데 레온)가 이러한 작품을 잘 알고 있었다고 추측할 수는 없다. 그가 저자로 추정되는 그 책(조하르)에서 그가 다른 문헌은 잘 몰랐으며, 특히 그리스도교 문헌에는 생소했음을 보여주고 있다. 영지주의가, 비록 우리가 오늘날 알고 있는 그런 「조하르」는 아니겠지만, 적어도 조하르의 전통과 이론으로부터 많은 것을 빌려왔다고 인정할 수밖에 없다.

여기서 논박한 가설과 카발라가 아랍 신비 철학의 모방이라고 주장한 가설을 떼놓고 생각하지는 않을 것이다. 그 아랍 신비 철학은 11세기 초 무렵에 칼리프가 지배하는 동안 나타났으며, 이슬람 철학이 처음으로 신비주의의 흔적을 보여준 시기였다.64)

오래전에 『비문에 대한 학회 회고록(Mémoires de l'Academie des Inscriptions)』에서 단순한 추측으로 나타났던 이 견해는 최근 톨루크(Tholuck, 1799~1877)에 의해 되살아났으며, 그는 자신의 깊은 지식으로 이것을 뒷받침했다.

이슬람 철학에 대한 그리스 철학의 영향을 조사한 『그리스 철학이 무함마드와 유대인의 신학에 끼친 영향에 대한 논평』65)에서 이 박식한 동양학자는 빛의 발출 교리는 아리스토텔레스 철학 체계와 동시에 아랍인에게 알려졌다고 결론을 내린다. 그는 테미스티우스(Themistius, 317-388)와 스미르나의 테온(Theon of Smyrna, 70-135), 가자의 아에네우스(Aeneus of Gaza, ?-518) 그리고 요한 필로포누스(Johann Philoponus, 490-570)의 주석(註釋)을 통해, 간단히 말한다면, 불완전한 형태로 표현되었긴 하지만 알렉산드리아 학교의 사상을 통해서 아랍인들에게 전해졌다고 한다.

이슬람 사상의 토양에 뿌려진 이 씨앗은 발아되어 자라서 빠르게 방대한 체계를 이루었으며, 그것은 플로티누스(Plotinus, 205-270)의 체계처럼 이성을 뛰어넘는 종교적 열광을 일으켰다. 그것은 모든 존재가 신의 본질에서 나왔다고 주장하면서, 완성을 향한 마지막 단계로서, 무아의 경지와 자아의 소멸을 통해 신의 본질과 합일해야 한다고 했다.

톨루크가 카발라의 참되고 유일한 근원으로 받아들이라고 하는 것이 바로 이슬람 철학과 그리스 철학으로 구성된 이 신비주의이다.[66] 그런 목적을 위하여, 그는 카발라 서적들의 신빙성을 공격하기 시작한다. 특히「조하르」를 공격하는데, 그는 카발라 자체에 대해서는 조하르에 비하여 그 기원을 높게 잡지만「조하르」는 13세기 말에 편찬된 것으로 본다. 그리고는, 카발라의 개념과 아랍 신비주의 본질을 구성하는 개념 간의 긴밀한 유사성을 보여주기 시작한다. 그러나 그가 우리가 아직 증명하지 않은 카발라의 진실성에 대한 어떤 논쟁도 진전시키지 않기 때문에 우리는 그의 저서의 마지막 부분이자 확실히 가장 흥미로운 부분만을 진지하게 다룰 것이다.

마음에 떠오르는 첫째 생각은, 히브리 사상과 아랍 신비 사상[67] 사이의 유사성이 아무리 완벽하게 증명된다고 하더라도, 그것이 전자가 후자의 모방이라는 증거는 되지 못한다는 것이다. 이 두 사상이 다른 경로를 통해 이슬람 철학보다 더 오래되고, 알렉산드리아의 그리스 철학보다 더 오래된 공통의 근원에서 나왔다고 하는 것이 가능하지 않은가?

톨로크는 아랍인이 알렉산드리아의 철학을 간접적으로만 접했다는 것을 인정해야 한다. 그들은 플로티누스와 이암블리코스(Iamblicus, 245-325)와 프로클로스(Proclus, 410-485)의 작품을 접한 일이 없으며, 이들의 어느 작품도 아랍어나 시리아어로 번역된 일이 없다. 포르피리오스(Porphyrius, 234-305)의 작품들도 순전히 논리적인 주석인「범주론」에 대한 서론만을 담고 있을 뿐이었다.

다른 한편으로, 무슬림의 침략 시대에, 동양의 지혜(Oriental Wisdom)라는 이름으로 고대부터 쭉 유명하였던 고대 페르시아의 사상과 조로아스터교의 철학이 아랍 세계에 아무 흔적도 남기지 않았다는 것이 이해 가능한가? 이들 사상이 아바스(the Abbassides, 750-1258) 왕조의 통치 동안 유명하였던 지적 운동에 아무런 역할도 하지 않았다는 것이 가능한 일인가? 우리는 아비센나(Avicenna 980~1037)가 동양의 지혜(Oriental Wisdom)에 대한 책을 한 권 썼다는 것을 알고 있다. 그런데 무슨 권리로 그보다 훨씬 후대의 작가가 겨우 몇 구절의 인용구에 근거하여 조하르가 신플라톤 사상의 수집물이었다고 단언할 수 있는가?68)

톨루크는 아랍의 신학자이자 도덕주의자인 알 가잘리(Al-Gazzali, 1058-1111.)의 글 속에 있는 한 구절을 주의해 보라고 한다. "물질세계와 방금 이야기한 세계 사이에는 우리 그림자와 우리 몸 사이와 같은 그런 관계가 존재한다."69) 그런데 고대 페르시아의 한 종파인 제르두스티아 교인들(The Zerdustians)도 자기들 신앙의 근본 원리를 만들면서 똑같은 용어와 똑같은 비교를 사용했다.70) 톨루크는 어떻게 이런 사실은 기억하지 못하는 것인가?

유대인들에게 있어서, 바벨론 유수부터 디아스포라 시기까지, 그들이 바벨론 땅이라 부른 곳과 관계가 지속되었다는 것은 일반적인 사실이다. 여기서 이 문제를 오래 다루지 않을 것인데 그것은 뒤에 자세히 살펴볼 것이기 때문이다.

다만 여기서 「조하르」가 자체의 교리와 완전히 일치하는 하나의 예로 "아주 이른 시기부터 동방의 자손들에게 알려진"71) 동방의 지혜를 적극적으로 인용한다는 것을 알았으면 한다. 그 인용문의 동방의 자손은 아랍인을 말하는 것은 아니다. 히브리 작가들은 아랍인들을 언제나 "이스마엘 자손들" 또는 "아라비아의 자손들"이라고 부른다.

「조하르」가 아리스토텔레스와 그의 작품에 대한 알렉산드리아 출신 주석가들의 영향으로 생긴 동시대의 이국적인 철학(아랍 신비 사상)에 대해, 세상의 초창기(아주 이른 시기)의 것이란 용어로 말했을 리가 없다. 또한 조하르가 아브라함이 이 조하르 교리를 첩(이스마엘의 어머니 사라)의 자녀들에게 전하였고, 그들을 통해 동방의 여러 나라에 전해진 유산으로 제시하지는 않았을 것이다.72)

사실 아랍 신비주의와 조하르의 사상은 유사성보다도 차이점이 더 눈에 들어온다. 아랍 신비주의는 온갖 신비주의에 공통적인 몇몇 일반적인 개념을 전달하지만 「조하르」는 두 체계에 있는 형이상학의 가장 본질적인 것들을 보여주고 있어, 그들의 기원이 다르다는 것에 대해 의심의 여지가 없다. 가장 중요한 차이점을 다음과 같다.

신 안에 만물의 고유한 본질과 우주의 내재적 원인이 있음을 알고 있는 아랍의 신비주의자들은 신이 세 가지 모습으로 자신을 드러내거나 현시한다고 가르친다. 첫째는 단일성(Unity) 또는 절대적 존재(absolute being)의 모습인데, 여기서는 아직 분화가 없다. 둘째는 분화의 모습인데 여기서는 우주 구성물이 자신들의 본질로 그리고 이해할 수 있는 형상으로 분화하기 시작하며, 신의 지성 앞에 자신들을 드러낸다. 끝으로, 신이 드러난 우주 자체의 모습인데, 이것은 참된 세계이고 신이 보이게 된다.73)

카발라 체계는 이보다 훨씬 더 복잡하다. 사실 카발라 체계도 신의 본질을 모든 생명과 모든 빛 그리고 모든 존재가 영원히 흘러나오는 유일한 본질, 고갈될 수 없는 근원으로 표현한다. 그러나 그것은 무한 존재의 세 가지 현시 즉 세 가지 보편적 형상 대신에 열 가지, 즉 10개의 세피로트를 인정한다. 이 10개의 세피로트는 세 개의 삼위일체로 세분되며, 그리고 이들은 단일한 삼위일체 안에서 하나가 되고, 그리고 최고의 형상 안에서 하나가 된다. 전체적으로, 세피로트는 오직 존재의 첫 번째 단계, 존재의 첫 번째 영역을 나타낸다. 그것을 발출의 계(World of Emanation, 아칠루트)라고 부른다.

그 세피로트 아래에는 각각 분리되어 있고 무한히 다양한 특질을 지닌 계가 있는데, 순수한 영의 세계 또는 창조의 계(브리아)와 지성의 계인 형성의 계(World of Formation, 예치라), 그리고 마지막으로 가장 낮은 단계인, 행동의 계(World of Action, 아시야)가 있다.[74]

아랍 신비주의자들도 모든 혼이 나온 하나의 집단혼(a collective soul)을 인정한다. 이것은 그들이 영들의 아버지, 모하메드의 영, 근원, 모델 그리고 모든 영의 본질이라 부르는 생성하는 영(a generating spirit)이다.[75]

이 아랍의 사상에서 카발리스트들이 말하는 천상의 인간인 아담 카드몬(Adam Kadmon)의 모델을 찾아보려는 시도가 있었다. 그러나 카발리스트들이 말하는 아담 카드몬은 영적 삶과 지성의 원리만이 아니라, 영의 아래와 위에 있는 것으로 간주하는 것이기도 하다. 그것은 세피로트의 전체성 혹은 발출의 계의 전체성이며, 가장 추상적이고 가장 무형의 특질을 지닌 존재 즉 "점(point)" 또는 "무(비존재, Non-Being)"에서부터 자연을 구성하는 힘에 이르기까지 모든 것의 전체성이다.

이 히브리 체계(카발라)에서 중요한 위치를 차지하고 있는 윤회

사상의 흔적이 아랍 사상에서는 발견되지 않는다. 그리고 그들의 작품에서 「조하르」에 나오는 비유나, 전통에 대한 끊임없는 호소나, 고대 동방의 정신에 잘 어울리는 거대하고 환상적인 은유적 표현을 찾는다면, 이는 헛수고이다.

이런 학문에 잘 어울리는 솔직한 성품을 지닌 톨루크는 자신의 저서 끝에 자신의 원래 주장을 철회하고 카발라가 아랍 신비 철학에서 기원한다고 보는 것은 불가능하다고 결론지었다. 이슬람 사람들의 철학과 언어를 깊이 연구한 사람의 말이어서 권위가 있는 그의 말을 살펴보자.

유사성 비교를 통해 결론지을 수 있는 것은 내 생각에는 거의 없다. 두 사상 체계에서 유사한 것은 이들 체계보다 더 오래된 신플라톤주의자와 시바인과 페르시아인의 책 속에 있는 가르침에서도 발견된다. 한편으로 카발라에 있는 개념들의 특별한 형태는 아랍 신비주의자에게는 완전히 낯선 것이다. 그 외에도 카발라가 정말 아랍 신비주의자들과 만남을 통해 생겨났다고 확인하려면, 아랍 신비주의에서 세피로트를 찾아내는 것이 필요할 것이다. 그러나 거기에는 세피로트의 어떤 흔적도 없다. 아랍 신비주의자들은 신이 자신을 드러내는 한 가지 방식만을 알았다. 이런 점에서 카발라는 시바인의 가르침과 영지주의에 더 가깝다.

카발라의 아랍 기원설이 받아들일 수 없는 것으로 입증되면서 「조하르」를 13세기의 작품이라고 보는 다른 학설도 그것이 의지할 마지막 지지를 잃게 된다. 「조하르」는 아주 중요하고 광범위한 체계를 담고 있다. 이토록 거대한 체계는 특히 무지와 맹신의 시대에, 경멸과 박해의 엄청난 부담 속에 신음하고 있는 나라에서 하루 아침에 만들어지지는 않는다. 중세 시대에서 카발라 체계에 있는 선례나 요소를 찾을 수 없기에, 중세 이전의 시대에서 그 기원을 찾아야 한다.

시메온 벤 요하이가 정말 (조하르의 근간을 형성하는) 형이상학 교리와 종교 교리를 자기의 아들을 포함하여 소수의 제자와 친구들에게 전했고, 이 교리가 처음엔 신성한 비밀로 구전되다가 점차로 공개되었다고 보는 이론, 그리고 이 전승들과 주석들이 필연적으로 후대의 주석들과 섞여 축적되고, 또한 시간이 흐르면서 변형되어, 마침내 13세기 말 무렵에, 팔레스타인에서 유럽으로 흘러들어왔다고 보는 이론은 어떠한가? 지금까지 조심스럽게 추측하며 제시되었던 이 견해가 곧 확실한 평판과 확실한 권리를 인정받기를 바란다.

왜냐하면, 연대기 작가(Rabbi Gedalia)가 『전통의 사슬(The Chain of Tradition)』에서 이미 언급하였듯이 이 이론은 유대인의 다른 종교의 기념비적인 작품들(미슈나, 게마라, 탈무드)의 역사와 완전히 일치하기 때문이다. 「미슈나」와 예루살렘 탈무드 그리고 바벨론 탈무드와 같이 조하르는 여러 시대의 전승과 여러 스승의 가르침이 공통되는 원리로 묶인 모음집이다.

앞에서 언급된 역사가가 "나는 전승으로부터 배웠는데, 이 작품이 너무 방대해서, 완성되면 낙타 한 마리가 싣는 짐만큼 되었을 것이다"[76]라는 말을 하는데 이것은 이 이론이 꽤 오래되었다는 믿음이며, 이 이론의 주장과 일치한다고 할 수 있다.

끝으로, 같은 언어로 쓰여 「조하르」만큼 오랫동안 알려진 조하르의 보충판(Tikun ha-Zohar)에 보면, 조하르는 결코 전체가 출판되지는 않을 것이라고 되어 있는데, 좀 더 충실히 번역한다면, 그것은

마지막 날에 가서야 드러날 것이라고 되어 있다.77)

조하르의 기원을 알기 위해 편견 없이 조하르 자체를 검토해 보면, 한 명의 저자가 조하르를 썼다는 것은 완전히 불가능하다는 것을 알게 된다. 이 책은 분명히 일정하지 않은 스타일로 나타나고 - 어떤 구절은 거의 아람어로 쓰여 있으나, 어떤 구절에서는 랍비들이 쓰는 히브리어에 아람어 어미가 붙어 있다- 일반 원리의 설명과 방법, 응용 그리고 구체적 내용에 대한 고려에 있어서 일관성 부족이 나타나는데, 그러나 체계에서만큼은 그 정도로 일관성이 부족하지는 않다.

중요한 예를 많이 들지 않고도, 또 어떤 번역으로도 보존할 수 없는 언어(비유를 들자면 이는 토착 식물을 죽이지 않고 그것을 억지로 떼어놓을 수 없는 것과 같다)에 대한 여러 사실을 주장하지 않고도, 이미 언급한 세 개의 단편을 조하르의 나머지 부분과 구별시켜주는 주요한 차이점들을 지적할 것이다. 그 세 단편은 일반적으로 가장 오래된 것으로 여겨지는 『숨겨진 서(Book of Concealmen)』, 시메온 벤 요하이와 동료들이 나오는 『큰 집회(Great Assembly)』 그리고 시메온이 임종을 앞두고 살아남은 제자들에게 마지막 가르침을 주는 『작은 집회(Lesser Assembly)』이다.

이 단편들 사이의 긴 거리감 때문에, 처음에는 이들 단편은 이 방대한 카발라 작품들의 모음집 속에서 자신의 자리를 못 찾는 것처럼 보인다. 그러나 이들은 사건과 사상이 전개되면서 완전히 어울리는 통일체를 이룬다. 그들 안에서, 비유적으로 혹은 형이상학적인 언어로, 신의 특성들과 그 특성들이 여러 모습으로 현시하는 것, 세상이 창조된 방법, 그리고 신과 인간의 관계가 일관성 있고 자세하게 묘사되어 있음을 볼 수 있다. 저자는 수준 높은 사색의 영역에서 세부적이고 실제적인 문제로 내려오지 않고, 율법이나 종교의식의 준수를 권장하지도 않는다. 어디서도 이들 글의 신빙성에 의심을 불러일으키는 단 하나의 인명이나 사실이나 문구조차 찾아볼 수 없다. 이들 글에 보이는 형식의 독창성이 고상한 사상의 가치를 높이고 있다.

　말을 해야 하는 스승은 듣는 자들에게 확신을 주려고 권위를 사용한다. 그는 다른 사람이 가르친 것을 증명하거나 설명하거나 반복하지 않는다. 대신에, 그는 확언하고, 그의 말 한마디 한마디는 신조로서 받아들여진다. 이러한 특징은 『숨겨진 서』에서 특히 분명한데, 이 단편은 매우 모호하긴 하지만, 전체 작품(조하르)을 상당히 잘 요약한 것이다. 라틴 금언이 여기에 잘 어울린다. "그는 권위를 지닌 듯 가르친다."

　「조하르」는 『숨겨진 서』에 대해 다음과 같이 우아한 비유를 하고 있다.

　산속에 혼자 살아 도시의 생활방식에 대해서는 아무것도 모르는 사람을 상상해 보자. 그는 밀을 파종하고 수확해서 가공되지 않은 자연 상태의 밀만을 먹고 산다. 어느 날 그 사람이 도시를 방문한다. 그는 좋은 품질의 빵 한 덩이를 받고 "이 좋은 물건은 무엇에 쓰나요?"라고 묻는다. 그러자, 그들이 "그건 먹는 빵이요."라고 대답하자 그는 그것을 가져다 즐겁게 먹는다. 그런 다음 다시. "이건 무엇으로 만든 건가요?" 묻자, 그들이 "그건 밀로 만들었소."라고 대답한다.

시간이 좀 지난 후에, 사람들이 그에게 기름으로 반죽이 된 케이크를 준다. 그는 그것을 받고는. "그런데 이건 무엇으로 만든 건

카발라 서적　79

가요?"라고 다시 묻자, 그들이 "밀로 만든 것이요."라고 대답한다. 얼마 후 사람들이 그에게 기름과 꿀로 반죽이 된 페이스트리를 그 앞에 놓았다. 그는 똑같은 질문을 한다. 그리고 그는 이렇게 말한다. "나는 이 모든 것에 통달하였소. 나는 이들 음식을 만드는 데 사용하는 밀을 먹고 살았으므로, 이들 음식의 근본을 맛보고 있소." 이 생각과 함께 그는 사람들이 먹는 데서 알게 되는 즐거움에 관심을 두지 않았고 그러한 즐거움은 그에게서 사라졌다. 이것은 학문의 일반 원리에서 나오는 많은 즐거움을 모르고 단지 일반적인 원리에만 머무는 사람과 같다.

책의 나머지 부분(큰 집회, 작은 집회)에서는 그 진행되는 방식이 다르다. 그것은 자유롭게 생각해낸 구상과 그것을 끊임없이 실행하는 방식으로, 주어진 개념의 체계를 계속 설명하기보다는, 오히려 주해서처럼 일관성이 없고 혼란스럽다. 그리고 자유롭게 생각해낸 구상 속에서, 제2차 자료(the Second Texts)는 아무렇게나 소개되는 것이 아니라 특정한 개념과 관계가 있는 것이 나온다.

이미 지적한 대로, 성서에 관한 연구는 구실일 뿐이지만, 성서의 개념과 조하르의 개념이 같지 않아도 한 주제에서 다른 주제로 넘어가는 것에는 문제는 없다. 이것은 시메온 벤 요하이 학파에 보존된 주석과 전승이 논리적 순서에 따라 관습적 체계와 결합하지 않고, 시대정신 속에서 모세오경의 주요 구절에 맞추어졌다는 생각이 들게 한다. 이러한 견해는, 성서 본문과 그 주석서 역할을 하는 「조하르」의 일부 사이에는 종종 아무런 관련성이 없다는 것으로 확증된다.

이와 같은 일관성 없고 무질서한 것은, 수적으로 많지 않고 거의 같은 종류이긴 하지만 사실적인 내용들에서 나타난다. 여기서는 형이상학적 신학이 더 이상 절대적 주권으로 군림하지 않는다. 또한 아주 대담하고 고상한 이론들과 함께, 제식(祭式)에 대한 지극히 세속적인 세부 사항이라든지, 많은 신앙에서 보이는 궤변론자처럼 게마라 학자들이 오랜 세월 동안 헌신하여 내놓은 엄청난 분량의 유치한 질문을 자주 보게 된다. 배경뿐 아니라 형태에서도, 이 책 마지막 부분(작은 집회)에 나오는 것은 모두 좀 더 최근의 흔적을 지니고 있다. 반면에 책의 첫 번째 부분(숨겨진 서)의 단순성과 순박한 열정은 성서 시대와 성서의 언어를 자주 생각나게 한다.

마지막 부분에서 한 가지 예만을 들고자 하는데, 그것은 시메온 벤 요하이의 죽음에 관한 이야기로, 그가 자신의 가르침을 편찬하라고 맡긴 제자 랍비 아바(Rabbi Abba)의 말이다.

거룩한 빛 [시메온은 제자들에게 그렇게 불렸다]이 말씀을 멈추셨을 때, 아직 마지막 구절을 끝내지 않은 상태였다. 그러나 나는 계속 글을 쓰고 있었다. 나는 좀 더 오래 쓸 것으로 기대하였지만, 더 이상 아무 말씀을 듣지 못했다. 보려고 하니 빛이 너무 강해서 나는 머리를 쳐들지 못했다. 갑자기 몸이 심하게 요동쳤고, "생명과 행복의 긴 나날과 햇수가 그대 앞에 있도다."라고 외치는 목소리를 들었다. 그리고 또 다른 목소리를 들었는데, 그 목소리는 "그는 당신(주님)께 목숨을 요청했는데, 당신(주님)께서는 그에게 영원한 세월을 주셨나이다."였다.
온종일 불꽃이 집에 머물렀고 그분을 둘러싸고 있는 불꽃과 빛 때문에 누구도 그분에게 가까이 가려고 하지 않았다. 나는 온종일 땅바닥에 엎드려 한없이 애통해했다. 그 불꽃이 떠나자, 나는 성자 중의 성자인 거룩한 빛이 이 세상을 떠난 것을 알아챘다.

그분은 미소 띤 얼굴로 팔다리를 죽 뻗고 오른쪽으로 누워있었다. 그의 아들 엘레아자르가 일어나, 그분의 두 손을 잡고 그 손에 입맞춤했다. 그러나 나는 그분의 발이 닿았던 먼지를 기꺼이 먹었을 것이었다.

그리고 그분의 동료들이 그분을 위해 조문하러 왔다. 그러나 누구도 침묵을 깰 수 없었다. 마침내 그들의 눈에서 눈물이 흘렀다. 아들 랍비 엘레아자르가 땅에 세 번 쓰러졌는데, "아버지! 아버지!"라고만 말했다. 랍비 히아(Hiah)가 먼저 일어서서 "오늘까지 거룩한 빛이 우리에게 빛을 주시고 우리를 지켜주셨습니다. 이제 우리는 그분께 그분의 마지막 영광을 돌려드리는 일밖에 할 수가 없습니다."라고 말했다. 랍비 엘레아자르와 랍비 아바가 일어나 그분에게 수의를 입혀드렸다. 그리고 동료들이 슬퍼하며 울자 온 집안이 향기로 가득 찼다. 랍비 엘레아자르와 랍비 아바 두 사람이 그분을 관대(棺臺) 위에 놓았다. 관대가 운반되었을 때, 그들은 하늘에서 그분의 모습을 보았는데 그분의 얼굴 앞쪽으로 빛이 눈부시게 빛나고 있었다. 그들은 이렇게 말하는 목소리를 들었다. "와서 랍비 시메온의 결혼 잔치에 참석하라."

요하이의 아들인 랍비 시메온은 주님을 매일 영광스럽게 한 사람이었다. 이 세상과 다가올 세상에서 그의 몫은 아름답다. 그분에 대해 이렇게 기록되어 있다. "그대 길을 끝까지 가서, 평화 속에 안식하고, 마지막 날에는 그대 몫을 위하여 다시 일어나라."[78]

이 글을 통하여 제자들이 시메온을 대단히 존경하였고 카발라 학파에서는 그의 이름만으로 종교적 헌신을 불러일으켰다는 것을 알 수 있다.

우리가 지지하는 이론에 대하여 확실히 결정적인 증거가 또 하나 있는데, 그것은 다음 인용문에서 보인다. 이 인용문은 조하르의 가장 오래된 판본과 최신 판본을 포함하여 모든 판본에 다 들어 있는데도, 이것이 어디에서도 언급된 것을 보지 못했다. 두 부류의 스승들, 즉 미슈나의 스승들과 카발라의 스승들을 구분하여 말한 후에, 본문은 이어서 이렇게 말한다.

예언자 다니엘이 "현명한 자들은 하늘의 광명처럼 빛날 것이다."라고 말했을 때, 그는 카발라 스승들에 대해 말한 것이다. 그는 온통 『"광명의 서(Book of Brightness, 조하르)』에 대한 생각으로 가득 찬 사람들에 대해 언급한 것이다. 그 책은 노아의 방주처럼, 한 도시에서 2명을 받아들이고, 한 왕국에서 7명을 받아들인다. 그러나 때로는 한 도시에서 1명, 한 가족에서 2명을 받아들이기도 한다. 그들을(카발라 스승들) 통해서 다음 구절이 성취된다. "모든 남자는 강물로 던져질 것이다." 그 강물은 이 책의 빛이기 때문이다.[79]

이 내용은 조하르에 들어 있다. 그러므로 이 내용이 기록되어 오늘날「조하르」라는 이름으로 알려졌을 때, 이미「조하르」가 존재하고 있었던 것이 분명하다. 조하르가 여러 세대의 카발리스트들의 노력으로 여러 세기에 걸쳐서 점차로 형성되었다는 결론에 이르게 된다.

시메온 벤 요하이가 죽은 후 오랫동안 그의 가르침이 그가 살면서 가르침을 주었던 팔레스타인에 보존되어 있었으며, 그의 가르침을 수집하러 바벨론에서 사절단이 왔음을 보여주는 또 다른 매우 귀중한 구절이 있다.

어느 날 랍비 요세와 랍비 헤제키아(Rabbi Hezekiah)가 함께 여행하고 있었는데, 대화가 전도서의 한 구절(3:19)에 이르렀다. "사람에게 닥치는 것이 짐승에게 닥치는 것과 같으니, 곧 같은 일이 그들에게 닥친다. 사람이 죽는 것처럼 짐승도 죽는다. 사람이나 짐승이나 모두 같은 종류의 영을 가진다(전도서, III, 19)."
두 랍비는 가장 지혜로운 솔로몬 왕이 어떻게 "믿음 없는 자들을 위하여 문을 여는" 말을 할 수 있었는지 이해할 수 없었다. 이를 논의하는 동안, 뜨거운 태양 아래에서 긴 여행을 하느라 지친 한 사람이 다가와 마실 물을 청했다. 그들은 그에게 포도주를 주고, 그 사람을 샘으로 안내했다. 기운을 차리자, 그는 그들에게 자신도 그들과 같은 신앙을 지녔다며, 율법 연구에 평생을 헌신한 아들의 중재로 그 학문에 입문하게 되었다고 말했다. 그래서 그들은 그가 오기 전에 자신들이 토론하고 있었던 문제를 그에게 제시했다. 그가 그 문제를 어떻게 풀었는지는 중요하지 않다. 단지 그가 크게 칭찬받았고, 그들은 그를 떠나보내면서 몹시 아쉬워했다는 것만을 말해 둘 필요는 있다.
얼마 후 카발리스트인 두 사람은 이 남자가 친구들(Friends, 조하르에서 교리에 박식한 사람들을 일컫는 말)의 회원이었으며 그가 시메온 벤 요하이와 그의 제자들의 가르침을 수집하도록 바빌로니아 친구들(Friends)이 팔레스타인에 파견한 사람이었음을 알았다. 그는 당대의 가장 유명한 학자 중 한 사람이었으나, 겸손하게 자기에

게 돌아올 존경을 아들에게 돌린 것이다.80)

이 책에 기록된 다른 여러 내용은 같은 특색이 있고 같은 무대에서 일어난다. 사비아주의(Sabeism)나 이슬람 신앙과 같은 동방 종교 신앙에 대한 언급은 자주 있지만81), 그리스도교에 대해서는 무엇이든 간에 전혀 언급이 없다는 것은, 현재와 같이 구성된 「조하르」가 13세기 말엽 무렵까지는 유럽에 소개되었을 수가 없었음을 보여준다. 사디아가 보여주었듯이, 조하르 교리의 일부는 그 이전에 이미 알려져 있었으나, 모세스 데 레온(1238-1305) 시대 이전과 나흐마니데스(Nahmanides, 1194-1270)가 팔레스타인(Holy Land)으로 출발하기 이전에는, 유럽에는 「조하르」의 완전한 사본은 없었음이 확실해 보인다.

조하르에 담긴 사상에 대해, 시메온 벤 요하이는 자신이 그 사상을 처음으로 소개한 것이 아니라고 말한다. 그는 친구들(Friends)이 고대 서적들에서 가르친 것을 제자들에게 단지 전했을 뿐이었다고 한다. 그는 특히 원로 예바(Jeba the Elder)와 원로 하무나(Hamuna the Elder)를 언급하고 있다. 책에 보면 그는 카발라의 가장 위대한 비밀이 드러나는 순간, 하무나의 유령과 그 뒤를 따르는 70명의 의인 행렬이 자기의 말을 들으러 오기를 바라고 있다.82)

여기서 이런 사람들이나 서적들이 존재했다고 주장하려는 것이 아니라, 「조하르」의 저자들은 시메온 벤 요하이를 카발라 학문의 창시자로 표현하려는 생각을 전혀 하지 않았음을 분명히 하고 싶은 것이다.

아주 진지하게 주목해야 할 또 하나의 사실은 「조하르」가 스페인에서 출판된 지 한 세기 이상이 지나서도, 「조하르」의 본질을 구성하는 사상 대부분을 알고 있었고 이것을 **구전**으로 전한 사람들이 여전히 있었다는 것이다. 그런 인물 중 한 사람이 모세스 보트릴(Moses Botril)인데, 그는 1409년에 카발라와 그것을 가르칠 때 주의할 점에 대하여 자신의 의견을 밝혔다.83)

카발라는 좀 더 순수하고 좀 더 거룩한 철학에 지나지 않는다. 다만 철학의 언어가 카발라의 언어와 같지는 않다는 것뿐이다... 카발라는 논리가 아니라, 전승에 따라 진행되기에 그런 이름이 붙었다. 스승이 제자에게 이런 내용을 자세히 설명할 때, 제자는 자신의 지혜에 대해 너무 확신을 가져서는 안 된다. 그는 스승이 권한을 부여할 때까지는 이 학문에 대해 말할 수 없다. 이 권리 – 즉 메르카바에 대해 말할 권리 –는 그가 자신의 지성을 입증하고, 가슴에 뿌려진 씨앗이 열매를 맺었을 때 허락될 것이다. 그러나 그가 피상적으로 이해했음이 드러나거나, 명상을 통하여 뛰어난 수준에 이른 사람들의 상태에 도달하지 못했다면, 침묵을 권하는 것이 필요하다.84)

보트릴은 「조하르」에 대해 그 이름조차 몰랐던 것으로 보인다. 그의 (카발라) 작품 어느 부분에서도 그 이름이 언급되지 않기 때문이다. 동시에, 그는 상당히 많은 고대의 작가를 인용하고 있는데, 그들은 랍비 사디아와 랍비 하이(Rabbi Hai) 그리고 바빌로니아 학파의 수장인 랍비 아론(Rabbi Aaron)처럼 거의 동방 출신 작가들이다. 종종 그는 스승에게서 들었던 구전 가르침에 대해 언급하고 있어, 카발라에 대한 지식은 나흐마니데스와 모세스 데 레온이 간행한 사본에서 가지고 온 것으로 추정될 수는 없다.

시메온 벤 요하이로 대표되는 카발라 체계는 13세기 이전만이 아니라 그 이후에도 여전히 제자들이 저술한 많은 전승 자료에 의해 보존되어 전파되었다. 그러나 선배들의 방식에 충실하였던 다른 제자들은 전승을 기억으로만 철저하게 지켰다.

그리스도교 시대인 1세기와 7세기 후반 사이에 나타난 이런 전승은 조하르에서만 발견된다. 사실 서로 밀접하게 연결된 이러한 전승들의 존재는 7세기 무렵의 것으로 볼 수는 없다. 조하르는 카발라에 대한 가르침이고, 카발라의 일부인 메르카바에 대한 가르침이 당시에 이미 알려져 있었고, 시메온 벤 요하이 스스로 선배들이 있었다고 말하기 때문이다. 전승들을 좀 더 후대의 것으로 보는 것도 불가능한데, 그런 결론을 정당화할 아무런 사실도 알지 못하기 때문이다.

논박해야 할 반대의견이 두 개 더 있다. 앞에서 언급한 현대 우주론의 기반이 되는 코페르니쿠스 학설이 어떻게 7세기 이전에 알려져 있을 수가 있는가 하는 의문이다. 7세기는 카발라 체계의 주요 원리의 기원이 되는 시기를 가장 늦게 잡은 시점이다. 대답은 이렇다. 설사 조하르를 13세기의 위조품으로 가정하더라도, 조하르에 나온 이 구절은 폴란드 천문학자(코페르니쿠스, 1473-1543)의 탄생보다 앞선 시기의 것이 된다. 「조하르」에 들어 있는 그 사상은 고대 그리스인, 로마인, 히브리인 등 고대인들 사이에 널리 퍼져 있었다. 그것은 아리스토텔레스가 그 사상을 피타고라스학파에 속한다고 한 사실로 증명된다.

하늘 전체를 연구했다고 주장하는 사람들 대부분이 이 지구가 하늘 중심에 있다고 말한다. 그러나 이탈리아학파의 철학자들, 즉 피타고라스학파라고 알려진 철학자들은 정반대의 학설을 가르친다. 중심은 불이 차지하고 있으며, 지구는 단지 하나의 별이고, 중심을 도는 지구의 원운동으로 밤낮이 생긴다고 말한다.[85]

교부들은 이런 철학을 공격하면서, 창세기의 우주론과는 어울릴 수 없는 이 견해를 가만히 두지 않았다.

락탄티우스(Lactantius)[86]가 말하길, 발이 그들의 머리 위에 있는 사람들이 있고, 모든 것이 거꾸로 되어있고, 나무와 식물이 거꾸로 자라는 나라들이 있다고 믿는다는 것은 어리석다... 우리는 이러한 오류의 씨앗을 지구가 둥글다고 주장한 철학자들에게서 발견한다.[87]

성 아우구스티누스(St. Augustine, 354-430) 자신도 비슷한 말로 같은 주제에 대한 자신의 견해를 밝히고 있다.[88]

끝으로, 아주 오래전에 살았던 「게마라」 저자들도 대척지(對蹠地)[89]에 대해서 그리고 지구가 구체라는 것에 대해 알고 있었다. 『예루살렘 탈무드(Aboda Zarah, ch. 3)』에 보면 알렉산더 대왕이 세계를 정복하기 위하여 먼 지역까지 여러 곳을 침략하는 과정에서 지구가 둥글다는 것을 알게 되었고 그래서 그가 손에 구체를 든 모습으로 대표된다는 말이 나온다.

중세 시대 동안 세상의 참된 학설은 거의 알려지지 않았고 프톨레마이오스(Ptolemy, 2세기, 천동설 주장)의 학설이 완전히 지배했다. 그러므로 이제 우리 주장에 반대되는 것으로 생각된 조하르의 내용이 오히려 우리 주장이 올바르다는 것을 증거하고 있는 셈이다.

조하르에서 놀랍게도 최근 문명과 유사한 고대 의학 지식으로 보이는 내용이 발견된다. 예를 들면, 『큰 집회(이드라 라바, Idra Rabba)』는 현대 의학 논문에서 가져온 것으로 믿어질 수 있는 해부학에 대한 놀라운 구절을 담고 있다.

두개골 안쪽편의 뇌는 3부분으로 나뉘고 각각은 분명한 자신의 위치가 있다. 게다가 이것은 매우 얇은 막과 또 다른 좀 질긴 막으로 덮여 있다. 32개의 통로를 통하여 뇌의 이 3부분은 양편을 따라 몸으로 분기한다. 이렇게 이 세 부분은 모든 방면에서 몸을 감싸고 모든 부분으로 퍼져나간다.[90]

이 구절에서 뇌와 뇌의 수막[91]과 그리고 모든 동물에게 생명과 감각을 주는 대칭적 순서로 3개의 막으로부터 퍼져나가는 32개 신경 쌍(척수신경)을 볼 수 있다.

유대인들이 음식과 관련하여 엄청난 종교 지침에 복종하여야 했고, 율법에서 금지한 음식을 먹지 않으려고 동물의 여러 상태와 성분을 관찰해야 했기에, 그들은 일찍부터 해부에 관한 연구와 자연사 연구에 강하게 끌렸다. 그래서 탈무드는 동물에게 생길 수 있는 병 가운데 하나인 수막 구멍에 대해 언급하면서 그 동물 고기의 사용을 금지한다.

그러나 금지 조건에 대한 의견은 갈린다. 두 겹의 수막에 모두 구멍이 날 때 금지가 유효하다는 의견과 구멍이 질긴 막(경질막)에서 발견되면 그것으로 충분하다는 의견 그리고 마지막으로 두 개의 수막의 지속성이 무너지면 된다는 의견이 있다.[92]

같은 글에서 척수와 그것에 관련된 특별한 질병이 언급되고 있다. 2세기 중엽 이래 히브리인에게는 전문의사가 있었음을 덧붙이고 싶다. 이것은 탈무드(Baba Meziah, 85b)에 나오는데, 미슈나의 편집자인 경건자 유다(Judah the Pious)는 13년 동안 눈병으로 고통받았는데 그의 의사는 열렬한 전승 방어자였고 의학 외에도 천문학과 수학에 진심이었던 랍비 사무엘(Rabbi Samuel)이었다. 그에 대해서는 "하늘의 길을 고향의 길처럼 잘 알고 있었다."라고 말해진다.93)

여기서 우리는 카발라의 드러난 역사에 대한 순전히 서지학적 고찰을 끝맺는다. 우리가 검토한 책들은 카발라의 열렬한 추종자들이 초자연적인 기원이나 까마득한 시대에서 기원한다고 주장한 것과는 달리, 그런 고대성을 가지지 않는다. 그 책들은 또한 회의적인 시각을 가진 비판자들이 여전히 추정하는 것처럼, 천박한 이익을 위하여 사람들이 속기를 바라면서 사상도 확신도 없이 가난에 찌든 협잡꾼이 만든 책도 아니다.

되풀이하지만, 「세페르 예치라」와 「조하르」 이 두 권의 책은 여러 세대에 걸쳐 이루어진 작품이다. 그들이 담고 있는 교리의 가치가 어떠하든 종교 독재가 세상을 지배하던 시대에 한 민족이 지적 자유를 위해 오랫동안 인내하며 투쟁해온 기념비적 작품으로 보존할 가치가 있다. 그러나 이것이 전부는 아니다. 그들이 담고 있는 체계는 그 기원과 그것이 세상에 미친 영향력으로 인해, 그 자체로 인류 사상사에서 매우 중요한 요소이다.

제2편 카발라 교리 분석

4장 창조의 서

어떤 학자들의 맹목적인 신뢰를 보내고 어떤 학자들의 회의적 시각을 보이지만, 앞장에서 카발라의 기념비적 작품으로 인정된 두 권의 책이 이 카발라 교리를 설명하는데 필요한 자료를 제공한다. 본문의 의미가 모호한 경우가 드물게 있는데 이런 경우에는 어쩔 수 없이 이들 문헌에 대한 주석을 이용할 것이다. 그러나 이들 책을 구성하는 많은 단편(斷片)은 여러 시대의 작품에서 선별과 비평 없이 가져와서 그 특성이 일정하지 않다.

어떤 단편들은 신화적인 체계를 설명할 뿐인데, 그 가장 본질적인 요소들은 이미 욥기와 이사야가 본 환상에 나타난 것이다. 이들 단편은 악마만이 아니라 천사의 기능에 관해 아주 자세히 소개한다. 그리고 시초부터 엄청나고 불가침의 비밀로 여겨졌던 학문과 관련되기에는 너무 오랫동안 대중적이었던 개념에 대하여 언급한다.

아주 최근의 것이 분명한 어떤 단편들은, 탈무드의 전승을 닮으려고 수많은 편견과 편협한 바리새인 사상을 보여주고 있다. 탈무드에는 자만과 무지로, 그 이름만으로 맹신적인 존경심을 불러일으킨 한 유명한 교파의 견해가 뒤섞여 있다.[1]

끝으로, 대부분의 단편은 전반적으로 고대 카발리스트들의 참된 신앙을 가르친다. 그 단편들은 그 당시의 철학에 다소라도 흥미가 있고, 고대 카발리스트들의 제자와 전파자로 인정되길 바랐던 사람들의 관심을 끌었다.

그러나 이런 특징은 「조하르」에만 적용된다는 점을 강조하고 싶다. 먼저 분석할 『창조의 서』는 포괄적이지도 않고, 우리의 마음을 높은 영역으로 늘 끌어올리는 것은 아니다. 그렇지만 이것은 보기 드문 독창성을 지닌 일관성이 있는 작품이다. 이 책에서 우리가 주석자들이 한 것처럼 형언할 수 없는 학문의 신비를 찾는 대신에, 우주의 계획을 인식하도록 그리고 다양한 요소를 하나의 공통된 원리에 연결하는 매개물을 인식하도록 이 책을 우리의 이성을 깨우는 작품으로 보게 되면, 이 책에 관한 주석자들의 상상력을 에워싸고 있는 구름은 스스로 흩어질 것이다.

성서도, 또 어떤 종교 서적도 신의 생각에 의지하지 않고, 또 신을 신의 의지와 생각의 해석자로 내세우지 않으면서, 세상과 그 세상에 일어나는 현상을 설명한 적이 없다. 그처럼 〈창세기〉에서는 여호와의 말씀으로 무에서 빛이 나온다. 여호와는 혼돈에서 하늘들과 땅을 창조하고 나서, 자기의 작품을 평가하면서 이것이 자신의 지혜에 아깝지 않음을 안다. 지상에 빛을 부여하려고, 그는 태양과 달과 별들을 하늘에 고정한다. 자기의 피조물 중 마지막이면서 가장 아름다운 것을 창조하려고 먼지를 취해 그 속에 생명을 불어넣어서, 신은 자신의 형상을 닮은 인간을 창조하려고 한 목적을 분명하게 밝힌다.

우리가 논의하고 있는 이 책에서는, 그 과정이 거꾸로 되어있는데, 이 역전(逆轉)이 한 민족(이스라엘)의 지적인 역사에서 처음 일어난 일이라 생각하면, 그것은 매우 중요한 사건이다. 세상의 창조에 대한 이런 굉장한 이론은 인간을 신의 개념에까지 들어 올린다. 창조 작업을 주관하는 단일성(unity) 원리에 의하여 한 번에 그리고 동시에 창조주의 지혜와 합일(oneness)이 드러난다.

앞에서 말한 대로, 이것이 이 책 전체가 이를테면 족장 아브라함의 독백인 이유이다. 이 책에 들어 있는 깊은 사상이 히브리인의 조상(아브라함)을 별 숭배에서 영원한 신에 대한 숭배로 이끈 것으로 추측된다. 방금 언급한 이 책의 특징은 너무 분명한데 12세기 스페인의 철학자이자 히브리 시인인 유다 할레비(Judah Halevi, 1085-1140)가 이를 정확히 정의했다. "세페르 예치라는 한편으로 다양하고 한편으로 균일한 여러 가지 예를 들어가며 신의 단일성과 전능함을 가르치고 있다. 그것들은 그들의 인도자인 그분과 관련하여 조화롭다."2)

지금까지는 모든 것이 이성의 범위 내에 있다. 그러나 「세페르 예치라」는 우주의 지배 법칙을 알려고 우주를 탐구하여 신의 생각과 지혜를 알려는 대신에, 만물과 생각의 표징(신의 생각) 사이의 전체적인 유사성이나 지혜가 사람에게 드러나서 그것이 유지되는 방법을 보여주려고 한다.

더 나가기 전에 신비주의는 언제든지 그리고 어떤 현상으로 나타나든 지성의 활동을 외적으로 표현하는 것에 대단히 큰 중요성을 부여하고 있다. 그렇게 오래되지 않은 일인데, 한 유명한 프랑스 작가가, 글쓰기는 인간의 발명품이 아니라 계시를 통해 인류에게 주어진 선물이었음을 입증하려고 한 적이 있었다.3)

히브리어 알파벳 22개 문자와 1에서 10까지의 10개 숫자는 각각 자신의 고유한 수치를 지니고 있으면서도, 다른 모든 숫자의 수치를 표현한다. 이 두 유형의 상징을 함께 취하면 32개의 "경이로운 지혜의 길"로 불리는 것이 된다. 본문에서 이 길을 이렇게 언급한다. "영원하신 분, 만군의 주, 이스라엘의 신, 살아계신 신, 우주의 왕, 자비와 은혜가 충만하신 신, 고귀한 신, 영원 가운데 거하시는 분, 그 이름이 높고 거룩하신 분이 자신의 이름을 세우셨다."

이 32가지 지혜의 길에 그 의미가 매우 모호한 세 개의 용어로 나타나는 세 가지 다른 형태를 추가해야 하는데, 이 세 가지 용어는 그리스 용어인 "주체", "객체", "사유 행위"와 매우 닮았다.4) 이미 앞에서 언급했듯이, 이들 용어는 본문에는 낯선 단어이다. 그러나 유다 할레비(Judah Halevi)는 이것을 책의 일반적인 성격에도 반하지 않고, 어원의 규칙에도 반하지 않는 방식으로 보고 상당히 다르게 이해했다. 다음은 그의 견해이다.

> 세 개 용어 중에 첫 번째인 스파르(s'far)는 숫자를 표시하기 위하여 사용된다. 숫자는 신체가 창조된 목적을 위하여 각각의 신체에 필요한 성향과 비율을 평가하는 수단을 준다. 왜냐하면 운동과 조화의 평가만이 아니라 길이, 용량, 중량의 평가는 모두 숫자로 조정되기 때문이다. 두 번째 용어 시푸르(Sippur)는 말씀과 목소리를 의미하는데, 이것은 신의 말씀으로, 내부든 외부든 다른 모든 형태로 존재들을 낳은 살아 있는 신의 목소리이기 때문이다. 이 두 번째 용어에서 다음의 말이 암시되었다. "그리고 신이 거기에 빛이 있으라 하니 빛이 있었다."
> 세 번째 용어 세페르((Sefer)는 글/문자를 의미한다. 신의 글은 창조의 일이다. 신의 말씀은 신의 글이고 신의 생각은 신의 말씀이다. 이렇게 신 안에서 생각과 말씀과 글은 하나이고 같다. 반면에 사람에게 그것은 세 개다.5)

이 해석은 우주의 부분만이 아니라 우주 전체에서도 이 개념(세 개 용어)이 드러나도록 일반적으로 알려진 상징(생각과 말씀과 글)을 이 개념과 동일시하는 이 이상한 체계를 아주 적절히 설명하는 장점이 있다.

세피로트는 10개의 숫자 또는 추상적인 열거를 나타내는 말로 카발라 용어로는 처음 여기에 나온다. 그것은 존재하는 모든 것의 가장 일반적인, 그러므로 가장 본질적인 형상으로, 다른 표현을 쓴다면 우주의 범주들(categories)[6]로 표현된다. 그러므로 세상의 근본 요소 또는 불변의 원리를 추구할 때, 숫자 10을 만나게 된다.

열 개의 세피로트가 있다. 아홉이 아니라 열이다. 열하나가 아니라 열이다. 지혜와 지성으로 이들을 이해하려고 해 보라. 이것들에 대하여 연구와 사색, 지식, 생각 그리고 상상력을 끊임없이 발휘하라. 만물을 이들 원리에 놓고 창조주를 그분의 기반 위에 바로 놓아라.[7]

다른 말로 한하면, 지성의 눈에는 세상의 존재뿐 아니라 신의 행위도 열 개 숫자의 추상적 형상을 취하고 있으며, 이 열 개의 수 각각은 공간, 시간 또는 어떤 다른 특질의 무한성을 나타낸다.

적어도 이것이 우리가 다음 명제에 부여하는 의미이다. "10개의 세피로트에 있어서는 미래에서나 과거에서나, 선에서든 악에서든, 높이에서든, 깊이에서든, 동서남북 어디에서든, 그 끝이 없다." 여기서 무한으로 여겨지는 여러 양상(미래, 과거, 선, 악, 높이, 깊이, 동서남북, 즉 10개 양상)이 더도 덜도 아닌 10이라는 점을 주목해야 한다. 이 구절에서 모든 세피로트의 일반적 특성뿐 아니라, 그들이 어떤 요소와 원리에 대응하는지를 알게 된다. 한 쌍의 세피로트는 서로 대립할지라도, 하나의 개념, 즉 무한의 일부이다. 본문은 이렇게 덧붙이고 있다. "10개의 세피로트는, 손가락이 10개 있고(왼손 손가락과 오른손) 손가락 5개가 서로 대립하지만 하나로 연결되어 있는 것과 같다." 이 마지막 말이 앞선 모든 말에 대한 증거일 뿐 아니라 설명이기도 하다.

세피로트의 개념은 외부 사물에 의해 드러난 관계에서 벗어나지 않으면서도, 매우 추상적이고 형이상학적인 특징을 갖고 있다. 엄격히 분석해 본다면, 거기서 무한과 절대적 단일성에 종속된 시간과 공간 그리고 어떤 불변의 질서에 대한 개념을 발견한다. 불변의 질서가 없으면 심지어 감각의 영역에서도 선도 악도 있을 수 없다. 그러나 여기에, 적어도 겉보기에는 물질적 요소에 더 큰 중요성을 부여하는 다소간 다른 숫자의 열거가 있다.

첫 번째 세피로트, 즉 '하나'는 살아계신 신의 영이다. 그 이름 축복 받으소서, 영원에 거하시는 그분의 이름 축복받으소서! 영과 목소리 그리고 말씀은 성령이다.

'둘'은 영에서 나오는 호흡인데, 그 안에 22개 문자가 새겨져 있으나 그것들은 단 하나의 호흡을 이룬다.

'셋'은 호흡 또는 공기에서 나오는 물이다. 신은 물에서 어둠과 공허와 진흙과 점토를 파내서 그것을 정원의 침대 모습으로 새겼다. '넷'은 물에서 나오는 불이며, 신은 그것으로 자기의 영광의 보좌와 천상의 바퀴(오파님)과 세라핌과 천사 종복(從僕)들을 만드셨다. 이 세 가지 모두를 가지고 신은 자기의 거주지를 지으셨으니, 이것은 이렇게 기록되어 있다. "바람을 그대의 사자(使者)로 삼으시고, 타오르는 불을 그대의 대리인으로 삼으시는 분."[8]

다음 6개 숫자는 세상의 맨 끝들, 즉 기본 4방위(동서남북)와 높이와 깊이를 나타낸다. 그들의 상징은 여호와(YHWH, יהוה)의 이름을

구성하는 첫 번째 세 개의 히브리 문자(YHV, יהו)로 만들어질 수 있는 여러 가지 조합들이다.9)

이처럼 그 안에 실제적인 것이 아무것도 없는 공간의 점들(6방위)과는 달리, 세계를 구성하는 모든 요소는 서로로부터 전개되어 나와서 점점 더 물질적으로 될수록 그들의 공동 기원인 성령으로부터 더 멀어졌다. 이것이 바로 빛의 발출 교리로 불리는 것 아닌가? 이것은 세상이 무에서 전개되어 나왔다는 대중적 신념10)을 부정하는 교리가 아닌가? 다음의 말은 불명확한 의미를 분명하게 해 준다. "10개 세피로트의 끝은 처음과 붙어 있다. 이는 불꽃이 횃불에 붙어 있는 것과 같다. 주님은 한 분이시며 그분과 비길 자는 없기 때문이다. 그런데 너는 그분 앞에서 무엇을 계산하는가?"11)

분별력을 요구하는 위대한 신비를 다루고 있음을 명심하게 하는 다음과 같은 말이 바로 이어진다. "10개 세피로트에 대하여 입으로 평가하지 말고 이들을 생각할 때 마음을 경계하라. 마음이 흐트러진다면 '살아있는 피조물들은 달려서 돌아갔다.'처럼 다시 원래 상태로 마음을 가져오라. 이것에 대하여 계약이 맺어졌다."12)

마지막 말은 카발리스트들이 자신들의 원리를 대중에게서 숨기기 위해 사용한 맹세로 보인다. 두 구절 중 첫 구절에 들어 있는 독특한 비유적 표현은 「조하르」에서 자주 반복되어 나오는데, 그것이 확대되고, 전개되어 신뿐만 아니라 혼에 관해서도 적용되고 있음을 볼 것이다. 존재의 모든 영역에서 즉 외부 자연계만이 아니라 의식에서도, 발출을 통한 창조는 늘 불꽃 또는 빛의 방사로 표현되었다.

세상에서 유명해진 놀라운 특징을 지닌 또 다른 이론이 세피로트 이론과 합체된다. 그 두 번째 이론은 "말씀" 또는 "신의 말씀"의 이론으로, 말씀은 신의 영과 동일시되며, 절대적 형상으로서 여겨질 뿐 아니라, 생성 원리이고 우주의 본질로 여겨진다.

옹켈로스의 칼데아 성서 번역본에서처럼, 성서에서 신이 인간으로서 개입할 때마다, 신인동형론을 피하려고 그 신을 신의 생각이나 신의 영감으로 대체하는 그런 문제점은 여기서는 없다. 「세페르 예치라」는 분명히 상세하고도 명백하게 성령 혹은 신의 영과 신의 목소리 그리고 신의 말씀은 하나이며 같은 것이라고 서술한다. 그리고 연속적으로 그 자체에서 물질적 속성을 지닌 모든 원리를 내놓는다.

마지막으로, 그 이론은 아리스토텔레스의 언어로 말하면 "사물의 물질적 원리"라 하는 것이고, 또한 말씀이 세상이 된다는 것이다. 더욱이 카발라의 이 부분이 인간이 아니라 우주만을 다루고 있음을 기억해야 한다.

1에서 10까지의 10개의 숫자에 대한 고찰은 『창조의 서』에서 매우 분명한 위치를 차지하고 있다. 이들 사상은 우주 전반에 적용되며, 형상보다는 본질에 더 관심을 가진다. 이제 고찰하려는 내용에서, 우주의 여러 부분이 자연스럽게 비교되고, 이전에 그것들을 공통 원리 속으로 귀착시키려 했듯이, 이제는 그것들을 공통의 법칙 아래로 가지고 오려고 한다. 그러나 결국 본질보다 형상에 더 많은 관심이 주어진다.

그것들은 22개의 히브리 알파벳을 기반으로 한다. 그러나 책의 첫 부분에 나오는 생각의 외부적 표징에서 기인하는 특별한 역할을 잊어서는 안 된다. 22개 문자가 나타내는 소리와 관련지어서만 생각하면, 이 22개 문자는 지성적인 세계와 물질세계의 경계선 위에 서 있다. 왜냐하면 호흡이나 공기라는 단일한 물질적 원리로 설명될 수 있다면, 그것들은 모든 언어에 없어서는 안 될 기호이며 결과적으로 마음에서 유일하게 나올 수 있는 형상 혹은 마음의 불변하는 형상이기 때문이다.

위에 인용된 말들은 체계 전체의 의미로나, 글자 그대로의 의미로나 다른 해석이 나올 수가 없다. "둘 혹은 우주의 두 번째 원리는 영에서 나온 공기/숨이다. 그 숨 안에 22개 문자가 새겨졌다. 그 글자들은 모두 합쳐져서 단 하나의 숨을 형성한다." 이렇듯 인간 목소리의 아주 단순한 발성인 알파벳 문자가 여기서는 플라톤 철학의 개념과 아주 비슷한 역할을 한다. 문자의 존재와 문자가 사물에 남기는 영향에 의하여 우리는 우주 모든 부분에서 최고 지성을 인식하고 그들을 통하여 성령이 자연 안에 자기의 모습을 드러낸다. 이것이 다음 내용의 의미이다. "신은 22개의 문자를 가지고 형상과 형태를 만들고 여러 방식을 섞어서 조합하여 이미 존재하는 모든 혼과 앞으로 형성될 모든 혼을 만들었다. 축복받으실 거룩하신 분은 이 글자들 위에 자신의 숭고하고 거룩한 이름을 세우셨다."13)

22개 문자는 "3모자(three mothers)", "7 복자(seven doubles)", "12 단자(twelve simples)"로 나뉜다.14) 그 이상한 이름들에 대한 이유를 제시하는 것은 우리의 목적에는 쓸모가 없다.15) 게다가 문자들의 기능은 지금 바로 언급한 3, 7, 12라는 수의 구분으로 완전히 대체된다. 좀 더 분명하게 말하자면, 옳든 그르든, 자연의 세 영역 안에서 3, 7, 12라는 숫자를 찾으려는 시도가 있다. 그 세 영역은 다음과 같다.

1. 세상의 전반적인 구성
2. 해(年)의 분류, 또는 해가 기본단위인 시간의 배분
3. 인간의 구조

명확히 서술되어 있지는 않지만, 여기서 대우주와 소우주의 개념, 또는 인간이 우주의 이미지, 다른 말로 우주의 축소판이라는 믿음을 발견한다. 세상의 전반적인 구성에서 숫자 3은 물과 공기 그리고 불의 요소를 상징한다. 불은 하늘의 질료이고, 물은 응축하여 땅의 질료가 되고, 공기는 대립하는 두 원리인 불과 물 사이에 있으며, 물과 불을 지배하여 이 둘을 분리하고 화해시킨다.16)

3 모자(母字)는 해(year)의 분류에서 주요 계절을 상기시킨다. 여름은 불과 상응하고, 겨울은 동양에서 일반적으로 비나 물의 지배로 표시되고, 온화한 계절은 봄과 가을이 합쳐져 생긴다. 마지막으로 똑같은 삼위일체가 신체의 구조에서도 보이는데 그것은 머리와 가슴 그리고 배 혹은 위이다. 내가 바로 이해했다면, 이들은 최근 어떤 의사가 "생명의 삼각대"라고 부른 신체 기관의 기능이다.17)

숫자 3은 다른 모든 신비한 조합에서처럼 필수 불가결한 형상으로 보여서 도덕적 인간의 상징으로도 간주 된다. 이것을 좀 더 원본에 충실하게 표현하면 "공덕의 저울, 유죄의 저울, 그리고 두 개(공덕과 유죄) 사이를 판단하는 율법의 언어"이다.18)

7 복자(複字)는 대립물이나 두 반대 극단에 어울리는 세상의 존재물들을 상징한다. 우주에는 7개 행성이 있고 그 영향력이 좋기도 하고 나쁘기도 하고, 일주일에 7일의 낮과 밤이 있고, 우리 신체에는 7개의 구멍(눈 2개, 귀 2개, 콧구멍 2개, 입 1개)이 있고, 7은 인간에게 일어날 수 있는 행복한 사건과 불행한 사건의 숫자이다. 그러나 이 분류는 여기서 다루기에는 너무 작위적이다.

12 단자(單字)는 12 황도대, 1년의 12달, 인간 신체의 중요 부분 그리고 우리 본질의 가장 중요한 특성인 시각, 청각, 후각, 언어, 영양 섭취, 출산, 활동 혹은 촉감, 이동, 화, 웃음, 생각 그리고 잠에

대응한다. 여기서 보았듯이 이런 것이 바로 탐구 정신의 시작인데, 그 방법이나 결과에 놀랍기는 하지만, 그것 자체가 독창성의 증거이다.

이렇게 22개의 알파벳 문자로 표현되는 지성의 물질적 형상은 또한 존재하는 만물의 형상이기도 하다. 인간과 우주 그리고 시간 너머에는 무한만이 인식될 수 있기 때문이다.

이들 세 개념은 "신뢰할 만한 진리의 증인들"이라고도 불린다.[19] 그 안에 관찰되는 다양성에도 불구하고, 각각은 그 자체의 중심과 계층을 지닌 체계를 구성한다. 본문에 이렇게 나온다. "1이 3에 군림하고, 3이 7에 군림하고, 7이 12에 군림하지만, 체계의 각 부분은 모든 다른 부분과 분리될 수 없다."[20]

하늘의 용은 우주의 중심이며, 가슴은 인간의 중심이다. 끝으로 황도대의 회전은 연도(年)의 기반이 된다. 첫 번째 것은 왕좌에 오른 왕과 비교될 수 있고, 두 번째 것은 신하들 가운데 있는 왕과 비교될 수 있고, 세 번째 것은 전쟁 중인 왕과 비교될 수 있다.[21]

이 비교가 우주를 지배하는 완전한 질서를 가리키고 인간과의 통일성을 파괴하지 않으면서 인간에 내재하는 대치 속성을 가리키는 것이라 믿는다. 사실상 신체를 구성하는 12개 주요 기관은 전투의 순서처럼 배열되어 있다고 나온다.

신체의 12개 주요 기관은 전쟁 하기 위한 것처럼 서로 대치하여 정렬되어 있다. 그들 중의 셋은 사랑에 봉사하고, 셋은 미움을 낳고, 셋은 생명을 주고, 나머지 셋은 죽음을 야기한다.[22] 이렇듯 악은 선과 대결하고 선이 선만을 낳듯이, 악에서는 악만 나온다.[23]

이렇게 대치되어 있지만 다른 것 없이는 어느 것도 이해될 수 없다는 말이 나온다. 끝으로 이 세 개의 체계 위에, 인간 위에, 우주 위에, 시간 위에, 세피로트의 숫자들과 알파벳 문자 위에 "신성한 거처에서 영원토록 만물을 다스리시는 참된 왕인 주님이 계시다." 세페르 예치라의 결론에 해당하는 이 말 다음에, 극적인 클라이맥스가 나오는데, 그것은 우상숭배자 아브라함이 참된 하느님의 종교로 개종하는 것이다.

이 체계는 모든 형태의 이원론을 절대적 단일성으로 대체하는 것에서 정점에 이른다. 이교도의 이원론 철학은 물질에서 영원한 본질을 발견하려는 것인데, 그 법칙은 신의 의지와 언제나 일치하지는 않는다. 성경의 이원론은 창조에 대한 개념에서 신의 의지, 따라서 무한한 존재를 세상의 유일한 원인, 즉 유일한 실제적인 근원이라고 본다. 그러나 동시에 우주와 신은 절대적으로 구별되고 분리된 실체라고 본다. 세페르 예치라에서는 신은 절대적 존재이므로 규정될 수 없다고 여겨진다. 최고의 권능과 존재감으로 충만한 신은 문자들과 숫자들 위에 있으나 그들 바깥에 있는 것은 아니다. 다시 말해 이 세상에서 우리가 감지하는 원리와 법칙 밖에 계시는 것은 아니라는 말이다.

각각의 원리는 각각에 상응하는 상위 원리에 근원을 두고 있고, 모든 원리는 말씀 또는 성령 속에 공동의 기원을 두고 있다. 말씀 속에서 불변하는 생각의 표시(signs of thought)를 발견하는데, 그 표시는 모든 존재의 영역에서 여러 가지 형태로 자신을 되풀이하여 말함에 의하여, 존재하는 모든 것은 같은 계획을 띠고 표현되는 것이다.

그리고 우리가 계측할 수 있고 규정할 수 있는 모든 것 중에 가장 숭고한 것이며 첫 번째 숫자이기도 한 말씀 자체는, 최고의 생각 또는 최고의 지성인 신의 가장 숭고하고 가장 절대적인 현시가 아니고 무엇인가? 그래서 가장 높은 의미에서, 신은 물질이자 우주의 형상이다. 그런데 그분은 이 질료와 이 형상일 뿐 아니라, 그분 밖에서는 아무것도 존재하지 않고 존재할 수 없다. 그분의 본질은 만물의 밑바탕에 있고 그래서 만물은 그분의 흔적을 띠고 있고, 그분이 지닌 최고 지성의 상징이다.

「이 대담한 추론은 「조하르」에서 설명되는 교리의 근간이다. 그러나 그 설명(조하르)은 우리가 지금까지 약술한 내용과는 완전히 다르다. 이 세상의 독특한 형상들과 하부 원리들을 귀납적으로 비교하여, 최고 원리와 총체적 형상 그리고 마지막으로 절대적 단일성에까지 단계적으로 이끄는 것이 아니라, 처음부터 절대적 단일성이 결론으로 주장된다. 이것은 모든 경우에 있어 논의의 여지가 없는 공리로 여겨지고 사람들은 이것을 공리로 인용한다. 그것은 있는 그대로 펼쳐지고 동시에 더 찬란하고 더 신비로운 빛으로 드러난다. 사실 이런 방식으로 얻어진 모든 추론 사이에 존재할 수 있는 연결성은 작품의 외적 형태에 의해 깨어진다. 그러나 그것에 충만한 통합적 특성은 명백하다.

「광명의 서(조하르)는 「창조의 서」가 끝난 그 지점에서 시작한다고 말할 수 있다. 후자의 결론이 전자의 전제가 된다. 더 주목할 가치가 있는 두 개의 기념비적 작품의 두 번째 중요한 차이점은 인간 마음의 보편적 법칙으로 설명하는 것에서 볼 수 있다. 문자와 숫자를 대신하는 내적인 형상인 불변의 개념들을 보게 되는데 한 마디로 이것은 가장 폭넓고 고상한 의미를 지닌 단어로는 이데아(원형, ideas)이다. 신의 말씀인 로고스는 자연 속에 전적으로 자신을 드러내는 대신에, 무엇보다 먼저 인간과 지성 속에 나타난다. 그것은 원초 인간 또는 천상의 인간인데 히브리어로 아담 카드몬(Adam Kadnom)으로 불린다.

논쟁의 여지가 없이 오래된 어떤 단편들 속에서, 우리는 절대적 단일성에 피해가 가지 않으면서, 생각 자체를 보편적 본질로 보고 그리고 이 힘의 규칙적인 전개가, 빛의 발출이라는 다소 거친 이론을 대신한 것을 볼 수 있다.

고대 히브리인들 사이에서 오늘날(1843년) 독일 사상계를 거의 지배하는 철학사상을 찾으려는 어리석은 생각을 하는 것은 결코 아닐지라도, 독일 헤겔학파의 것으로 인정되는 사상의 원리와 심지어 표현까지 지금 우리가 밝히려고 노력하는 이 잊힌 전통(카발라)에서 발견된다는 것을 과감하게 보여주려고 한다.

카발라에서 상징이 이데아로 전환되는 모습은, 모든 위대한 철학과 종교 그리고 인간 지성의 위대한 개념 속에서 재현된다. 합리주의의 기반이 되는 아리스토텔레스 논리학의 언어적 형태가 칸트의 논리학에서 범주론으로 발전되었고, 관념론에서는 피타고라스와 그의 숫자 체계가 플라톤의 고상한 이론보다 앞서 있었다. 사회사상에서는 모든 사람이 같은 혈통에서 나온 것으로 표현하고, 사람들의 의무와 권리가 동등하다거나 그 본성과 기능이 같다는 것에서 형제애를 찾기 전에, 그 형제애는 육체 속에서 먼저 찾아졌다. 여기에서는 더 이상 이런 일반적인 사실을 논할 자리는 아니다. 그러나 『세페르 예치라』와 곧 다루게 될 좀 더 포괄적이고 중요한 문헌인 『조하르』와의 관계가 분명해졌기를 바란다.[24]

5장 조하르: 카발라의 비유적 방법

「조하르」의 저자들은 아주 모호하고 비논리적인 방법으로, 모세오경에 대한 짧은 주석을 달아서 자신들의 사상을 표현했다. 그런데 그들이 성서의 해석을 어떻게 이해했는지, 그래서 그들이 성서의 평범한 의미에서 크게 벗어나는 순간에 어떻게 성경을 하나의 지지대로 삼아 성공적으로 사용했는지 아는 것이 중요하다. 앞에서 말했듯이 이런 것이 그들의 해석법이며, 일반적으로 말해서, 상징적 신비주의에는 어떤 다른 원칙이 없기 때문이다. 이런 관점에 대한 카발리스트들의 판단을 보자.

랍비 시메온이 말하길
토라가 단순한 이야기와 일상적인 단어로
표현되어 있다고 말하는 사람은 참으로 불쌍하도다.
만약 토라가 그러하다면
우리는 당장 일상적인 단어로 토라를 구성할 수 있을 터이고
더 나은 것을 만들어낼 수 있을 터이니 말이다.
세상의 일을 표현하기 위하여
세속의 통치자도 고상한 단어를 사용한다.
그런데 만약 토라가 그런 식으로 구성될 수 있다면,
그러한 단어를 가지고 토라를 구성해보라.
아! 그러나 토라는 그런 것이 아니다. 토라를 구성하는
모든 단어는 고귀한 단어이고 고귀한 비밀을 품고 있다.

와서 보라!
위의 세계와 아래 세계는 완전히 균형 잡혀 있다.
아래 이스라엘과 위의 천사도 그러하다.
천사에 대해서는 이렇게 쓰여 있나니,
"자신의 천사들을 영들로 삼으시고(시편 104:4)."
그러나 천사들이 내려왔을 때 천사들은
이 세상의 외관(옷)을 입었노라.
만약 천사들이 이 세상에 맞는 외관을 입지 않았다면
그들은 이 세상에서 견딜 수 없었을 것이고
세상은 천사들을 견딜 수 없었을 것이다.

만약 이것이 사실이라면
천사와 세상을 창조하였고 모든 것을 존재하게 하는
토라에 있어서는 더더욱 그러하지 않겠는가!
이 세상에 내려올 때 토라가 이 세상의 외관을
입지 않았다면 세상은 견디지 못하였을 것이다.

그러므로 토라에 나오는 이야기는 토라의 외관일 뿐이다.
외관이 진짜 토라이며 별것 아니라고 생각하는 사람
그 누구라도 그 영은 작아질 것이다.
그에게는 다가올 세상에서 어떤 몫도 없을 것이다.
다윗이 이렇게 말한 이유이다.
"저의 눈을 여시어 주의 법(토라)에서 나오는 놀라운
것을 제가 보게하소서(시편 119:18)."
여기서 놀라운 것은 토라의 외관 안에 있는 것을 말함이다.

와서 보라.
모두에게 보이는 외관이 있다.
어리석은 사람들이 멋진 외관을 한 사람을 볼 때
그들은 다른 것은 보지 않는다.
그러나 외관의 에센스는 육체이고
육체의 에센스는 혼이다.

토라도 마찬가지나니.
토라는 육체가 있는데 이것은 토라의 계율이고
토라의 구현이라 불린다.

이 육체(토라의 계율)는 외관으로 덮혀있는데
(토라에 나오는) 세상 이야기가 그러하다.
세상의 어리석은 사람들이 단지 외관 즉 토라에
나오는 이야기를 보고 다른 것은 아무것도 알지 못한다.
그들은 외관 안에 있는 것을 보지 못한다.
더 많이 아는 사람은 그 외관을 보지 않고
그 외관 안에 있는 육체를 본다.
현자와 하느님의 하인 그리고 시나이산에 서 있었던 사람들은
혼 즉 모든 것의 뿌리인 진짜 토라를 본다.
다가올 시기에 이들은 토라의 혼의 혼을 보게 될 것이니라.[25]

이처럼 세속적인 사람들에게 알려지지 않은 신비적 의미에 대한 상상 －그것이 진실이든 아니든－을 통하여 카발리스트들은 먼저 성경을 구성하는 가르침과 역사적 사실에 자신들을 위치시켰다.

이것이 드러내놓고 종교 권위와 관계를 끊어버리지 않으면서 자신들의 충분한 자유를 보장하는 유일한 방법이었다. 아마 그들은 자신들의 양심을 달랠 필요성도 느꼈을 것이다. 똑같은 정신이지만 훨씬 더 분명한 형태로 표현된 예를 아래 구절에서 볼 수 있다.

만일 율법이 에서(Esau)의 이야기, 하갈(Hagar)의 이야기, 라반(Laban)의 이야기, 발람(Balaam)의 당나귀 이야기, 그리고 발람의 이야기같이 일상적인 이야기와 상세한 설명으로만 구성되었다면, 그것이 왜 진리의 율법, 완전한 율법, 신에 대한 충실한 증언이라 불리는가? 현자들은 왜 그것을 금이나 진주보다 더 귀하게 여겨야 했는가? 사실 율법의 모든 말씀은 매우 고상한 의미를 숨기고 있다. 상세히 설명하는 모든 구절은 그것이 담고 있는 것으로 보이는 사건보다 더 많은 사건을 담고 있다. 이렇게 더 높고 더 거룩한 율법이야말로 진정한 율법이다.[26]

흥미롭게도 교부들의 작품에서 비슷한 견해와 표현을 보게 된다.

오리겐(Origen)의 말: 우리가 율법의 문자들에 매여, 유대인과 사람들이 이해하는 것처럼 율법에 쓰인 것을 그렇게 이해해야 한다면, 나는 부끄러워서 그런 율법을 주신 분이 신이라고 주장하지 않을 것이다. 나는 인간의 법, 예컨대 아테네, 로마 또는 라케데모니아(Lacedemonia)의 법에서 율법보다 더 위대하고 더 합리적인 것을 발견한다.[27]

분별력이 있는 인간이라면 누가, 아침과 저녁이 언급되는 창조의 첫째, 둘째, 셋째 날이 태양과 달과 별 없이 존재할 수 있었다고 믿을 수 있겠는가? 첫째 날에는 심지어 하늘도 없었다. 신이 동쪽에 있는 에덴동산에서 농부처럼 나무 심는 일에 헌신하셨다고 믿을 만큼 생각이 좁은 사람이 어디에 있겠는가? 나무 중 하나는 생명나무였고, 다른 하나는 선과 악을 알게 하는 나무였다. 누구나 이것을 신비가 숨겨진 비유로 간주할 것이다.28)

끝으로, 오리겐은 역사적 의미와 도덕적 의미, 그리고 신비적 의미를 구별했다. 그러나 그는 직유 표현으로 옷(외관)을 사용하는 대신에, 역사적 의미를 몸에, 도덕적 의미를 혼에, 신비적 의미를 영에 비유했다. 신성한 말씀(성경)과 이러한 자의적 해석 사이에 분명한 관계를 확립하기 위해 고대 카발리스트들은 때때로 인위적인 수단에 의존했다. 이것이 조하르에서는 아주 드물게 보이나 후대 카발리스트들은 이것을 상당히 많이 사용하고 있다.

이런 인위적인 수단이 3개 있다. 첫째는 게마트리아(Gematria)인데, 하나의 단어를 같은 수치를 가진 다른 단어로 바꾸는 것이고, 둘째는 노타리콘(Notarikon)인데, 단어를 구성하는 각각의 문자가 다른 단어의 첫 글자가 되는 것이며(단어의 축약), 셋째는 테무라(Temurah)인데, 일정한 규칙에 따라 문자의 위치를 바꾸는 것이다. 예컨대, 마지막 글자가 첫 글자로 오고 그 반대로도 된다. 이러한 체계들은 어떤 중요한 개념의 근간이 되는 것은 아니며, 이미 많은 사람이 논의해온 것이므로, 이제 연구의 핵심적인 주제로 넘어간다. 그 주제는 성서에 대한 주석이라고 주장하는 교리인데, 이것은 주석에 대한 통합적인 기초 역할을 한다.

먼저 「조하르」의 가장 오래된 단편들에 나타난 신의 본질과 특성을 보여줄 것이다. 그리고 이 단편들이 보여주는 만물의 형성에 대한 사상 즉 신과 우주의 관계에 대한 사상을 설명할 것이다. 끝으로 인간을 고찰할 것인데, 조하르에서 인간이 주요한 측면에서 어떻게 여겨지는지, 인간의 기원과 본성 그리고 운명이 어떻게 묘사되는지에 대해 논의할 것이다.

6장 조하르: 신의 속성에 대한 카발라 사상

카발리스트들은 자신들이 지닌 사상의 단일성을 손상시키지 않는 두 가지 방식으로 신에 대해 말한다. 그들이 신을 정의하려고 시도할 때, 신의 속성을 드러내어 신의 본성에 대한 정확한 개념을 우리에게 제공하고자 할 때, 그들은 주제에 필요한 명료한 표현과 함께 형이상학의 언어로 말한다. 그러나 어떤 경우에는 신을 전혀 파악할 수 없는 존재 그리고 우리가 상상으로 신에게 부여하는 어떤 형상 너머에 영원히 거주하는 존재로 표현한다. 그럴 때 그들의 표현은 시적이고 비유적이며, 말하자면 상상력이라는 무기를 가지고 상상력과 싸운다. 그리고 그들은 엄청나게 차이가 나는 신과 인간의 비율을 언급함으로써 이 둘을 비유할 어떤 용어도 찾을 수 없게 된 인간이 이 무한의 개념을 믿게끔 만들어버려서 신인동형론을 없애는 데 모든 노력을 기울인다.

조하르의 단편인 『숨겨진 서』는 거의 이런 방식으로 쓰여 있다. 그러나 거기서 사용되는 비유들은 너무도 이해하기 어렵기 때문에, 『이드라 랍바(큰 집회)』의 한 구절이 우리의 논점을 확증해 줄 수도 있을 것이다.

『이드라 랍바』라는 이 두 단어는 "큰 집회"를 뜻한다. 이 제목이 붙은 책은 시메온 벤 요하이가 자기의 제자 10명에게 전수한 가르침으로 구성된다. 후에 그들 중 일부가 죽어 7명이 되었을 때, 그들은 "작은 집회"를 형성하였으며, 거기에서 임종을 맞은 벤 요하이가 그들에게 가르침을 전했다.

시메온 벤 요하이는 제자들을 불러 주님을 위해 일할 때, 즉 율법의 참 의미를 알릴 때가 왔다고 말했다. 그리고 자신의 날은 다 끝났는데 일꾼은 적고, 주님의 목소리는 점점 더 급박하다고 했다. 그는 자신이 밝힐 신비를 제자들이 더럽히지 않겠다는 서약을 하게 했다. 그들은 들판에 모여 나무 그늘에 앉았다.

시메온이 막 말을 하려고 할 때, 한 목소리가 들렸고, 그들은 두려움으로 무릎이 흔들렸다. 그 목소리는 이야기를 들으러 모인 천상의 집회에서 나온 소리였다. 랍비 시메온이 기뻐 외쳤다. "주여, 저는 당신의 목소리를 들었나이다(하박국 3:1). 그러나 저는 예언자가 '저는 두렵습니다.'라고 한 것과 같은 말을 덧붙이지 않을 것입니다. '그대는 주님이신 너의 신을 사랑하라!'라고 쓰여있듯이 지금은 두려워할 때가 아니라 사랑할 때이기 때문입니다."29)

이 엄숙한 서론에 이어 신의 위대함에 대한 완전히 비유적이고 긴 묘사가 나온다. 그 내용을 풀어서 약술하면 다음과 같다.

신은 지극히 오래된 분 중에 가장 오래되신 분이시며, 신비 중의 최고 신비요, 알려지지 않은 분 중에 가장 알려지지 않은 분이시다. 그분은 고유한 형상을 지니고 계시는데, 우리에게는 아주 오래되신 분처럼, 지극히 오래된 분 중에 최고로 오래된 분처럼, 알려지지 않은 분 중에 가장 알려지지 않은 분처럼 보인다. 그러나 우리가 아는 그분의 형상에서도, 그분은 여전히 우리에게 알려지지 않고 남아 있다. 그분의 옷은 흰색처럼 보이고, 그분의 모습은 눈부시다.

그분은 자신의 의지 아래에 놓인 격렬한 불꽃의 보좌에 앉아 계신다. 그분의 머리에서 나오는 흰빛은 40만 세계를 비춘다. 이 흰빛은 다가오는 세상에서 의인들의 유산이 된다. 매일 그분의 머리는 13만 세계에 불을 밝힌다. 그 세계는 그분에게서 생존을 얻고, 그분만이 그 무게를 견디신다. 그분의 머리를 채우고 있는 이슬이 뿌려지니 죽은 자들이 새 생명으로 깨어난다. 이것이 이사야 26:19 구절의 의미이다. "당신의 이슬은 빛의 이슬과 같기 때문입니다." 이 이슬이 바로 위대한 성자들의 자양분이다. 그것은 다가오는 삶에서 의인들을 위해 준비된 만나(manna)이다. 그것은 '성스러운 과실'의 밭에 떨어진다. 그 이슬의 모습은 모든 색을 포함하고 있는 다이아몬드처럼 흰색이다.

그 얼굴의 길이는 두개골의 꼭대기에서부터 37억 세계이니, 긴 얼굴이라 불린다. 그것이 오래된 분 중에 가장 오래된 분이라 그 이름이 붙은 이유이다.

이 마지막 구절에서, 길고 거대한 얼굴은 신의 실체인데, 곧 보겠지만 첫 번째 세피로트이다. 그러나 조하르의 나머지 부분도 이와 같은 내용으로 생각하면 진리를 놓치게 된다. 동방 사람들은 비유를 너무 자주 쓰는데 여기서 보이는 기묘함, 허세, 관습 등이 고귀함과 장엄함보다 더 분명히 나타난다. 생명과 지식의 영원한 횃불을 나타내는 눈부시게 빛나는 머리는 일종의 해부학적 연구의 주제가 된다. 이마나 얼굴, 눈이나 두뇌, 머리칼이나 수염, 그 어느 것도 빠지지 않고, 전부 무한을 묘사하는 수(數)와 명제를 명확히 드러낼 기회가 된다.30) 이것은 분명하게 신인동형론 심지어 물질주의라는 비난을 불러일으킨 것이었다. 현대의 여러 작가가 카발리스트들에게 이런 비난을 했다. 그러나 비난이든 비난을 불러온 자극적인 표현 스타일이든 고려할 가치는 없다. 오히려 같은 주제가 몇몇 단편에서는 철학이나 인간 지성과 관련하여 매우 흥미로운 방식으로 다루어지고 있다.

언급할 첫 번째 단편은 전체적으로 광범위하고 긴데 그 사실 자체로 관심을 가질만하다. 그 단편에 보면 "거룩하신 분께서 말씀하시데, 내가 누구의 모습이라도 닮았다는 말이냐? 내가 누구와 같다는 말이냐?(이사야: 40:25)"의 진실한 의미를 알린다는 구실 하에, 신은 자신의 본질 안에 은폐되어 계시지만, 10세피로트의 발생이나 신의 주요한 특성과 신 자신의 본성이 설명되고 있다.

신이 세상에 어떤 형상을 창조하기 전에, 어떤 이미지를 낳기 전에, 신은 형태도 없었고 그 어느 것과도 닮지 않았고 그저 홀로 있었다. 창조 전에, 그분은 형상이 없으셨으니, 누가 그때의 그분을 인식할 수 있겠는가?
그러므로 어떤 이미지로, 어떤 형상으로도, 심지어 그분의 거룩한 이름으로도, 심지어 한 글자 또는 한 점으로도 그분을 표현하지 못하게 금지된 것이다. 이것이 "주님께서 너희에게 말씀하시던 날, 너희는 아무 형상도 보지 못하지 않았느냐."고 하신 말씀(신명기 4:15)의 의미이다. 말하자면, 너희는 어떤 형태나, 어떤 이미지로 표현할 수 있는 것을 아무것도 보지 못했다는 뜻이다. 그러나 천상의 인간의 형상을 낳으신 후에는, 그분은 그것을 아래로 내려오기 위한 전차(메르카바)로 사용하였다. 그분은 거룩한 여호와의 이름이라는 형태(YHVH)로 불리기를 원하셨다. 그분은 자신의 특성별로 따로 알려지기를 바라셨다. 그리고 자신이 자비의 신, 정의의 신, 전능하신 신, 만군의 신, 스스로 존재하는 분이라 불리는 것을 허락하셨다. 그분의 의도는 자신의 특성을 알리고, 그분의 정의와 자비가 인간의 행위뿐 아니라 세상을 어떻게 감싸고 있는지 알리는 것이었다. 그분이 자신의 빛을 모든 피조물에 비추지 않았다면, 우리가 어찌 그분을 알 수 있었겠는가? 그리고 "그의 영광이 온 땅에 가득하시다(이사야 6:3)"라고 하는 것이 어떻게 사실일 수 있겠는가? 감히 그분을 그분 자신의 특성 중의 하나와 비교하는 자에게 화 있을지라! 그분을 흙에서 태어나 죽도록 운명지어진 인간과 비교하는 것은 생각도 할 수 없다. 그분은 모든 피조물과 모든 특성 너머에 계신 분으로 인식되어야 한다.

이 모든 것이 제거되었을 때 특성과 이미지와 모습 그 어느 것도 존재하지 않는다. 남는 것은 바다에 비유될 수 있는데, 바닷물은 그 자체가 무한하고 형태가 없기 때문이다. 그러나 바닷물이 땅 위로 흐르면 하나의 이미지가 생기는데 다음과 같은 계산을 할 수 있다.: 바닷물의 근원과 땅을 덮기 위해 근원에서 솟아난 분출물, 이들이 계산으로는 둘(첫 번째와 두 번째)을 이룬다. 다음에 엄청난 깊이의 구덩이를 팠을 때 웅덩이가 생기듯이, 거대한 웅덩이가 생긴다. 그 웅덩이가 근원에서 나온 물로 가득 채워진다. 그것은 바다 자체이며 이것은 계산으로 3번째이다. 엄청난 깊이의 웅덩이가 일곱 개의 운하로 나뉘는데, 그것들은 일곱 개의 긴 그릇과 비슷하다. 근원과 분출물과 바다와 일곱 개의 그릇을 합치면 열이 된다.

만일 그 그릇을 만든 주인이 그것을 부수면, 그 물은 근원으로 돌아가고, 물 없는 그릇 조각들만 남는다. 이처럼 원인 중의 원인

(the Cause of Causes)이 10 세피로트를 낳았다.

왕관(Crown)은 끝없는 빛이 나오는 근원으로, 그 이름은 무한(Infinite, Ayn Sof)이며 최고의 원인(Supreme Cause)을 가리킨다. 그 상태에서는 형태도 생김새도 없기 때문이다. 그러므로 그것을 이해할 방법도, 알 방법도 없다. 이것이 다음 구절의 의미이다. "너에게서 너무 높이 있는 것에 대해 명상하지 말며, 네게 숨겨져 있는 것에 대해서는 탐구하지 말라."31)

그때 그릇 하나가 존재하게 된다. 그것은 히브리 문자 요드(·)같이 점처럼 작지만, 신의 빛이 그것을 관통한다. 이것이 지혜(Wisdom)의 근원이고 이 지혜 때문에 최고의 원인(supreme cause)이 완전히 지혜로운 신이라는 이름을 얻는다. 그다음에 그것이 바다와 같이 큰 그릇을 만드는데, 그것은 지성(Intelligence)이라 불리는데, 거기서 지성을 갖춘 신이라는 이름이 나온다.

그러나 신은 그 자체로 선하고 지혜롭다는 것을 알아야 한다. 지혜는 그 자체로 자신의 이름을 받은 것이 아니라, 지혜로우신 분, 곧 자신에게서 나오는 빛으로 지혜를 낳으시는 분(신)으로 인해 그런 이름이 붙은 것이기 때문이다. 지성은 그 자체로는 인식할 수 없지만, 지성을 지니시고 자신의 본질로부터 지성을 채우시는 분(신)을 통해 자신을 인식한다. 지성이 완전히 말라버리게 하려면 그분은 철수만 하면 된다. 이것이 "바다에서 물이 사라지고 강이 잦아들어 바짝 마르게 되는 것 같다."라고 한 구절(욥기 14:11)의 의미이다.

끝으로, 바다는 일곱 갈래로 나뉜다. 이 일곱 갈래에서 자비 또는 장엄함, 정의 혹은 힘, 아름다움, 승리, 영광, 왕국 그리고 기반 또는 기초라 부르는 7개의 귀중한 그릇이 나온다.32)

그리하여 신은 위대하신 분, 자비하신 분, 강하신 분, 장엄하신 분, 승리의 신, 모든 영광의 주인이신 창조주, 만물의 기초라 불리신다. 이 마지막 특성이 모든 세계뿐 아니라 다른 모든 것을 지탱한다. 끝으로, 만물이 그분의 권능 안에 있기에, 그분은 우주의 왕이시다. 그분은 그릇의 숫자를 줄일 수도 있고, 거기서 나오는 빛을 증가시킬 수도 있다. 그분이 원하면 그 반대도 가능하다.[33]

신의 본질에 대한 카발리스트들의 견해 거의 전부가 이 글 속에 들어 있다. 그러나 이 글은 여전히 혼란의 여지가 좀 있다. 한편으로 보면, 이 내용은 상당히 폭넓게 발전시킬 필요가 있고, 다른 한편으로, 거기에 포함된 각각의 원칙을 보다 실질적이고 보다 정확한 형태로 제시하는 것이 좋을 것이다. 그래서 조하르 본문 내용에 우리의 생각을 넣지 않고, 이 글을 몇 개의 근본적인 내용으로 바꾸어, 그 각각의 내용을 「조하르」에서 뽑은 다른 발췌한 글들을 가지고 자세히 설명하고 동시에 정당화해 보려 한다.

1. 신은 모든 것 너머 있는 무한 존재이다. 그러므로 그분은 모든 존재의 총합이나 자신이 지닌 모든 특성의 합으로 생각될 수는 없다. 그러나 이러한 특성이나 그것에서 나온 결과가 없다면, 다시 말해, 분명한 형상이 없다면 그분을 이해하거나 아는 것이 가능하지 않다. 이 원리는 이렇게 분명하게 표현되었다.
"창조 이전에 신은 형상이 없었고 어떤 것과도 닮은 것이 없었다. 이 상태에서는 어떤 지성도 그분을 인식할 수 없었다." 그러나 이 하나의 글로만 가지고 이것을 입증하고 싶지 않아서 다음 구절에도 같은 사상이 있음을 알았으면 한다.

신이 자신을 현시하시기 전, 모든 것이 아직 그분 안에 숨겨져 있었을 때, 그분은 알려지지 않은 분 중에 가장 알려지지 않은 분이셨다. 그 상태에서 그분은 의문을 표현하는 이름 외에 다른 이름이 없었다. 그분은 지각할 수 없는 작은 점을 만들어서 현시를 시작했다. 그것은 그분의 생각이었다. 이 생각으로 그분은 신비하고 신성한 형상을 만들기 시작했다. 끝으로, 그분은 그것을 눈부시게 빛나는 옷으로 덮었다. 다시 말해 이것은 우주인데, 우주의 이름은 필연적으로 신의 이름의 일부분이 된다.34)

이 글은 문자 그대로는 번역될 수 없는 말장난을 담고 있다. 그것은 다음 구절의 해석에 근거하고 있다. "너희는 눈을 높이 들어 누가 이들을 창조하였나 보라."(이사야 40:26). 여기서 '누가(me)와 '이들을'(eyleh)이란 히브리어 단어 두 개를 결합하여 신의 이름(엘로힘, Elohim)을 만들어낸다. 그리하여 「조하르」는 우주와 신이 하나의 이름이고 같은 이름을 지니고 있어 분리할 수 없다고 결론짓는다.

『이드라 주타(작은 집회, Idra Zuta)』는 이렇게까지 말하고 있다.

오래된 분 중 가장 오래된 분은 알려지지 않은 분 중에 가장 알려지지 않은 분이기도 하다. 그분은 자신을 만물에서 분리하지만, 그분은 분리되지 않는다. 왜냐하면 만물은 그분과 결합하기 때문이다. 그분이 만물과 다시 결합할 때 그분 안에 있지 않은 것은 아무것도 없다. 그분은 형상이 있지만, 형상이 없다고도 말할 수 있다. 그러나 그분은 하나의 형상을 취하여 만물을 존재하게 하였다. 먼저 그분은 자신의 형상에게 9개의 빛을 내보내게 하였는데, 그 9개의 빛은 그분에게서 빌어온 형상 덕분에 빛나는데, 눈부신 광채를 사방에 발하니, 광선이 자신의 빛을 사방에 발산하는 것과 같다. 오래된 분 중 가장 오래된 분, 알려지지 않으신 분 중 가장 알려지지 않으신 분은 하나의 고귀한 횃불과 같아서, 그 넘쳐나는 광휘로 우리 눈을 부시게 하는 빛에 의해서만 인식할 수 있다. 이 빛은 그분의 거룩한 이름이라 불린다.35)

2. 무한의 존재가 처음으로 자기 자신을 드러내신 10개의 세피로트는 단지 그의 속성일 뿐이다. 그것들은 자체로는 아무런 본질적인 실체가 없다. 이 각각의 속성 속에 신의 본질이 완전히 나타난다. 그것들 모두가 합쳐져서 신의 모든 현시(現示) 중 가장 완전하고 가장 높은 최초의 현시를 구성한다. 이것은 원초 인간 또는 천상의 인간(아담 카드몬, Adam Kadmon, 아담 엘로, Adam E-lo-oh)으로 불린다. 이것이 에스겔의 신비한 전차를 지배하는 인물이며, 곧 보게 되겠지만 지상의 인간은 그의 희미한 복사판이다.

시메온 벤 요하이가 제자들에게 말하길, 인간의 형상은 위로 하늘과 아래로 땅에 있는 모든 것, 우월한 존재와 열등한 존재를 다 포함하고 있다. 이런 이유로 오래된 분 중 가장 오래된 분이 인간의 형상을 자신의 형상으로 선택하였다. 인간의 형상이 존재하기 전에는 어떤 형태도, 어떤 세계도 존재할 수 없었다. 인간의 형상은 모든 것을 포함하고 있고, 존재하는 모든 것은 오직 인간의 형상 덕문에 생존하기 때문이다. 그것이 없다면 어떤 세

계도 없을 것이다. 그래서 성서에 "주께서 지혜로 땅을 세우셨다"(잠언 3:19)로 기록되어 있다.36)

높은 사람, 즉 천상의 인간(Adam d'leeloh)과 낮은 사람, 즉 지상의 인간(Adam d'letatoh)을 구별할 필요가 있다. 하나가 없다면 다른 것도 존재할 수 없기 때문이다. 만물에 대한 완전한 믿음은 천상의 사람 형태에 놓여 있으며, 예언자 에스겔이 전차 위에 사람의 형상 닮은 것을 보았다고 말했을 때 그것은 바로 천상의 사람에 대한 것이다. 다니엘이, "나는 밤에 이상한 광경을 보았는데 사람 모습을 한 이가 하늘에서 구름을 타고 와서 태곳적부터 계신 분(Ancient of days) 앞으로 인도되어 나아갔다."(다니엘 7:13)라고 한 것도 이 천상의 인간에 대한 것이다.37)

이렇듯이 천상의 인간, 또는 신의 최초 현시라 부르는 것은 다름이 아니라 존재하는 모든 것의 절대적 형상, 다른 모든 형상들의 근원, 혹은 차라리 모든 개념의 근원이고 로고스나 말씀으로 불리는 최고의 생각이다. 이것은 단순한 추측이 아니라 이 체계에 대한 지식이 더 광범위해질수록 그 정확성이 더 인정될 역사적 사실을 표현하는 것이다.

더 나아가기 전에 다음 구절을 인용하려 한다. "오래된 분(그분의 이름 거룩하시다!)의 형상은 모든 형상을 포함하는 유일한 형상이다. 그것은 여타의 모든 것을 포함하는 최고의 지혜이고 신비한 지혜이다."38)

3. 「조하르」의 저자들을 믿는다면, 10세피로트는 신께 바쳐진 특별한 이름들로 구약성서에 나타나는데, 이는 성 제롬이 마르셀라

(Marcella)에게 보낸 편지에서 인용한 10개의 신비한 이름과 같은 것이다. 「미슈나」에서 이들 이름을 찾으려는 시도도 있었는데, 미슈나에서는 신이 10개의 말씀으로, 또는 그분의 군림하는 말씀을 통해 나온 같은 수의 명령으로 세상을 창조했다고 말한다.39)

이들 10개 이름은 똑같이 필요하지만, 그 이름들이 표현하는 특성과 차이 때문에, 신의 본질에 대한 숭고한 개념을 동등하게 주지는 않는다. 대신에 신의 본질을 각기 다른 모습으로 표현하는데, 카발라 용어로는 "얼굴들"(faces 안핀, 파르추핀)로 표현된다.

시메온 벤 요하이와 그의 제자들은 이런 비유를 자주 사용하고 있지만, 현대의 카발리스트들이 하는 것처럼 그렇게 비유를 남용하지는 않는다. 이것이 전체 카발라 학문에서 가장 중요한 요점이기 때문에 이 점에 대해 좀 더 언급할 것이다. 각 세피로트의 독특한 특성을 결정짓기 전에, 그것의 본질에 대한 일반적 질문을 잠시 살펴보고, 카발라 교리의 대가들 사이에 제기되었던 다른 의견에 대해 간략히 설명할 것이다.

모든 카발리스트는 두 가지 질문을 제기했는데, 첫째, 왜 세피로트가 있는가? 둘째, 세피로트는 그들 자체와의 관계에서든 또는 신과의 관계에서든 무엇인가?

첫 번째 질문에 관해서는 조하르 본문은 조금의 의문도 남길 여지를 두지 않는다. 신의 이름이 있어서 세피로트가 있다는 것이다. 그 둘은 혼동되기도 하는데, 세피로트는 신의 이름에 의하여 표현된 개념이고 실재하는 어떤 것(things)이다. 만일 신에게 이름이 부여될 수 없거나, 그분에게 주어지는 모든 이름이 실재적인 것을 지칭하지 못한다면, 우리는 그분을 알지 못할 것이며, 그분도 심지어 자신에게 존재하지 않을 것이다. 왜냐하면 **지성**이 없으면, 자신을 이해할 수 없을 것이고, **지혜**가 없으면 지혜롭지 못할 것이고, **권능**이 없으면 행동할 수 없을 것이기 때문이다.40)

그러나 두 번째 질문에 대해서는 모든 학자가 같은 방식으로 답변하지는 않았다. 어떤 학자들은, 신은 불변의 존재라는 원칙 입장에서, 세피로트를 신의 힘의 도구 즉 상위 본질의 피조물이지만 최초의 존재(the First Being, 신)와는 완전히 다른 것으로 간주한다. 그들은 카발라의 언어를 율법의 문자와 조화시키려고 한다. 이런 사람들의 선두에는 메나헴 레칸테(Menahem Recante, 1223-1290)가 있는데, 그는 13세기 초에 『계명의 동기(The Motives of Commandments)』라는 책을 썼다.

다른 학자들은 무(無)에서는 아무것도 나올 수 없다는 오래된 원칙을 논리적 결론으로 삼고는 10세피로트를 신의 본질과 완전히 동일시하고 있다. 조하르가 아인소프(Ayn Sof), 즉 무한이라고 부르는 것이 그들의 견해로는 세피로트의 총합이며, 조금도 더하거나 덜하지 않고, 각 세피로트는 같은 무한에 대한 다른 관점일 뿐이다.

이 두 극단론 사이에 세 번째 견해가 있는데, 훨씬 더 심오하고 원래의 카발라 작품들의 정신과 일치한다. 이 견해에서는 세피로트를 도구나 피조물로 보지 않고 그래서 당연히 신과 구별된 존재로 보지 않고, 또한 신과 동일시하려고도 하지 않는다. 이 중도적 입장에 선 사람들의 주장은 이렇다: 신은 세피로트 안에 현존하시는데, 만약 그렇지 않다면 그분은 세피로트를 통해 자신을 드러낼 수 없다. 그러나 그분은 자신의 전체성으로 그것들 안에 머무시는 것은 아니다. 그분은 생각과 존재의 고상한 형상들에서 발견되는 그런 수준의 분이 아니다. 사실 세피로트는 아인소프를 결코 포함할 수 없다. 아인소프는 모든 형상의 근원이며, 그 안에는 형상이 없다. 즉 일반적인 말로 표현하자면, 세피로트 각각은 각자의 이름이 있지만, 아인소프(무한)만은 이름이 없고 있을 수도 없다. 그러므로 신은 말로 표현할 수 없는 존재로 남는다. 그분은 이해할 수 없고, 무한하며 그분의 현존을 드러내는 모든 세상보다 위에 계시며, 심지어 발출의 계(the world of Emanation) 너머에 계신다.

세피로트에 대한 이러한 해석은 신의 불변성을 고려하는 것이다. 10세피로트는 10개의 다른 모양을 한 그릇, 또는 다른 색깔의 유리잔으로 비유될 수 있다. 사물의 절대적 본질로 어떤 그릇(세피로트)을 측정하든 그 절대적 본질은 동일하게 남으며, 신의 빛은 태양의 빛처럼 그것이 통과하는 매개물에 의하여 변하지 않는다. 이들 그릇과 매개물들은 그 자체로는 어떤 실체를 지닌 것이 아니다. 그것들은 자신의 존재가 없다. 그것들은 단순히 최고의 본질이 자신을 가두는 구역을 나타낼 뿐이며, 신의 빛은 여러 단계의 희미한 베일로 자신의 무한한 광휘를 가리고 있다. 그래야 그 빛이 보일 수 있다.

이처럼 세피로트 속에서 두 가지 요소, 아니 오히려 두 가지 측면이라고 볼 수 있는 것이 있는데, 하나는 육체, 이른바 그릇을 상징하는 완전히 외적이고 소극적인 측면과, 또 하나는 영과 빛을 상징하는 내적이고 적극적인 측면이다.

그리하여 카발리스트들은 신의 빛이 달아나버린 깨어진 그릇에 관해 이야기한다.[41] 이러한 관점은 이삭 루리아(Luria, 1534-1572, 아리로 불림)의 『세페르 드루쉼(Sefer Drushim)』에서 받아들여졌는데, 이 책은 크노르 폰 로센로트(Knorr von Rosenroth, 1636-1689)가 독일어로 번역했으며, 『베일을 벗은 카발라(The Kabbalah Unveiled)』에 들어 있다. 이 견해는 또한 모세스 코르도베로(Moses Cordovera, 1522-1570)가 받아들이는데, 그는 그것을 논리적으로 정확하게 『파르데스 리모님(석류의 정원, Pardes Rimonim)』에서 보여주고 있다. 이런 정확한 내용 외에도 코르도베로는 그의 선배들과 반대자들의 견해를 정확하게 기록하고 깊이 있게 논하고 있는 점에서도 칭찬받을 만하다. 그의 설명은 역사적으로 가장 정확하므로, 그의 설명을 카발라의 형이상학적 부분에 대한 모든 해석의 기초로 삼을 것이다.

각 세피로트의 특별한 역할은 무엇인가? 세피로트가 여러 그룹으로 배열되는 방식은 어떠한가?

신의 모든 현시 중 첫 번째이자 최고의 것 즉 최초의 세피로트는 왕관(Kether)인데, 그것이 다른 모든 것보다 위에 있으므로 그렇게 이름이 지어졌다. 그것은 "모든 원리 중의 최고의 원리, 신비한 지혜, 모든 왕관을 장식해 주는 최고의 왕관"이다.42) 그것은 형상이나 이름도 없는 모든 것, 알려지지 않은 신비스러운 존재, 즉 아인소프는 아니다.

왕관은 유한과 구별되는 무한(Infinite)을 나타낸다. 성서에서 그 이름은 "나는 이다(I am)"로 나타난다. 그것은 절대적 존재, 어떤 분석으로도 알 수 없는 존재, 한정할 수 없는 존재, 그러나 나눌 수 없는 점에서 모두 통합되는 존재이다. 이리하여 첫 번째 세피로트는 "근본적인 점"(primitive point) 또는 그냥 "점"(point)이라고도 불린다. "알려지지 않은 분 중 가장 알려지지 않은 분이 자신을 현시하고자 했을 때, 그분은 먼저 한 점을 낳았다. 이 빛나는 점이 그분에게서 벗어나지 않는 한, 그 무한(Infinite)은 아직 완전히 알려지지 않았고, 전혀 빛을 발하지 않았다."43)

이것이 후대 카발리스트들이 "신이 자신의 본질 안으로 절대적 집중 즉 철수(침춤, 신의 철수, Tsimtsum)"라고 설명한 것이다. 이 철수가 공간 즉 "원초적인 공간"를 낳았는데 그것은 진짜 허공이 아니라, 천지창조보다 낮은 정도의 빛이었다. 그러나 신은 자신 안으로 물러나셨기 때문에, 그분은 유한하고, 한정되고, 확정된 모든 것과 구별되었다. 그분이 무엇인지 말해질 수 없으므로, 무(no-thing or non-being, Ayn)를 뜻하는 단어로 지칭된다.

『이드라 주타(Idra Zuta, 작은집회)』는 "그분이 그런 이름으로 불리는 것은, 우리가 이 원리 속에 무엇이 있는지를 알지 못하고, 알 수도 없기 때문이며, 그것이 우리의 한계 안에서는 파악할 수 없는 것이고, 지혜 자체보다 위에 있기 때문이다."라고 말한다.44)

우리는 현대 형이상학 분야에서 가장 위대하고 유명한 체계 중 하나, 즉 헤겔의 형이상학에서 같은 사상, 심지어 같은 구절을 발견한다.

> 모든 것은 존재의 순수한 상태, 즉 완전히 불확실하고 단순하고 즉각적인 생각으로 시작된다. 진정한 시작이란 다른 것이 될 수 없기 때문이다....... 이 순수한 존재는 가장 순수한 추상적 개념일 뿐이다. 이것을 즉각적으로 표현한다면, 완전히 소극적인 용어인 비존재(non-existent)라고 불릴 수 있다.45)

끝으로 카발리스트들에게 다시 돌아가 보면, 존재 또는 절대적 존재라는 개념 자체는 완전한 형상을 이루는데, 그들의 용어로 쓰자면, 하나의 머리, 하나의 얼굴을 이루었다. 때때로 그들은 그것을 "흰 머리"(white head)라고 부르는데, 그 안에 모든 색깔, 즉 모든 개념, 모든 결정된 형태가 섞여 있기 때문이다. 때때로 그들은 그것을 "오래된 분"(the Ancient)라 부르는데, 그것이 첫 번째 세피로트이기 때문이다. 이것을 "오래된 분 중 가장 오래된 분", 즉 아인소프와 혼

카발라 교리분석   127

동하지 말아야 한다. 아인소프 앞에서는 가장 눈부시게 빛나는 빛조차도 그림자일 뿐이다. 그러나 그것은 보통 "긴 얼굴"(long face)이라는 이름으로 지칭되는데, 이는 분명히 그것이 "작은 얼굴"(small face)을 이루고 있는 다른 모든 자격과 모든 지적. 도덕적 특성을 내포하고 있기 때문이다. 「조하르」 본문에 따르면 "첫 번째(세피로트)는 얼굴과 얼굴을 마주하여 볼 수 있는 오래된 분(the ancient)이다. 그분은 최고의 머리, 모든 빛의 근원, 모든 지혜의 원리이며, 단일성으로만 규정될 수 있다."46)

다양한 형상과 구별되고, 모든 상대적 단일성과 구별되는 이 절대적 단일성에서 두 개의 대등한 원리가 나온다. 그들은 겉으로는 상반되어 보이지만 실제로는 나눌 수 없는 것들이다. 하나는 남성적 또는 능동적인데, 지혜라 불리고, 다른 하나는 여성적 또는 수동적인데, 일반적으로 지성으로 지칭된다. 본문에 의하면, "존재하는 모든 것, 오래되신 분(그 이름이 거룩하도다!)에 의해 형성된 모든 것은 오직 남성과 여성으로만 존재할 수 있다."47)

지혜는 또한 아버지라 불릴 수 있는데, 지혜가 만물을 낳기 때문이다. 그것은 32가지의 놀라운 방법으로 온 우주에 퍼져, 존재하는 모든 것에 형상과 척도를 부여한다.48) 지성은 다음 구절에서처럼 어머니이다. "그대는 지성(understanding, 이해)을 어머니라 부를 것이다(잠언 2:3)." 존재의 일반적 조건으로 확립된 남성-여성이라는 대립을 깨뜨리지 않으면서, 「조하르」는 종종 여성적 또는 수동적 원리가 남성 원리에서 나오게 한다.49) 이들의 신비적이며 영원한 결합으로 아들이 나오는데, 그는 아버지와 어머니의 모습을 띠고, 두 분을 증언한다. 이 지혜와 지성의 아들은 맏아들이라고도 불리는데, 지식(knowledge or science, 다트)이다.

이 세 인물/위격이 과거. 현재. 미래에 존재하는 모든 것을 포함하고 이들을 통합한다. 그러나 그들은 차례로 흰 머리, 오래된 분 중 가장 오래된 분 안에서 재결합한다. 왜냐하면 만유는 그분이며, 그분이 만유이고 만유 안에 계시기 때문이다.50) 때때로 그분은 하나의 머리를 이루는 세 개의 머리로 표현된다. 때때로 그분은 두뇌에 비유되는데, 자신의 단일성을 잃지 않으면서 세 부분으로 나뉘며, 32쌍의 신경망을 통해 온몸으로 퍼져나간다. 이는 신이 32개의 지혜의 길을 통해 전 우주로 퍼지는 것과 같다.

오래된 분(그 이름이 거룩하시도다!)은 하나의 머리를 이루는 세 개의 머리와 함께 존재하신다. 그 머리는 가장 고귀한 것 중 가장 고귀하다. 이 오래된 분(그 이름이 축복받으소서!)은 숫자 3으로 표현되기에 그분에게서 빛을 받는 모든 다른 빛들 [다른 세피로트]도 역시 숫자 3에 포함된다.51)

다음 구절에서는 삼위일체라는 용어가 좀 다르다. 우리는 여기서 "아인소프"가 보이지만 지성(Intelligence)은 보이지 않는다. 확실히 그것은 지혜(Wisdom)라고 불리는 로고스(Logos)의 어떤 반영, 전개 혹은 차원이기 때문이다.

세 개의 머리가 있다. 하나는 다른 것 속에, 하나는 다른 것 위에 조각되어 있다. 머리 하나는 숨겨진 비밀스러운 지혜(Wisdom)이며, 이는 절대 드러나지 않는다. 이 신비한 지혜는 다른 모든 지혜의 최고원리이다. 이 첫 번째 머리 위에는 오래된 분(the Ancient, 그 이름 거룩하도다!)이신 모든 신비 중 최고

카발라 교리분석   129

의 신비가 있다. 마침내, 다른 모든 머리를 다스리는 머리, 머리가 아닌 머리에 이른다. 아무도 그 머리가 무엇을 함유하는지 알지 못하며, 알 수도 없다. 그것은 유식한 자와 무지한 자 모두에게 이해가 되지 않기 때문이다. 따라서 그 이름이 거룩하신 "오래된 분"은 무(No-Thing, Ayn)라고 불린다.52)

여기 우리는 존재의 단일성과 지적인 현시의 삼위일체 즉 생각의 삼위일체를 보게 된다. 이것이 우리가 말해 온 것을 정확하게 정리한 것이다.

때때로 이 삼위일체의 위격(位格)은 생각뿐 아니라 존재의 연속적이고 절대적으로 필요한 세 국면으로 표현된다. 독일에서 받아들여진 표현으로 이것을 말한다면, 이것은 세상의 발생을 동시에 보여주는 논리적인 과정으로 표현된다. 이 사실이 놀라워 보일 수도 있겠지만 다음 구절을 보면 의심의 여지가 없을 것이다.

보라, 생각(thought)은 존재하는 모든 것의 원리이다. 그래서 그것은 처음에는 간과되고 그 자체 안에 갇혀 있다. 생각이 퍼지기 시작하자, 그것은 영(spirit)이 되는 단계에 이르고 그 시점에서 그것은 지성이란 이름을 취하게 되며, 전처럼 자신 안에 갇혀 있지 않다. 영 또는 마음 자체는 자신을 둘러싸고 있는 신비들의 가슴 중심에서 발전한다. 그리하여 하늘의 모든 합창의 결합체인 한 목소리가 나온다. 그 목소리는 또렷하고 분명하게 말한다. 그것이 영에서 나오기 때문이다. 그러나 이 모든 단계를 숙고해 보면, 생각과 지성과 목소리 그리고 말은 하나이며 같다는 것을 알게 될 것이고 생각은 존재하는 모든 것의 시작이고 생각 안에는 어떤 끊김도 없다는 것을 알게 될 것이다. 생각 자체는 무(Non-Being, Ayn)와 결합이 되어 있으며, 결코 그것과 분리되어 있지 않다. 그것이 다음 구절의 의미이다. "여호와는 한 분이시며 그 이름도 하나이다."53)

이와 같은 개념이 쉽게 인지되는 또 하나의 구절이 있는데, 이 구절은 좀 더 원본에 가까운 그리고 좀 더 오래된 형태로 된 것이다.

"나는 이다(I am, A-yeh)"를 뜻하는 이름은 존재하는 모든 것의 합일(union)을 보여준다. 그것은 지혜의 모든 길이 아직 숨겨져 있고, 한곳에 결합 되어 있으며, 아직 서로 구별될 수 없는 단계이다. 그러나 경계 설정선이 정해지고, 최고의 이름을 드러내려고 자궁 안에 모든 것을 담고 있는 어머니를 지정하여 만물을 낳게 하려고 할 때, 신은 자신에 대해 이렇게 말한다. "…인 나(I who am, Asher A-yeh)". 끝으로 모든 것이 잘 형성되어 어머니의 자궁을 떠났을 때, 모든 것이 제 자리를 잡았을 때, 그때 그 존재와 그 특별함을 묘사하기 위해 신은 자신을 여호와 혹은 "나는 나이다(I am that I am, אהיה אשר אהיה)"라고 부른다. 이것이 모세에게 계시된 신성한 이름의 신비이다. 모세와 이 신비에 대한 지식을 공유한 사람은 아무도 없었다.54)

그러므로 카발라 체계가 빛의 발출 원리나 본질의 단일성에만 근거하고 있는 것은 아니다. 우리가 보듯이 카발리스트들은 여기서 더 나아갔다. 그들은 독일 형이상학자들이 우리 시대의 영광이라고 여기는 내용과 아주 비슷한 교리를 가르쳤다. 카발리스트들은 생각과 존재의 절대적인 단일성을 믿었고 따라서 세상은 개념이 표현된 것, 즉 절대적인 지성의 형상들일 수밖에 없었다. 요컨대, 그들은 플라톤 사상과 스피노자 사상의 결합을 엿보게 한다. 이 중요한 사실에 대한 의심을 없애고, 동시에 현대 카발리스트 중에 유능한 사람들이 선배들의 전통에 충실했다는 것을 보여주기 위해, 코르도베로의 주석에서 탁월한 구절을 인용하겠다.

처음 세 개의 세피로트인 왕관, 지혜, 지성은 하나이며 같은 것으로 보아야 한다. 첫 번째 것은 지식 혹은 학문을, 두 번째 것은 아는 자를, 세 번째 것은 알려진 것을 나타낸다. 이런 독자성을 설명하려면 창조자의 지식은 피조물의 지식과 같지 않음을 알아야 한다. 피조물의 지식은 지식의 주체와 구별되며, 주체와 구분되는 대상과 관계가 있다.

이러한 차이는 다음의 세 용어로 지칭된다, 생각, 생각하는 자, 생각의 대상. 반면에, 창조주는 자신 안에 지식이 있고, 아는 자이며, 알려지는 자이다. 사실 그분이 아는 방식은, 자신 밖에 있는 사물에 자기의 생각을 적용하는 것이 아니다. 오히려 존재하는 모든 것을 알고 인식하는 자신을 이해하고 알아서이다. 그분과 하나가 아닌 것은 그 어떤 것도 존재하지 않고 그분 자신의 본질 속에서 발견되지 못하는 것은 그 어느 것도 존재하지 않는다. 그분은 모든 존재의 원형이며, 모든 것은 가장 순수하고 가장 완벽한 형태로 그분 안에 존재한다. 그러므로 피조물의 완전성은 이분 존재 안에 내재 되어 있는데, 이 존재에 의하여 피조물은 그들이 나온 존재 근원과 합일되어 있었다. 그들이 그 근원에서 물러날수록, 그들은 완전하고 고상한 상태에서 멀어지는 것이다.

이렇게 이 세상의 모든 존재는 세피로트 안에서 자신들의 형상을 가지며, 세피로트는 자신들이 발출하여 나온 근원 안에서 자신들의 형상을 갖는다.55)

현대 카발리스트들이 구성의 세피로트(Sefiroth of the Construction)라고 부르는 나머지 일곱 개의 특성은 세상의 교화에 더욱 직접적으로 종사하기 때문에 이들 세피로트는 앞의 3개의 세피로트와 같이 삼위일체의 형태로 발전한다. 그 삼위일체마다 두 개의 대립물이 중간의 것에 의해 결합이 된다. 신의 생각이 최고의 현시에 도달하면, 신의 생각에서 두 개의 반대 원리가 나오는데 하나는 능동적 또는 남성적인 것이요, 다른 하나는 수동적 또는 여성적인 것이다.

은총 또는 자비(Hessed)에서는 남성 원리가 나타나고, 심판(Din)에서는 여성 원리가 나타난다.56) 그러나 이 은총과 심판이 글자 그대로의 의미가 아니라는 것은, 전체 체계에서 두 원리가 행하는 역할로 쉽게 알 수 있다. 여기서 의지의 전개와 축소라고 불러야 할 것을 다루고 있다. 사실 자비에서 남성 혼이 나오고, 심판에서 여성 혼이 나온다. 이 두 가지 특질은 또한 "신의 두 팔"이라고 불린다. 하나는 생명을 주는 팔이요, 하나는 죽음을 주는 팔이다. 그들이 분리되면, 세상은 존속할 수 없다. 심지어 그들이 따로 기능하는 것도 불가능하다. 원래의 표현에 따르면 자비 없는 심판이 없기 때문이다.57) 그들은 또한 공통되는 중심인 아름다움(Beauty)58)에서 합쳐지는데, 그것의 물질적 상징은 가슴 또는 심장이다.

아름다움은 모든 도덕적 속성의 표현과 결과 또는 모든 선한 것의 총합으로 여겨진다. 그러나 그다음 세 특질은 순수하게 역동적이다. 즉 그들은 신을 만물의 원인, 우주 힘, 생성 원리로 나타낸다.

이 새로운 영역에서 남성 원리와 여성 원리를 나타내는 처음의 두 개는 성서 본문에 따라, 승리(Triumph, Netsach)와 영광(Glory, Hode)이라고 부른다. 다음과 같은 단어 정의가 없으면, 그 두 단어의 의미를 알기는 어려울 것이다. "승리와 영광이라는 말을 우리는 확장, 증식 그리고 힘으로 이해한다. 우주의 모든 힘은 그들 가슴에서 나오기 때문이다. 그래서 이 두 세피로트는 영원하신 분의 군대라고 불린다."59)

승리와 영광은 공통의 원리 안에서 합일되어 있는데 그 원리는 보통 생성력 또는 존재하는 모든 것의 근원 즉 뿌리를 의미한다. 이런 이유로 그것은 기초(Foundation, Y'sod)라고 불린다. 조하르 본문에 보면, "만물은 그들이 나온 이 기초로 되돌아갈 것이다. 모든 골수와 체액과 힘이 거기에 모여 있다. 존재하는 모든 힘은 생식기관에 의해 거기서 나온다." 이 세 가지 특질은 성서에서 만군의 신으로 드러나는 신의 속성의 한 얼굴, 한 측면을 이룬다.60)

마지막 세피로트인 왕국(말쿠트)에 대해서 모든 카발리스트들은 이것이 어떤 새로운 특성을 표현하는 것이 아니라, 다른 모든 특성과 세상에 대한 그들의 절대적 지배 사이에 존재하는 조화라는 것에 동의한다.61)

이처럼 전체로서 천상의 인간 또는 이상적 인간을 구성하는 10개 세피로트는 현대 카발리스트들에 의하여 "발출의 세계(Olam Atzilus)"로 불린다. 이 10개 세피로트는 세 부류로 나뉘며, 각 부류는 신을 서로 다른 측면에서 보여주지만, 항상 나뉠 수 없는 삼위일체의 형태로 보여준다.

첫 번째 3개 세피로트는 순전히 지성적이며 형이상학적이다. 그것들은 존재와 생각의 절대적 일치를 표현하며, 현대 카발리스트들이 '지성적인 세계'(intelligible world)라 부르는 것을 형성한다.

다음의 3개 세피로트는 도덕적 특성을 가진다. 그들은 신을 친절과 지혜와 동일하게 보지만, 한편으로는 아름다움과 장엄함의 근원이 친절 안에 있음을, 혹은 오히려 최고의 선 속에 있음을 보여준다. 그러므로 그것들은 덕성들 또는 그 말이 지닌 가장 고상한 의미로 "감정의 세계"(world of feeling)라고 불린다.

끝으로, 이들 특성 중의 마지막 셋은 우주 섭리인 최고의 건축가(the Supreme Architect)가 절대적 힘인 전능한 원인이며, 이 전능한 원인이 만물을 생성하는 힘임을 알려준다. 이들 마지막 세피로트는 "자연의 세계"(natural world)를 의미한다.62)

이런 서로 다른 측면들이 어떻게 그리고 어떤 조건에서 단일체로 돌아가서, 결과적으로 최고의 삼위일체로 돌아가는지는 다음 구절이 보여주고 있다.

거룩한 합일을 이해하기 위해, 벽난로에서 또는 횃불에서 솟아오르는 불꽃을 살펴보라. 우리는 우선 두 종류의 빛을 보는데, 하나는 빛나는 흰색, 다른 하나는 검은색 또는 푸른색이다. 흰빛은 위에 있어 똑바로 올라가고, 검거나 푸른 빛은 아래에 있어 흰색의 근원처럼 보인다. 그러나 두 빛은 아주 밀접하게 붙어 있어 하나의 불꽃을 형성한다. 그러나 푸르거나 검은빛을 이루고 있는 근원은 그 밑에 있는 심지에 붙어 있다. 흰빛은 절대 변하지 않는다. 그것은 항상 흰빛으로 남아 있다. 그러나 아래의 덜 밝은 빛 속에는 몇 개의 그림자가 있다. 더구나 덜 밝은 빛은 상반된 방향으로 움직인다. 위로는 흰빛에 연결되고, 아래로는 불타는 물질에 연결되어 있다. 이 물질은 끊임없이 자신을 연소하며 위에 있

는 빛으로 올라간다. 이렇게 존재하는 모든 것은 하나의 단일성과 재결합한다.63)

이 비유에 대한 모든 의문을 해소하기 위해, 이 내용이 인간 혼의 본질을 설명하는 「조하르」의 다른 부분64)에 나온다는 점을 언급하고자 한다. 거기서 이 내용은 최고 삼위일체의 희미한 이미지인 삼위일체를 형성하는 인간 혼의 본성을 설명하기 위해서 거의 글자 그대로 반복하여 나온다.

이 마지막 삼위일체는 분명히 다른 모든 것을 포함하고 있으며, 전체 세피로트 이론을 요약하고 있는데, 조하르에서 가장 중요한 역할을 한다. 앞에 나오는 삼위일체들처럼65), 그것은 3개의 용어로 표현되며, 그 각각66)은 이미 다른 삼위일체에서 최고의 현시로 표현되었다. 즉 왕관은 형이상학적 특성을 나타내고, 아름다움은 도덕적 특성을, 왕국은 더 열등한 특성을 나타낸다.

그러나 카발라의 비유적 언어로 왕관은 무슨 의미인가? 그것은 본질 즉 유일한 것이며 절대적인 존재이다. 아름다움은 무엇인가? 「이드라 주타」에 보면, 그것은 "도덕적 삶과 도덕적 완성의 최고의 표현이다"라고 한다. 지성과 자비에서 발출된 것으로서, 그것은 종종 동방 즉 지상 만물에 의해 고르게 그 빛이 반사되는 태양에 비유된다. 태양이 없으면 모든 것은 어둠으로 돌아갈 것이다. 한마디로, 그것은 이상적 존재(ideal)이다.

끝으로 왕국은 무엇인가? 그것은 합쳐진 모든 세피로트의 영원한 행위이며, 창조물 안에 있는 신의 실제적인 현존이다. 이 생각은 쉐키나(Shekinah)라는 말로 표현되는데, 이는 왕국의 별칭 중 하나이다.

따라서 이 새로운 삼위일체(왕관, 아름다움, 왕국)의 진정한 용어는 절대적 측면, 이상적 측면 그리고 내재적 측면, 또는 본질, 생각 그리고 삶인데 이것은 생각과 대상의 결합이다. 이들은 "중간기둥(the middle column)"이라 불리는 모양을 구성하는데, 모든 세피로트 도형에서 세피로트가 중심에 놓여 있으면서 하나가 다른 것 위에 놓여서 수직선 또는 기둥 모양으로 되어 있어서 그렇게 부른다.

예상할 수 있는 일이지만, 이 세 용어는 또한 많은 "얼굴" 또는 상징적인 현시들이 된다. 왕관은 그 이름을 바꾸지 않고 언제나 긴 얼굴, 오래된 분(the Ancient of Days), 그 이름이 거룩하신 오래된 분이다. 아름다움은 거룩한 왕 또는 간단히 왕이며, 쉐키나(왕국), 즉 만물 속의 신의 현존은 마트로나(Matrona) 혹은 여왕이다.

아름다움이 태양에 비유된다면, 마트로나는 달에 비유된다. 달은 자신보다 한 단계 높은 곳에서 모든 빛을 빌려와 빛나기 때문이다. 다시 말하면, 진짜로 보이는 존재는 단지 이상적인 아름다움의 반영 또는 이미지일 뿐이다. 마트로나는 이브(Eve)라고 불리는데, 본문에 의하면, "이브는 만물의 어머니이고, 이 아래 세상에 존재하는 모든 것은 그녀의 젖을 먹으며, 그녀를 통해 축복받는다"라고 하기 때문이다." 왕과 여왕을 "두 얼굴"이라고 하는데,67) 이들 한 쌍의 임무는 끊임없이 세상에 새로운 은총을 베풀고, 결합을 통해 창조작업을 계속하거나 더 나아가 창조 작업을 영속시키는 일을 한다. 그러나 그들이 이 일을 하게 만드는 서로의 사랑은 두 가지 방식으로 전개되어 두 종류의 열매를 맺는다.

때때로 사랑은 위에서 오는데, 남편에게서 아내에게로 가서, 거기서 온 우주로 간다. 즉 지성적인 세계의 심연에서 나온 존재와 생명은 자연 속에서 더욱 활성화된다. 그러나 때때로 사랑은 정반대로 아래에서 올라가는데, 아내에게서 남편에게로, 현실 세계에서 이상세계로, 지상에서 하늘로 올라가고, 사랑은 회귀를 요구할 수 있는 존재들을 신의 품으로 데려간다.

조하르는 신성한 혼들이 여행하는 순환 과정에서, 이 두 가지 생성 방식에 대한 하나의 예를 보여준다. 가장 순수한 본질로 여겨지는 혼은 지성에 뿌리를 두고 있다. 이 지성은 존재의 형상들이 서로 분화되기 시작하는 최고의 지성(Supreme Intelligence)을 의미하며 실제로는 우주적인 혼이다. 만일 남성의 혼이 될 것이라면, 그것은 거기서 은총 또는 확장의 원리를 통하여 통과하고, 만일 여성의 혼이 될 것이라면, 심판 또는 집중의 원리로 스스로 스며든다. 끝으로, 그것은 왕과 여왕의 결합을 통해 우리가 사는 세상으로 나오는데, 조하르 본문이 말하듯이 왕과 여왕이 "혼의 생성에 관여하는 것은, 남자와 여자가 육체의 생성에 관여하는 것과 같다."[68] 이 루트를 통해 혼은 지상에 내려온다.

이제 혼이 신의 품으로 돌아가는 방식은 이렇다. 혼이 모든 덕성을 갖추어, 임무를 완수하고, 하늘로 돌아갈 만큼 성숙하면, 혼은 자신이 경험한 사랑과 자신이 불러일으킨 사랑에 자극받아 상승한다. 발출의 마지막 단계인 실제적인 존재는 혼과 함께 상승하는데 이렇게 해서 실제적인 존재는 이상적인 형상과 조화롭게 된다. 왕과 여왕은 또 다른 원인에 이끌려 또 다른 목적으로 새롭게 결합한다.[69]

「조하르」는 이렇게 말한다. "이런 식으로 생명은 위와 아래에서 동시에 끌어당겨진다. 근원은 새로워지고, 항상 다시 채워지는 바다는 그 물을 모든 곳에 공급한다."[70] 혼이 아직 육체에 묶여 있는 동안에, 우연히 합일이 일어날 수도 있다. 이와 관련하여 무아경, 신비적인 황홀경, 되돌림의 교의를 다루게 되는데, 이에 대해서는 나중에 언급하려 한다.

세피로트에 대한 설명은, 그들을 설명하는 데 사용된 도형에 대한 언급 없이는 불완전하다. 도형에는 세 가지 주요한 상징이 있는데, 그중에 적어도 두 개는 「조하르」에서 인정된 것이다. 하나는 10개의 동심원의 형태로 세피로트를 나타내거나 공통의 중심이 되는 하나의 점 주위에 그려진 9개의 원으로 나타낸다. 또 하나는 세피로트를 인간의 육체로 표현한다. 왕관은 머리이고, 지혜는 두뇌이며, 지성은 마음이다. 몸통과 가슴은 아름다움의 상징이다. 두 팔은 은총과 심판의 상징이고, 몸의 아랫부분은 나머지 특성을 표현한다.

육체의 질병이 신의 여러 이름을 통해 치유될 수 있다는 실천적 카발라와 그 주장은 전적으로 이러한 자의적인 관계에 근거하여 대부분 만들어졌다. 그것은 『티쿠님(Tikkunim, 조하르에 대한 부록)』에서 극단적으로 행해졌다. 개념이 아주 조잡한 상징들로 서서히 질식당하고, 교리의 쇠퇴로 사상이 형상들로 대치된 일은 이것이 처음은 아니다.

이 10개 세피로트를 표현하는 마지막 방법은 그들을 세 집단으로 나누는 것이다. 수직선의 오른쪽에는 확장적 특성들, 즉 로고스 또는 지혜(Wisdom)와 자비(Mercy) 그리고 힘(Strength)을 볼 수 있다. 왼쪽에는 같은 방식으로 오른쪽과 나란히 저항 혹은 집중을 나타내는 세피로트를 볼 수 있다. 지성(Intelligence)과 심판(Judgement) 그리고 영광(Glory)이 그것이다. 중심에는 본질적인 특성들이 최고의 삼위일체(왕관, 아름다움, 왕국) 안에 포함되어 있다. 꼭대기에는 왕관이 있고, 맨 밑에는 왕국이 있다.[71]

「조하르」는 이런 형상을 종종 암시하고 있는데, 그것은 나무에 비유되며, 아인소프는 그 나무의 생명과 수액이다. 후에 그것은 "카발라 나무"[72]라고 불렸다. 각 단계에서, 수직선으로 "자비의 기둥",

"심판의 기둥", "중심 기둥"이 떠올려진다. 같은 도형은 수평으로 세 개의 부수적인 삼위일체를 보여주는데 이것은 앞에서 이미 말한 것이다.

이들 도형 외에 현대 카발리스트들은 운하 도형을 생각해냈는데, 그것은 하나의 형상 안에서 세피로트 사이에 가능한 모든 관계와 결합을 보여준다. 모세스 코르도베로는 60만 개의 결합을 그려낸 작가에 대해 이야기하고 있다. 이런 정밀함은 어느 정도 미적분학의 관심을 끌겠지만, 형이상학에서는 아무런 의미가 없다.

「조하르」에는 여전히 좀 더 생소한 형상의 이상한 개념 하나가 앞에서 방금 설명한 세피로트 이론과 섞여 있다. 그것은 신성한 속성의 영역에서 추락과 회복이라는 개념이다. 신이 이 영역에 거주하기 위하여 피조물과 함께 내려오지 않아서 그리고 자신과 피조물 사이에 중간 단계의 형상을 고려하지 않아서 실패한 창조에 대한 개념이다. 신의 피조물 중에서 인간이 가장 완전한 표현이다.

명백히 다른 이러한 개념이 하나의 사상으로 결합 되어 있는데, 그 내용의 발전 수준에는 차이가 있지만, 이 개념은 『숨겨진 서』와 두 권의 『이드라(큰 집회, 작은 집회)』 그리고 다소 덜 중요한 몇 개의 단편에서 발견된다.

그것은 다음과 같이 이상한 방법으로 제시되어 있다. 창세기(36:31-40)는 이스라엘 왕들보다 앞서 있던 에돔의 일곱 왕의 이름을 나열하면서, 그들이 차례로 죽었음을 말하면서, 그 계승의 순서를 보여주고 있다. 이것은 매우 낯선 내용이지만, 「조하르」의 저자들은 보이지 않는 세계에서 신의 발출과 그 순환에 대한 믿음의 근거로 이 내용을 사용하였다.

그들은 "이스라엘의 왕들"을 왕과 여왕으로 인격화된 절대적 존재의 두 가지 형태로 해석한다. 그것은 바로 존재의 본질이다. "에돔의 왕들" 또는 불리는 대로 하면, "고대의 왕들"은 창조물과 신의 본질 사이의 중개자로 봉사하기 위한 형상들이 생겨나기 전에는 존재할 수도, 실현될 수도 없는 세계였다. 이처럼 모호한 내용인데, 이 체계의 모호한 내용을 해치지 않고 잘 설명하는 방법은 이 체계를 언급하면서 단편들 내용을 서로 설명하는 어떤 단편의 내용을 인용하는 것이라고 생각한다.

> 오래된 분 중에 가장 오래된 분, 숨겨진 분 중에 가장 숨겨진 분은 왕들과 왕관들의 형상을 준비하기 전에는, 한계도 끝도 없었다. 그래서 그분은 자신의 본질로 이들을 조각하여 그려 넣었다. 그분은 장막을 펼쳐 그 위에 왕들을 조각하고 그들의 한계와 형태를 그렸으나 그들은 존재할 수 없었다. 그러므로 성서에 이렇게 쓰여 있다. "이들은 왕이 이스라엘 자손을 다스리기 전에 에돔의 땅을 다스린 왕들이다." 이는 태고의 왕들과 태고의 이스라엘을 말하는 것이다. 이렇게 형성된 모든 왕은 이름은 가지고 있었으나, [오래된 분]이 그들에게 내려와 그들을 위해 자신을 베일로 가리기까지는 그들은 존재할 수 없었다.73)

이 구절은 우리의 창조보다 앞선 창조와 우리 세계보다 앞선 세계에 대해 말하고 있는 것이 분명해 보인다. 조하르는 이것을 분명하게 말하고 있고, 이는 또한 모든 현대 카발리스트들의 공통된 믿음이다. 그러나 왜 고대 세계는 사라졌는가? 신이 그들 가운데 규칙적으로 그리고 계속하여 머무시지 않았거나, 본문이 말하듯이, 신이 그들에게 내려오지 않았기 때문이고. 또한 그분이 창조 세계에 거주하여 일어나는 합일로 창조가 영속하도록 자기의 모습을 형상으로 보여주지 않아서이다. 그분이 자신의 본질에서 자발적으로 발출하여 나온 세계는 화로에서 무질서하게 발출된 불꽃으로 비유되는데 화로에서 멀리 벗어나서 소멸하였다.

> 사라져버린 고대 세계들이 있었고, 이 형태 없는 세계는 불꽃으로 불렸는데, 왜냐하면 대장장이가 쇠를 치면 불꽃이 사방으로 퍼져 날아가기 때문이다. 이 불꽃은 고대 세계들인데, 오래된 분 (그 이름이 거룩하도다!)이 아직 자신의 형상을 생각하지 않으셨고, 그 일꾼이 아직 일하지 않아서, 이들 세계는 파괴되었고 존재할 수 없었다.74)

그러면 유한한 존재들의 지속과 조직화를 가능하게 하는 그 형상은 무엇인가? 좀 더 적절하게 말하자면 신의 작업에 필요한 장인(匠人)을 상징하고, 그것으로 신이 교섭할 수 있고, 신 밖에서 신 자신을 재현하는 그 형상은 무엇인가? 그것은 일반적으로 인간의 형상으로 여겨지며 우리 본성의 도덕적, 지적 특성뿐 아니라 그 발전과 영속화의 조건을 포함하고 있다. 한 마디로 그것은 성적인 분화인데, 조하르 저자들은 육체뿐 아니라 혼의 성적 분화를 인정한다. 그들에게 이 성적 분화의 개념, 다른 말로 인간 형상의 분리와 생식이란 개념은 우주적 삶의 상징이며, 존재의 규칙적이며 무한한 발전의 상징이며, 규칙적이며 지속적인 창조의 상징이다. 이는 지속을 통해서만이 아니라 가능한 모든 존재 형태의 연속적인 현실화를 통해서이다.

우리는 앞에서 이 개념의 뿌리를 다룬 적이 있는데 여기서는 그 이상의 내용이다. 생명과 존재와 그리고 신의 생각의 점증적 확장은 본질과 함께 즉시 시작된 것은 아니다. 앞에서 방금 언급했지만, 소란스럽고, 무질서하고, 우발적인 빛의 발출이 있었다.

왜 고대 세계들은 파괴되었는가? 인간이 아직 형성되지 않았기 때문이다. 인간의 형상은 모든 것을 포함하고, 모든 것은 인간의 형상으로 유지될 수 있다. 이 형상이 존재하지 않았기 때문에, 형상보다 앞선 세계는 존속할 수도, 유지될 수도 없었다. 그들은 인간의 형상이 확립될 때까지는 존재할 수 없었다. 그들 세계는 인간의 형상과 함께 그러나 다른 이름으로 다시 태어났다.[75]

새로운 구절을 통해 이상적인 인간이나 신성한 속성에서 나타나는 성적 특징(sexual distinction)을 증명하고 싶지는 않다. 다만 여기서 지적하고자 하는 것은 「조하르」에 매우 다양한 형태로 반복되고 있는 이 특징은 균형(balance)이라는 독특한 이름이 주어진다는 점이다.

『숨겨진 서』에 보면, 균형이 확립되기 전, 그들[왕과 왕비, 이상적 세계와 현실 세계]은 서로 얼굴을 마주하여 보지 않았다. 최초의 왕들은 어떤 생존 수단도 발견할 수 없어서 죽었고, 땅은 황폐해졌다....... 균형은 원초적인 무(無)에 매달려 있다. 측정되어야 하는 그들은 아직 존재하지 않는다. 완전한 내적 균형은 자신 외에 어떤 지지도 없으며 보이지도 않는다. 이 균형은 존재하지 않는 모든 것, 존재하는 모든 것, 존재할 모든 것을 지니고 있으며 지닐 것이다.

앞의 인용 글은 고대 세계인 에돔의 왕들이 완전히 사라지지 않았다는 것을 알려주었다. 카발라 체계에 의하면, 어떤 것도 존재하지 않고, 어떤 것도 절대적으로 사라지지 않기 때문이다. 그것들은 실재적 우주였던 장소를 잃었을 뿐이다. 신이 인간의 형상으로 다시 자신을 나타내기 위해 자신 밖으로 나왔을 때, 에돔의 왕들은 다른 이름으로 창조의 일반적인 체계로 들어가기 위하여 부활하여 어떤 방식이든 다시 생명을 얻었다. "성서가 '에돔의 왕들이 죽었다'라고 했을 때, 그것은 그들이 정말 죽었다거나, 그들이 완전히 파괴되었다는 뜻이 아니다. 앞선 단계로부터 가라앉는 상태는 그 모두가 죽음으로 불리기 때문이다."[76]

그들은 참으로 아주 아래로 가라앉았다. 무(nothingness) 바로 위에 있었다. 왜냐하면 그들은 우주의 마지막 단계에 놓여 있었기 때문이다. 그들은 순수하게 수동적인 존재, 또는 「조하르」의 표현을 쓰자면, 자비 없는 심판을 나타낸다. 그곳은 엄격함과 심판만이 있는 곳이다. 즉 그곳은 남성적인 원리는 없고 모든 것에 여성적인 원리가 지배한다. 그곳은 물질에서처럼 모든 것이 저항이고 관성인 장소이다.

그런 이유로 그들은 또한 에돔의 왕이라고 불렸다. 왜냐하면 에돔은 자비와 생명 그리고 영적이고 활동적인 존재를 나타내는 이스라엘의 반대이기 때문이다. 이러한 표현 대부분을 문자 그대로 받아들이면 현대 카발리스트들처럼 고대 세계는 범죄에 대한 징벌의 장소가 되었으며, 그 폐허에서 신성한 정의를 위한 도구로 봉사하는 사악한 존재들이 나왔다고 말할 수 있다.

조하르에 따르면, 죄를 지은 혼의 형벌은 창조의 가장 낮은 수준에 다시 태어나서 점점 더 물질의 속박에 굴복하게 하는 것인데, 윤회가 그 역할에 크게 기여한다.

항상 "껍질"(קליפות--Klippoth)이라는 의미심장한 이름으로 불리는 악마에 관해서는, 그들은 물질 그 자체와 그것에 의존하는 욕망에 지나지 않는다. 따라서 물질에서 영원한 지혜에 이르기까지 모든 존재의 형태는 무한한 존재(the Infinite Being)의 현시 또는 발출이다.

만물이 실재와 연속성을 갖기 위해서는 신에게서 오는 것만으로는 충분하지 않다. 신이 항상 그들 가운데 계시고, 그들 모습으로 영원히 그리고 무한히 살고, 확장하고, 다시 나타나는 것이 필요하다. 신이 그들을 그들 자신에게 맡기면 그들은 그림자처럼 사라질 것이다. 그래도 이 그림자는 신성한 현시의 일부이다. 그림자가 바로 물질이며, 우리의 시야에서 생명과 영이 사라지는 경계를 표시하는 것이 바로 그림자이다. 이상적인 사람(신)이 시작이듯 그림자는 끝이다. 이 원칙에 따라 카발라 우주론과 심리학(혼 이론)이 설립된다.

7장 조하르: 세상에 대한 카발라 사상

우리는 이제 신의 본성에 대한 카발라의 이론을 알고 있어서 세상의 기원과 창조의 개념에 대해 깊게 사색할 필요성은 없다. 그러나 사실 우리는 이 두 개념을 혼동하고 있다. 만일 신이 자신 안에서 무한한 생각과 무한한 존재를 통합한다면, 그분 밖에는 아무것도 존재할 수 없고, 아무것도 인식될 수가 없다. 그런데 이성을 통하든 경험을 통하든, 우리가 아는 것이라고는, 절대자가 전개된 모습이거나 절대자의 어떤 측면인데 이것은 신과 구별되는 영원하고 비활성인 실체를 전재하는 것이므로 망상이다. 그렇다면 일반적으로 생각하면 창조란 불가능하다. 이 마지막 추정은 다음 구절에서 명백히 인정되고 있다.

어떤 한계도 없고, 그 집중성과 순수함 때문에 인식될 수도 없고, 나뉠 수 없는 점[절대자]이 밖으로 퍼져나가 하나의 장막을 이루었다. 그 장막은 이 나뉠 수 없는 점을 가리는 덮개 역할을 했다. 이 장막은 비록 나뉠 수 없는 점보다는 덜 순수한 빛이었지만, 여전히 너무 눈부셔서 바라볼 수가 없었다. 다음에 그것은 밖으로 퍼져나갔고 이런 확장은 그의 외관이었다. 이처럼 모든 것은 끝없이 하강하는 움직임을 통해 존재하게 된다. 이렇게 해서 마침내 우주가 형상을 취하였다.[77]

절대적 존재와 가시적인 자연은 하나의 이름만을 지니고 있고 그 이름의 의미는 신임을 기억한다. 다른 구절에서 보면, 영(spirit)에서 나오고, 지고한 생각 속에서는 영과 동일하기도 한 목소리(voice)는 바로 물. 공기. 불이며, 동서남북이며, 모든 자연력이라고 한다.[78] 이 모든 요소와 힘은 영에서 나온 목소리 속에서 하나로 합일된다. 끝으로, 가장 일반적인 관점에서 보면, 물질은 앞에서 설명한 신비한 램프의 가장 아랫부분이다.

이런 견해를 가지고 카발리스트들은 신의 말씀의 힘으로 세상이 무(nothingness)에서 나왔다는 일반적인 믿음에 자신들이 충실하다고 주장한다. 그러나 "무"(nothing)는 그들에게는 상당히 다른 의미를 지녔다는 것을 알고 있다. 세페르 예치라의 주석가인 아브라함 디오르(Abraham Dior)의 말에 의하면,

> 모든 것이 무(nothingness)에서 나왔다고 주장할 때, 그 무는 원래 의미로는 그것이 아니다. 존재는 무에서 나올 수 없기 때문이다. 오히려, 그것이 의미하는 바는, 그 원인을 통해서든 그 본질을 통해서든 인식될 수 없는 "어떤 것이 아닌 것(No-thing)"을 말한다. 요컨대 그것은 원인 중의 원인(the Cause of Causes)이다. 그것이 근원적인 무(Primitive No-thing)라고 불리는 것이며, 이는 우주보다 앞서는데, 이 의미는 만물만이 아니라, 세상이 설립되는 근거가 되는 지혜보다 앞선다는 것이다. 지혜의 본질을 탐구하는 것이나 그것이 어떻게 비존재 또는 최고의 왕관 안에 머무는지에 대해서 아무도 답할 수 없다. 비존재 속에는 어떤 분화도 없고, 어떤 존재의 방식도 없기 때문이다. 지혜가 어떻게 삶과 합일되는지도 이해할 수 없다.[79]

예전이든 현대든 모든 카발리스트들은 창조의 교리를 이렇게 설

명한다. 그러나 그들은 일관되게 금언의 두 번째 부분도 수용한다. 즉 "무는 무에서 나온다(nihilo nihil)"는 것이다. 그들은 일반적으로 이해가 되는 창조뿐만 아니라 절대적인 소멸도 거의 믿지 않는다.

> 조하르에 보면, 세상에서 없어지는 것은 아무것도 없다. 우리 입에서 나오는 입김조차도 그렇다. 다른 모든 것과 마찬가지로, 그 입김도 자기 자리가 있고 자신의 목적지가 있다. 축복받으시는 거룩하신 분이 그것을 자기의 일에 협력하게 하신 것이다. 아무것도 공허(void) 안으로 떨어지지 않는다. 인간의 말이나 목소리조차 그렇다. 모든 것은 자신의 자리가 있고, 자신의 목적지가 있기 때문이다.80)

아래 말은 이름 모를 한 노인이 요하이의 여러 제자 앞에서 한 것인데, 그들은 그 말에서 자신들의 신앙에 대한 비밀스러운 항목 중 하나를 인식했음이 틀림없다. 아래처럼 제자들이 서둘러 말을 막았기 때문이다.

> 오, 노인이여. 당신은 무슨 일을 한 겁니까? 침묵을 지키는 편이 더 낫지 않았겠습니까? 당신은 지금 돛도 돛대도 없이 망망대해로 던져지게 되었습니다. 올라가고 싶으신가요? 당신은 그렇게 할 수 없습니다. 그런데 당신이 내려간다면, 거기엔 끝없는 심연이 당신을 기다립니다.81)

제자들은 그에게 자기들 스승의 예를 인용하였는데, 스승은 늘 말을 조심하였고, 안전 귀환이 제공되지 않으면 결코 바다로 나가지 않았다고 했다. 말하자면, 그들 스승은 비유를 사용하여 자기의 생각을 숨기고 있었다. 그러나 나중에 같은 원리가 아주 솔직하게 기록되어 있다.

이 세상을 이루고 있는 모든 것, 육체뿐 아니라 영도 그것들이 나온 원리와 뿌리로 돌아갈 것이다. 신은 모든 창조 단계의 시작이고 끝이다. 모든 단계는 그분의 인장으로 표시가 되고, 그분은 합일에 의해서만 나타내질 수 있다. 그분에게 부여된 수많은 형상과 상관없이 그분은 '하나'이다.82)

만일 신이 동시에 원인이자 본질이라면, 혹은 스피노자가 표현했듯이 "우주의 내재적 원인"이라면, 우주는 최고의 완성, 최고의 지혜, 최고의 선량함을 지닌 걸작품이란 말이 된다. 이런 생각을 전하기 위해 카발리스트들은 아주 독창적인 표현법을 사용했는데, 그것은 야고프 뵈메(Boehm, 1575-1624)와 생 마르탱(St. Martin, 1743-1803)을 포함한 현대 신비주의자들이 자신들의 작품에서 자주 사용한 것이다.

그들은 자연을 "축복"이라 불렀다. 그들은 모세가 창조(Breshith) 이야기를 시작할 때 나오는 첫 번째 히브리어 문자 베트(beth)가 "축복"(Brakah)이란 말의 첫 글자인 것을 아주 중요한 사실로 여겼다. 절대적으로 나쁜 것은 없고, 어떤 것도 영원히 저주받지는 않는다. 심지어 악의 대천사, 다른 말로는 악의에 찬 짐승조차도 그렇다. 그가 자기 이름과 천사의 본성을 회복할 때가 올 것이다.

더구나 여기 지상에서는, 지혜는 선(善) 못지않게 분명히 보이는데, 우주가 신의 말씀으로 창조되었고, 우주 자체가 신의 말씀 그 자체이기 때문이다. 「조하르」의 신비적 언어로 말하면, 이미 앞에서 보았듯이 이런 의미이다. "신의 생각에 대한 정확한 표현은 최고 지혜의 영원한 형상 속에서 싹으로 존재하는 모든 개별적 존재의 총합이다."

지금까지 인용한 구절이나 의문이 있는 원리를 뒷받침하기 위하여 인용할 수 있는 구절 중에 다음 구절이 가장 흥미롭다.

축복받으시는 거룩하신 분은 우리가 사는 세상의 창조를 결심하기 전에, 이미 여러 세계를 창조하고 파괴하였다. 마지막 작업이 성취되려 할 때, 우주의 모든 피조물과 세상에 존재할 모든 것이 -그것들이 어떤 시간대에 존재했든 간에- 우주의 부분이 되기 전에 진짜 형상을 하고 신 앞에 있었다. 그래서 전도서(3:15)의 다음 구절을 이런 의미로 이해해야 한다. "지금 있는 것은 오래전에 있었고, 앞으로 있을 것은 이미 있다." 아래의 모든 세상은 위의 세상과 닮게 창조되었다. 위의 세상에 존재하는 모든 것은 이 아래 세상에서 꼭 닮은 이미지처럼 나타난다. 그러나 이 모든 것은 하나이다.[83]

카발리스트들은 위대한 형이상학 체계들에 어느 정도 퍼져 있는 이런 고상하고 웅장한 믿음으로부터 자신들을 신비주의로 인도하는 추론을 끌어냈다. 그들은 우리의 감각을 자극하는 모든 것이 상징적 의미를 지니고 있고, 현상과 물질적인 형태는 신의 생각이나 인간의 지성에서 일어나는 일을 가르쳐 준다고 생각했다. 그들은 마음에서 나오는 모든 것은 그 자체로 드러나야 하며, 마음 밖에서 보여야 한다고 믿었다.[84] 이러한 개념으로부터 천상의 알파벳과 관상학에 대한 믿음도 나온다. 다음 구절은 천상의 알파벳에 대한 그들의 생각을 보여준다.

세상을 둘러싸고 있는 하늘들에는 가장 심오한 비밀과 신비를 발견할 수 있는 형상과 표시가 있다. 이 형상들은 현자들이 관찰하고 조사한 별자리와 별들로 이루어져 있다. 아침에 여행을 떠나는 사람은 새벽녘에 일어나 동쪽을 주의 깊게 바라본다. 그는 하늘에 새겨진 글자 같은 것이 위아래로 놓여 있는 것을 볼 것이다. 이 눈부신 형상들은 신이 천지를 창조하였을 때 사용한 문자들이다. 그 문자들이 신의 신비하고 거룩한 이름을 만든다.85)

이런 개념들은 진지한 작품에 자리를 차지할 가치가 없어 보일지도 모른다. 그러나 「조하르」의 가장 뛰어나고 가장 근거가 충분한 사상 체계를 보여주려고, 지성적 관례를 해치는 것들을 조심스럽게 배제한다면, 우리 앞에 놓인 목표를 놓치게 될 것이며, 역사적 진실에 거짓을 행하는 것일 것이다.

우리는 같은 원리에 의해 유사한 망상이 일어난 것을 여러 번 보았다. 이것은 지성이 아주 떨어지는 사람들이 행한 것만이 아니었다. 플라톤과 피타고라스도 그런 부류에 가까웠다. 다른 한편으로 위대한 신비주의자들 즉 외부 자연에서 살아 있는 비유를 본 사람들은 각자 자신의 지적 능력에 따라 수(數)의 이론과 이데아 이론을 받아들였다.

카발리스트들은 관상학도 받아들였는데 이 용어는 이미 소크라테스 시대에 알려져 있었다. 이것 또한 형이상학의 일반체계가 낳은 결과이고 현대 철학 용어를 사용하여 말할 수 있다면, 그것은 선험적 판단에 의한 것이다.

비밀 교리의 스승들 가르침에 의하면, 관상학은 밖에 나타난 모습으로 구성된 것이 아니라, 우리의 내적 자아 깊은 곳에 신비스럽게 그려진 모습으로 이루어져 있다고 한다. 외적 모습은 영(spirit)의 내적 얼굴에 새겨진 형상에 따라 변화한다. 영만이 현자들에게 알려진 관상학을 낳는다. 영을 통해서만 관상학이 의미를 갖게 된다. 혼과 영이 에덴(이것은 지고의 지혜로 종종 불린다)에서 나올 때 그들 모두는 나중에 얼굴에 반영될 분명한 형상을 지니고 있었다.[86]

여기에는 상당히 많은 세부적인 관찰 방법이 따르는데, 그들 중 일부는 지금도 믿을 만하다. 예컨대, 넓고 볼록한 이마는 생각이 깊고 활동적이고 뛰어난 지성의 표시이다. 넓고 평평한 이마는 광기와 어리석음을 나타낸다. 양쪽이 눌려서 좁고 평평한 이마는 틀림없이 마음이 매우 좁고, 종종 억제할 수 없는 공허감을 지닌 사람이라는 것을 알려준다.[87]

끝으로, 모든 인간의 얼굴은 네 가지 주요한 유형으로 조사될 수 있는데, 혼의 지적, 도덕적 체계 안에서 혼이 지닌 등급에 따라 그 유형에서 가까워지기도 하고, 멀어지기도 한다. 이 유형들은 에스겔의 신비한 전차를 구성하고 있는 네 가지 형상이다. 즉, 사람의 형상, 사자의 형상, 황소의 형상, 독수리의 형상이다.[88]

카발리스트들의 악마 연구는 그들이 자연에서 인식한 다른 수준의 생명과 지성을 인격화한 것으로 보인다.[89] 귀신과 천사에 대한 믿음은 신의 단일성이라는 엄격한 교리 곁에 우스꽝스러운 신화처럼 오래전에 사람들의 마음에 뿌리내렸다. 그런데 그들이 창조의 교리를 그 반대의 것을 가르치는 데 사용했던 것처럼, 성서 말씀을 이용하여 자신들을 신의 말씀과 종교적 권위보다 더 높게 놓았던 것처럼, 그들이 신과 세상과의 관계에 대한 자신들의 사상을 숨기려고 그것을 이용하였다고 생각한다.

이런 견해를 뒷받침하는 분명한 글을 찾지는 못했지만, 이 견해를 아주 그럴듯하게 만드는 몇 가지 이유가 있다. 무엇보다도 「조하르」의 주요한 세 개의 단편 즉 두 개의 『이드라』와 『숨겨진 서』에는 바벨론 포로기의 추억거리였던 것으로 보이는 천상이나 지옥의 체계에 대한 언급이 없다. 그런데 조하르의 다른 부분에서 천사들에 대해 말할 때, 그들은 변하지 않는 맹목적 충동을 지닌 힘으로 표현되고 인간보다 훨씬 열등한 존재로 나타난다. 다음 구절에서 그 예를 볼 수 있다.

> 신은 특별한 영으로 하늘의 모든 부분에 생명을 불어넣으셨다. 그러자 즉시로 모든 천사가 형성되어 그분 앞에 섰다. 이것이 성서('주님의 말씀으로 하늘이 지어졌고, 그분의 입김으로 만상이 지어졌다.' 시편 33:6)가 의미하는 것이다. 주님의 심부름하는 높고 거룩한 영들(천사 의미)은 하나의 장소에서 나오나, 의인들의 혼은 하나로 결합 된 두 개의 등급에서 나온다. 그러므로 의인들이 더 높이 올라가니 그들의 등급이 더 높다.[90]

탈무드 학자들이 성서의 문자에 집착하고 있기는 하나 그들조차도 같은 원리에 동의하고 있다. 그들은 "의인들이 천사들보다 높다."라고 말한다.[91]

영들의 이름과 그들에게 부여된 기능에 주의를 기울이면, 모든 천체와 지상의 모든 요소에 생명을 주는 영들을 더 잘 이해할 수 있다. 먼저, 순전히 시적으로 인격화한 존재들 즉 도덕적 특질을 가진 천사들은 빼야 한다. 예컨대, 선한 욕망과 악한 욕망은 항상 실존 인물로 표현되는데, 순수(Tahariel)의 천사, 자비(Rahmiel)의 천사, 정의(Tzadkiel)의 천사, 구원(Peda-el)의 천사가 있고, 비밀의 천사인 저 유명한 라치엘(Raziel)이 있다. 그는 방심하지 않고 카발라 지혜의 신비를 지켜보고 있다.92)

더구나 천사들의 체계가 행성과 천체가 차지하고 있는 세 번째 세계, 즉 형성의 세계(World of Formation, Yetzirah)에서 시작된다는 것은 모든 카발리스트가 인정하는 원리이고, 천사의 체계는 존재들의 일반적인 체계와 연결되어 있다.

앞에서 말했듯이, 눈에 보이지 않는 천사 무리의 대장은 메타트론(Metaton)이다. 그의 위치가 신의 보좌 바로 아래이기 때문에 이렇게 불린다. 그는 홀로 창조의 세계(World of Creation, B'ree-oh) 또는 순수한 영(pure spirits)의 세계를 구성하고 있다. 그의 임무는 여러 영역의 통일과 조화 그리고 움직임을 유지하는 것인데, 이것이 자연이라는 이름으로 신을 대신해온 이 맹목적이고 무한한 힘이 하는 일이다. 메타트론의 지휘 밑에 있는 수많은 부하는 10개의 범주로 나뉘는데, 이는 분명히 10세피로트를 위한 것으로 보인다. 대장 천사가 온 우주를 담당하듯이 아래 천사들은 자연의 여러 구역과 모든 구체(행성 등)와 모든 개별적인 요소를 담당한다.

이렇게 한 천사는 지구의 움직임을, 다른 천사는 달의 움직임을 담당하는 식으로 모든 천체를 담당한다. 한 천사는 불의 천사(Nuriel)로 불리고, 또 하나는 빛의 천사(Uriel)로 불리고, 세 번째는 계절의 운행을 담당하고, 네 번째는 식물을 담당한다. 요컨대, 자연의 모든 생산물과 힘 그리고 현상은 (천사에 의하여) 같은 방식으로 대표된다.

악마적인 영들을 고찰해 보면, 이 비유의 목적은 분명해진다. 우리는 앞에서 이미 이런 체계에 속하는 세력들에게 붙여진 일반적인 이름에 주목했다. 카발라에 의하면, 악마들은 가장 조악하고 가장 불완전한 형태이며 존재의 "껍질"(shells)이다. 요컨대, 생명과 지성과 질서의 부재를 뜻하는 모든 것이 껍질이다. 천사들처럼 그들도 10개 세피로트를 이루는데, 이것은 단테의 『신곡』에 나오는 지옥의 감옥처럼, 어둠과 불순함이 점점 짙어지는 10개의 단계를 구성한다.

첫 번째, 아니 첫 번째 두 개의 단계는 6일간의 창조작업 이전의 〈창세기〉에 묘사된 세상 상태를 나타낸다. 즉 거기에는 눈으로 볼 수 있는 형태나 조직이 없다. 제3단계는 어둠의 근원인데, 태초에 심연의 표면을 덮었던 바로 그 어둠이다. 다음에 7개의 천막, 소위 지옥으로 불리는 것이 나오는데, 이는 도덕적 세계의 온갖 무질서와 그것에 따르는 고통을 체계적으로 보여준다.

거기서 우리는 인간 마음의 모든 욕정과 모든 악과 모든 연약함이 악마로 인격화되는 것을 보게 되는데, 악마는 이런 결함으로 길을 잃은 사람들을 고문하는 자가 된다. 한 천막에서는 욕정과 유혹이, 두 번째 천막에서는 분노와 폭력이, 또 다른 천막에서는 심한 불결함이, 또 다른 천막들에서는 범죄, 질투, 우상숭배, 자만이 있다.

일곱 개의 지옥 천막은 무한히 나뉘고 또 나뉘는데, 거기에는 온갖 종류의 사악함을 위한 특별한 왕국과 같은 것이 있는데 그것은 무한이 깊게 무한이 넓게 펼쳐지는 심연이다.[93]

이 어둠의 세계를 다스리는 최고 우두머리는 성서에는 사탄으로 언급되지만, 카발라에서는 사마엘(Samael)로 불린다. 그는 독 또는 죽음의 천사로 불리고, 조하르는 죽음의 천사와 악한 욕망, 사탄, 최초의 어머니를 유혹한 뱀은 모두 하나이며 같은 것이라고 한다.[94] 사마엘에게는 또한 악과 관능의 화신인 아내가 있는데, 그녀는 자신을 창녀의 우두머리로 부르거나 방탕자들의 여왕으로 부르기 때문이다.[95] 그러나 보통 그들은 그냥 짐승이라는 하나의 단일 상징으로 통합된다.

　이 악마론과 천사론을 아주 단순하고 일반적인 형태로 단순화시켜보면, 카발리스트들이 자연의 사물 하나하나, 따라서 모든 자연에서, 아주 다른 두 가지 원리를 인식하고 있었음을 알게 된다. 그 하나는 지성에게만 모습을 나타내는 내적 불멸인데, 이것은 영이나 생명 혹은 형상이기도 하다. 다른 하나는 타락과 저주와 죽음의 상징이 된 순전히 외적이고 물질적인 원리이다. 철학자 스피노자가 "등급의 차이가 어떠하든, 만물에는 생명이 불어넣어져 있다."라고 했듯이 고대 카발리스트들도 그렇게 생각했을 수도 있다.

8장 조하르: 인간 혼에 대한 카발라 사상

카발리스트들이 사람들의 관심을 끌고, 그들의 사상에 관한 연구가 종교사뿐 아니라 철학사에서 중요하게 다루어지는 것은, 그들이 인간에게 부여하는 높은 등급 때문이다. "그대는 먼지이니 먼지로 돌아갈 것이다."라고 창세기(3:19)는 말하고 있다. 이 저주 뒤에는 더 나은 미래에 대한 분명한 약속도 나오지 않고, 육체가 흙과 섞일 때, 혼이 신에게로 돌아간다는 언급도 없다. 『전도서』의 저자는 후손에게 다음과 같이 이상한 비유를 남겼다. "사람에게 닥치는 것이 짐승에게 닥치는 것과 같으니, 곧 같은 일이 그들에게 닥친다. 사람이 죽는 것처럼 짐승도 죽는다. 사람이나 짐승이나 목숨이 하나기는 마찬가지다. 사람이 짐승보다 더 나을 것이 없으니, 모든 것이 허무하도다(전도서 3:19)."

탈무드는 의인이 받을 보상에 대해 아주 시적으로 표현하기도 한다. 그들이 머리에 왕관을 쓰고 천상의 에덴동산에 앉아, 신의 영광을 즐긴다고 한다. 그러나 탈무드는 일반적으로 인간 본성을 고상하게 하기보다는 낮추려고 애쓴다.

너는 어디서 왔는가? 악취 풍기는 물방울에서 왔다. 너는 어디로 가는가? 먼지와 더러움과 벌레가 있는 장소로 간다. 너는 훗날 누구 앞에서 자신을 변호하며, 자신의 행위를 해명할 것인가? 왕 중의 왕이고 그 이름이 찬양받으실 거룩하신 분 앞에서 해야 한다.[96]

이것은 탈무드 학파의 최고 연장자들이며 가장 존경받는 지도자들이 했다는 말이다. 조하르는 완전히 다른 언어로, 우리의 기원과 미래의 운명 그리고 신과 우리와의 관계를 말한다.

인간은 창조의 요약이고 창조의 최고 표현이다. 그래서 그는 여섯째 날까지 창조되지 않았다. 인간이 나타나자마자, 낮은 세계와 높은 세계 할 것 없이 모든 것이 완성되었다. 모든 것은 인간 안에 요약되어 있고 인간은 모든 형상을 통합하고 있기 때문이다.97)

그러나 인간은 우주의 이미지, 즉 절대적 존재를 포함한 모든 존재의 보편성을 띤 이미지에 그치는 것이 아니라 무엇보다도 신의 무한한 특성의 전체성이라고 여겨지는 신의 이미지이기도 하다. 인간은 지상에 나타난 신의 현존이다. 인간은 원초적 어둠에서 나와 지상의 아담을 낳은 천상의 아담이다.98)

이 두 가지 측면 중 첫 번째 측면, 즉 소우주로서의 인간에 대한 표현이 다음과 같이 이어진다.

인간이 살과 피부와 뼈와 핏줄일 뿐이라고 생각하지 말라. 전혀 그렇지 않다. 진정으로 인간이 되게 하는 것은 그 혼이다. 우리가 피부, 살, 뼈, 핏줄이라고 부르는 것은 외관이고 외투일 뿐이다. 그것이 인간을 구성하는 것이 아니다. 인간이 지상을 떠날 때, 그는 자신을 가리고 있는 모든 외투를 벗는다. 그러나 몸의 여러 부분은 최고의 지혜가 지닌 비밀에 부합한다.

피부는 외투처럼 모든 방면으로 퍼져나가 모든 것을 감싸는 하늘을 나타낸다. 살은 우주의 악한 면[순전히 외적이며 감각적인 요소]을 상기시킨다. 뼈와 핏줄은 하늘의 전차, 즉 신의 종들의 내면에 있는 힘을 나타낸다. 그러나 존재하는 모든 것은 외투일 뿐이다. 천상의 인간의 깊은 신비는 내면에 있기 때문이다.

천상의 아담이 영적이듯 그렇게 지상의 아담도 영적이며, 모든 것이 위에서처럼 그렇게 아래에서도 일어난다. 그러므로 성서에 이렇게 기록되어 있다. "신께서 자신의 형상대로 사람을 지으셨다." 우리를 둘러싸고 있는 하늘의 별들과 행성들이 만드는 여러 형상이 숨겨진 일들과 깊은 신비를 나타내듯이, 인간의 육체를 감싸고 있는 피부 위의 형상들과 선(線)도 그러하다. 이들은 인체의 별들이고 행성들이다. 이런 모든 표시는 숨겨진 의미를 지니고 있고 인간의 얼굴을 읽을 줄 아는 현자들의 관심을 끈다.[99]

가장 사나운 동물도 인간의 외모에 반영이 되어있는 지성과 위엄에서 나오는 특별한 힘 앞에 무서워 떤다. 조하르에 따르면, 사자들의 분노로부터 다니엘을 보호하기 위해 보내진 천사는 예언자 다니엘 자신의 얼굴, 즉 순수한 사람의 외모에서 나오는 힘이었다. 그러나 이 힘은 인간이 죄를 짓고 의무를 태만하면 즉시 사라진다고 덧붙이고 있다.

인간을 혼의 관점에서 생각하고, 세상에 가시화되기 전의 신과 비교하면, 이것은 혼의 단일성과 혼의 본질적 동일성 그리고 혼의 삼중(三重) 속성 때문에 즉각적으로 최고의 삼위일체를 상기시킨다. 인간은 다음과 같은 요소로 구성되어 있기 때문이다. (1) 존재의 최고 수준을 나타내는 영(spirit, 네샤마). (2) 선과 악, 즉 선한 욕망과 악한 욕망, 요컨대 모든 도덕적 속성의 거처인 혼(soul, 루아흐). (3)

육체와 밀접히 관련되고 저급한 움직임, 즉 동물적 삶의 행위와 본능의 직접적 원인이 되는 조악한 영(a coarser spirit, 네페쉬).

이 세 원리 즉 인간 존재의 이 세 가지 수준이, 서로 간격이 있음에도 불구하고 하나의 존재로 합일되어 있음을 이해하기 위해, 전에 신의 특질을 묘사할 때 언급했던 비유로 돌아가야 간다. 그 근원은 『창조의 서』에 있다. 이 세 가지 혼에 대한 구절은 많지만, 내용의 명료성 때문에 다음 구절을 택하였다.

이 세 가지 요소, 즉 영, 혼, 감각적 생명(조악한 영)에서 우리는 하늘에서 무엇이 일어나는지 그 참모습을 볼 수 있다. 왜냐하면 세 가지가 하나의 존재(one being)를 구성하고 있으며, 거기서는 모든 것이 합일되어 있기 때문이다. 감각적 생명은 그 자체의 빛이 없다. 그래서 육체와 긴밀하게 연결되어, 육체가 필요로 하는 양식과 쾌락을 제공한다. 다음과 같은 현자의 말이 이것에 적용될 수 있을 것이다. "집식구들에게 음식을 나누어주고 여종들에게 일을 맡긴다(잠언 31:15)." 그 집은 음식이 공급되는 신체이고, 여종은 복종하는 신체 부위들이다.

혼은 감각적 생명 위에서 감각적 생명을 억제하여 다스리며, 그것이 필요로 하는 만큼의 많은 빛을 공급한다. 이처럼 동물적 원리는 혼의 거처이다.

끝으로, 혼 위에 영이 있는데, 영은 혼을 다스리고, 생명의 빛으로 혼을 비춘다. 혼은 이 빛으로 빛나고 이 영에 완전히 의존한다. 사후에 혼은 안식처를 얻지 못하고, 영이 근원 즉 오래된 분 중 가장 오래된 분에게 올라가, 그분에 의해 영원히 새롭게 충만해지기까지는 에덴의 문은 혼에 닫혀 있다. 영은 항상 그 근원으

로 올라가기 때문이다.100)

　쉽게 예상할 수 있듯이, 이 세 가지 혼은 각각 다른 수준의 신적 존재에 그 근원을 두고 있다. 천상의 에덴이라고도 불리는 최고의 지혜는 영의 유일한 근원이다. 「조하르」에 대한 많은 주석자에 따르면, 혼은 "자비"와 "심판"을 합일시키는 특성 다시 말에 "이름다움"에서 나온다. 끝으로, 동물적 원리(조악한 영)는 결코 이 세상을 넘어가지 않는데, "왕국" 안에 있는 힘의 특성에 그 근거를 가진다.
　이 세 가지 요소 외에도, 「조하르」는 또 하나의 특별한 요소를 인정하고 있다. 그것은 육체에 앞서 존재하는 하나의 분리된 존재로 여겨지는 인간의 외적 형태로, 요컨대 육체의 이데아(idea)라고 할 수 있다. 그러나 그것은 각자를 구별하게 해주는 개인적 특징을 지니고 있다. 이 이데아가 하늘에서 내려와, 임신하는 순간에 가시적인 존재가 된다.

　육체적인 결합의 순간에, 그 이름 찬양받으시는 거룩하신 분은, 신의 인장이 찍힌 인간 같은 형상을 내려보낸다. 육체적인 결합의 순간에 이 형상이 나타나며, 만일 그 순간에 무엇이 일어나는지 보도록 허락된다면, 그 형상의 머리 위쪽에 인간 얼굴을 닮은 이미지가 있음을 볼 것이다. 이 이미지는 하나의 틀로 이것에 따라 우리가 생겨난다. 주님이 형상을 보내지 않으면, 그것이 내려와 사람 머리 위에서 떠다니지 않으면, 출산이 일어날 수 없다. 그래서 성서에 이렇게 쓰여 있다. "신이 자기 이미지(image)대로 사람을 만드셨다." 우리가 이 세상에 올 때, 우리를 처음 맞이하는 것은 이 이미지이다. 그것은 우리가 성장하는 동안 우리와 함께 발달하고, 우리가 지상을 떠날 때 우리와 함께 간다. 그 근원은 하늘에 있다. 혼이 천상의 거주지를 떠나려 할 때, 그 각각의 혼은 고상한 형상을 띤 지고하신 왕 앞에 나타나는데, 이 고귀한 형상에는 혼이 세상에 자신을 표시할 특성이 새겨져 있다. 그때 그 이미지가 이 고귀한 형상에서 나온다. 혼의 세 번째인 이 이미지가 우리에 앞서 지상에 와서 임신의 순간부터 우리의 도착을 기다린다. 이것은 부부가 결합할 때 항상 와 있다.[101]

현대 카발리스트들은 이 이미지를 "개별적 원리"라고 부른다.

끝으로, 어떤 카발리스트들은 카발라 심리학(혼 이론)에 "생명의 영"(vital spirit, רוח, 히아)이라는 제5 원리를 도입했다. 이 원리의 자리는 심장에 있는데, 이것은 물질 요소의 결합과 조직을 주재한다. 아리스토텔레스 철학과 스콜라철학에서 식물적 혼이 감각적 혼과 다르듯이 이것은 동물적 생명(네페쉬)과 다르다. 이러한 견해는 조하르의 비유 구절에 근거하고 있는데, 거기서 보면, 잠이 들면, 매일 밤 혼이 하늘로 올라가 하루 일을 보고하고, 그동안에 육체는 오직 생명의 숨에 의해서 활력이 주어지고 생명의 숨(breath of life)은 심장에 그 자리가 있다.[102]

그러나 "개별적 원리"와 "생명의 영"이라는 이 마지막 두 요소는 우리의 영적 존재의 일부가 아니다. 영적 존재는 혼과 영의 직접적 결합 속에 들어 있다. 이 상위의 두 원리가 감각적 원리와 함께 일시적으로 결합하는 것, 즉 그들을 지상에 묶어두는 삶은 불행으로 여겨지지 않는다. 오리게네스(Origenes)나 영지주의 학파와 달리 카발라는 삶을 타락이나 추방이라고 보지 않고, 교육의 한 방법으로 그리고 유익한 시련이라고 본다.

카발리스트들에 의하면, 자아의식과 그 근원에 대한 자각을 얻어 "신의 생각"이라 불리는 생명과 빛의 근원으로 돌아가기 위하여, 혼이 우주 일에 참여하고, 창조로 생긴 현상을 명상하는 것이 필요한데, 이것은 혼의 유한한 속성에 내재하고 있는 욕구이다.

더구나 영은 두 개의 낮은 원리, 심지어 더 낮은 데 놓여 있는 물질까지 위로 올리지 않고는 내려올 수 없다. 그러므로 인간의 삶이 완성되면, 그것은 우주적 존재의 양극단 사이의 화합인데, 즉 이상과 현실, 형상과 물질, 또는 카발라에 나오는 대로 말하면, 왕과 여왕의 화합이다. 다음은 이것이 좀 더 시적 형식으로 표현된 글이다.

의인의 혼은 최고의 권능과 최고의 하인들 위에 있다. 그리고 그들이 왜 그 고상한 위치에서 이 세상에 내려와, 자신들의 근원을 떠나 방황하느냐고 묻는다면, 나는 다음과 같은 비유로 대답하겠다. "어떤 왕에게 아들이 있었는데, 그는 아들을 시골에 보내, 그가 아버지 궁궐의 관습에 따라 자라고 교육받도록 거기서 기르도록 했다. 아버지가 아들의 교육이 끝났다는 소식을 듣고는, 아들의 귀환을 축하하도록 어머니인 왕비를 보냈고 아들을 궁궐에 맞아들여 함께 온종일 기뻐했다.

거룩하신 분(그 이름 축복받으소서!) 또한 왕비에게서 낳은 아들이 있다. 이 아들은 높고 거룩한 혼이다. 그는 아들을 시골, 즉 이 세상에 보내는데, 이는 왕국의 관습에 따라 자라고 그것이 그에게 전수되도록 하기 위해서다. 왕이 아들이 성숙하여 궁성으로 데려갈 때가 되었다는 것을 알았을 때, 그는 왕비를 불러 축하하게 하고 아들을 궁궐로 데리고 오게 한다. 혼은 영원히 살 수 있는 왕의 궁궐로 안내할 왕비 없이는 결코 지상을 떠나지 않는다. 그러나 시골 사람들은 왕의 아들이 그들을 떠날 때는 언제나 통곡한다. 만일 그들 가운데 똑똑한 사람이 있다면, 그는 사람들에게 이렇게 말할 것이다. "왜 우는 것이요? 그는 왕의 아들이 아닌가요? 그가 아버지 궁궐에 살기 위하여 당신들을 떠나는 것은 당연한 일이 아닌가요" 이처럼 진리를 알았던 모세는 통곡하는 사람들에게 이렇게 말했다. "너희는 여호와, 신의 자녀들이다. 너희는 죽은 자들을 위해 너희 자신이 상처 입지 말라(신명기 14:1)." 만일 모든 의인이 이것을 알 수 있다면, 그들은 이 세상을 떠나야 할 그날을 환영할 것이다. 왕비(쉐키나 혹은 신의 현존)가 그들 가운데 내려와, 그들이 왕이 사는 궁궐에 받아들여지고 왕의 기쁨을 영원히 즐기게 되면, 이는 최고의 영광이 아닌가?103)

    신과 본성 그리고 혼 사이의 이러한 관계에서, 앞에서 자주 보았던 삼위일체와 같은 형식의 삼위일체를 다시 보게 된다. 카발리스트들은 이것에 배타적인 종교 단체의 사상이104) 허용할 수 있는 것보다 더 큰 논리적 중요성을 부여했던 것 같다. 그러나 그것은 인간의 본성이 신의 형상이라는 관점에서만 보고 그렇게 한 것은 아니다. 인간의 본성은 또한 모든 발전단계에서 두 가지 생식 원리(남녀원리)와 이들 원리의 결합에서 나오는 매개념(媒概念)으로 삼위일체를 형성한다. 이 삼위일체는 두 생식 원리의 결과이고 가장 완전한 표현이 된다. 천상의 아담은 남성 원리와 여성 원리의 결과이므로, 지상의 인간에게도 적용될 필요가 있었는데, 육체만이 아니라 무엇보다도 그 혼에 대해 같은 것이 적용될 필요가 있었다.

조하르는 이렇게 말한다. 형상 안에 남성 원리와 여성 원리가 발견되지 않으면 그것은 뛰어나거나 완전한 형상이 아니다. 축복받으시는 거룩하신 분은 이 두 원리가 완전하게 합일되어 있지 않은 곳에 자신의 거처를 정하지 않는다. 우리가 다음 구절에서 알 수 있듯이, 축복은 이 합일이 있는 곳에만 내려온다. "그들이 창조되던 날에 신이 그들을 축복하시고, 그들의 이름(아담)을 부르셨다(창세기 5:2)." 사람의 이름(아담)은 하나의 존재로 합체되어 있는 남자와 여자에게만 주어질 수 있기 때문이다.105)

태초에 혼이 최고의 지성을 지니고 나타났듯이 인간의 반쪽 둘도 그렇다. 우리의 영적 속성의 모든 요소를 갖추고 있는 이 둘은 이 세상에 오기 전에 함께 결합하고 있었다. 그들이 이 세상에 보내진 것은 자기 인식(self-recognition)을 배우고 신의 품 안에서 새롭게 결합하기 위해서이다. 이 사상은 다음 구절에서 분명하게 표현된다.

모든 혼과 모든 영은 이 세상에 오기 전에는 하나의 존재로 합일한 남성과 여성이다. 지상으로 내려오면, 이 두 개의 반쪽은 나누어져서 서로 다른 육체로 들어가 생명을 불어넣는다. 결혼할 때, 모든 혼과 영을 아시는 축복받으시는 거룩하신 분이 그들을 전처럼 결합하고, 그들은 다시 한 몸과 한 혼이 된다....... 그러나 이 결합은 인간의 행위와 그가 살아온 방식에 따라 다르다. 그가 순수하고, 경건하게 행동하면, 그는 태어나기 전에 누렸던 합일과 같은 결합을 즐길 것이다.106)

이 구절의 저자는 플라톤의 남녀동체(hermaphrodites)에 대해 들었을지도 모른다. 이 상상적인 존재의 이름은 고대 히브리의 전승에서 잘 알려져 있기 때문이다. 그러나 이것에 대한 내용에 있어서는 그리스 철학자(플라톤)가 카발리스트들보다 수준이 많이 떨어져 보인다. 여기서 생겨나는 문제와 그것을 해결하는 원리는 위대한 형이상학적 체계가 될만한 가치가 있다. 남자와 여자가 영적 속성과 절대적 도덕 법칙 때문에 평등한 존재라 하더라도, 그들은 능력이라는 자연적인 경향 면에서는 비슷하지 않다. 그러므로 성적인 차이는 육체뿐 아니라 혼에도 존재한다는 조하르에 동의할 만하다.

방금 설명한 믿음은 영혼선재설과 불가분의 관계이다. 영혼선재설은 이미 이데아 이론(theory of ideas)에 포함되어 있으며, 존재와 생각을 결합하는 이론에 훨씬 더 밀접하게 연결되어 있다.

찬양받으시는 거룩하신 분께서 세상을 창조하려고 하셨을 때, 우주는 이미 그분의 생각 속에 있었다. 다음에 그분은 결국 인간에게 속하게 될 혼들을 지으셨다. 그 혼들은 후에 인간의 몸 안에서 취하게 될 형상과 정확히 같은 형상으로 그분 앞에 나타났다. 신은 그들을 하나하나 조사하고, 이 세상에서 타락하도록 정해져 있는 몇몇 혼들을 발견했다. 때가 되자 각각의 혼들은 신 앞으로 부름을 받았다. 그분께서 말씀하셨다. "이러한 곳에 가서, 이러한 몸으로 들어가라." 그 혼이 대답했다. "오, 우주의 주님이시여! 저는 이곳에서 행복합니다. 이곳을 떠나 온갖 더러움에 노출되는 곳으로는 가고 싶지 않습니다." 그러자 축복받으시는 거룩하신 분이 말씀하셨다. "네가 창조되던 날부터, 너는 내가 보낼 세상 외에는 다른 어떤 목적지가 없다." 그 혼은 복종할 수밖에 없음을 알고, 슬퍼하며 지상의 길을 택해 우리 가운데로 내려왔다.[107]

이 사상과 더불어 다음 구절에는 매우 간단하게 표현된 회상의 교리를 볼 수 있다.

세상의 모든 것은 그들의 고유한 형상으로, 창조 이전에 신의 생각 속에 있었다. 마찬가지로 모든 인간의 혼은 이 세상에 오기 전에, 지금 있는 형상으로 하늘에서 신 앞에 존재했다. 그들이 여기 지상에서 배우는 모든 것은 여기에 오기 전에 이미 알았다.108)

이렇게 중요한 원리가 더 발전되지 못하고, 카발라 체계에서 더 많이 다루어지지 않는 것은 유감스러운 일이다. 그러나 상당히 단정적으로 표현되어 있음은 인정해야 한다.

그러나 이 영혼선재설을 도덕적 예정설과 혼동하지 않도록 주의해야 한다. 후자에서는 인간의 자유가 완전히 불가능한 것은 아니지만, 전자에서 인간의 자유는 이교도의 이원론이나 창조에 대한 성서 교리 혹은 절대적 단일성에 대한 믿음 그 어느 것으로도 드러낼 수 없는 하나의 신비이다. 이 신비는 「조하르」에서 공식적으로 인정된다.

시메온 벤 요하이가 제자들에게 말했다. "축복받으시는 거룩하신 주님이 우리에게 성서에서 빛과 어둠이라고 부르는 선한 욕망과 악한 욕망을 주시지 않았다면, 피조물인 인간에게 공덕도 죄도 없을 것이다." 그러자 제자들이 말했다. "왜 그렇습니까? 보상도 징벌도 없고, 인간이 죄를 짓거나 악을 행할 수 없는 편이 더 낫지 않습니까?" 스승이 대답했다. "아니다. 인간이 현재의 모습대로 창조된 것이 좋다. 축복받으시는 거룩하신 분께서 하신 일은 모두 필요한 것이었다. 율법은 인간을 위해 만들어졌다. 그러나 율법은 신의 현존(쉐키나)을 위한 옷이다. 인간도 없고 율법도 없다면, 쉐키나는 입을 옷도 없는 거지 같을 것이다."109)

다른 말로 하면, 인간의 도덕적 본성, 선과 악의 개념은 자유 없이는 생각할 수 없는 것이며, 이것은 절대적 존재를 묘사할 때 생각할 수밖에 없는 여러 모습 중의 하나이다. 사실 이미 앞에서 보았듯이, 신은 어떤 혼이 그를 버릴지를 그 혼이 이 세상에 오기 전에 이미 아셨다. 그러나 이것으로 자유가 방해받지는 않는다. 오히려 자유는 그때 시작이 되고, 물질 속박에서 벗어난 영들도 자유를 남용할 수 있음을 보여주는 구절이 있다.

이 세상에서 악을 행하는 모든 자들은 이미 하늘에서, 축복받으시는 거룩하신 분으로부터 소원해지기 시작했다. 그들은 스스로 혼돈 안으로 들어가서, 지상에 내려올 때를 기다렸다. 이들이 우리 가운데 내려오기 전의 상태가 그러했다.110)

카발리스트들은 선택의 자유와 혼의 운명을 조화시키고 인간을 신의 품에서 영원히 추방하지 않으면서 인간의 잘못에 대하여 속죄할 수 있는 수단을 제공하기 위해 피타고라스의 윤회 교리를 받아들여 고상하게 만들었다. 모든 개별적 존재와 마찬가지로, 혼도 자신이 떠나온 절대적 본질로 돌아가야 한다. 그러나 그 목적을 달성하기 위해서는 자신들 속에 있는 파괴될 수 없는 완전함을 개발시켜야 하고, 많은 시련을 통해 자아의식과 자기들의 기원에 대한 의식을 획

득해야 한다. 만일 그들이 전생에 이 조건을 성취하지 못했다면, 그들은 두 번째, 나아가 세 번째 생을 항상 새로운 조건에서 시작하며, 거기에서 부족한 덕목을 성취하느냐 못하느냐는 전적으로 자신들에게 달려있다. 원한다면 언제든지 이 유배를 끝낼 수는 있으나 아무도 우리가 이것을 영원히 계속하려는 것을 막지는 못한다.

모든 혼은 윤회의 시련을 겪어야 하고, 인간은 거룩하신 분의 길을 알지 못한다. 혼은 이 세상을 떠난 후만이 아니라, 세상에 오기 전에도 심판대에 섰음을 알지 못하고 있다. 그는 얼마나 많은 변화와 비밀스러운 시련을 통과해야 하는지, 얼마나 많은 혼들과 영들이 이 세상에 와서 천상의 왕(Heavenly King)의 궁전에 돌아가지 못하고 있는지 알지 못한다. 그리고 그는 그 혼들이 투석기에서 쏘아진 돌의 회전과 비슷한 회전(revolution, 윤회)을 겪는다는 것을 알지 못한다. 마침내 이런 비밀이 드러날 때가 왔다.[111]

성 제롬(St. Jerome)에 의하면, 혼의 윤회설은 초기 그리스도교인들 사이에서 비밀 교리와 전승 교리로 오랫동안 가르쳐져 왔는데, 그것은 소수의 선택된 사람들에게만 마치 독사의 굴에 사는 것처럼 은밀하게 전해졌다. 오리겐(Origen, 185?-254?)은 에서와 야곱(Esau and Jacob)이 태 속에서 서로 싸웠다는 내용이나, 예레미야가 어머니 자궁에 있을 때 선택받았다는 내용이나, 전생의 선행이나 악행으로 정당화되지 않는다면 신이 공정하지 않다고 비난할 수밖에 없는 많은 일들을 윤회가 유일하게 설명할 수 있다고 생각했다. 알렉산드리아의 사제인 오리겐은 이 신앙의 기원과 참된 특성에 대한 모든 의심을 없애려고, 여기서 다루는 것은 플라톤의 윤회설이 아니라, 그와

아주 다르고 훨씬 고상한 이론이라고 덧붙여 말한다.112)

우리가 다시 하늘로 돌아가도록, 현대 카발리스트들은 또 하나의 구제 방법을 생각해냈다. 그것은 신이 인간의 나약함을 보고 윤회의 기회를 제공했다는 것이다. 그들은 분리된 혼들은 율법의 모든 가르침을 성취할 능력이 없으므로, 신은 그들을 하나의 삶에 결합하여, 마치 눈먼 사람과 다리 저는 사람 경우처럼 서로 보완할 수 있게 하셨다고 한다. 때로는 결합한 두 혼 중 하나의 혼에 추가적인 덕목이 필요한 경우는, 그 혼은 자기와 결합한 더 재능이 있고 강력한 혼 안에서 그것을 구한다. 그때 후자는 어머니처럼, 전자를 가슴에 안고, 자신의 본질로 그 혼을 기르는데, 이는 어머니가 자궁 안에 씨를 양육하는 것과 같다. 그래서 임신(gestation or impregnation, 히브리어로 עיבור)이라는 용어에 철학적 의미가 있다면 그것을 추측하기는 어렵다.

신의 품속으로 혼의 귀환은 지금까지 말한 모든 시련의 보상일 뿐 아니라 끝임을 안다. 그러나 「조하르」의 저자들은 거기서 멈추지 않는다. 그들에게는 피조물만이 아니라 창조주에게도 말할 수 없는 기쁨을 주는 이러한 합일은 당연한 일이며, 이것은 혼의 속성에 존재하는 당연한 원리이다. 요컨대 그들은 이 교의를 심리 체계(a psychological system, 여기서는 혼 이론임)로 설명하려고 노력하는데, 그런 심리 체계는 신비주의가 낳은 모든 이론의 밑바닥에서 예외 없이 보인다. 동물적 삶을 관장하며, 결코 지상을 떠나지 않아서, 결국에는 혼의 운명에 아무런 역할도 못 하는 맹목적 힘을 인간 본성과 구별하면서, 「조하르」는 또한 두 종류의 감정과 두 종류의 인식 작용(cognitions)을 구별한다. "경외심"과 "사랑"이 첫 번째 두 가지이고, "직접적인 빛"과 "반사된 빛", 또는 "내면의 얼굴"과 "외면의 얼굴"이 두 번째의 두 가지를 지칭하는 일반적인 표현이다.

> [본문에 보면] "내면의 얼굴"은 그 빛을 최고의 빛에서 받는다. 그 빛은 영원히 빛나며, 그 비밀은 결코 밝혀질 수 없다. 내면의 얼굴이 숨겨진 근원에서 나오기 때문에 그렇게 불린다. 그러나 그것은 또한 위에서 오기 때문에 위에 있는 얼굴이다. 그러나 "외면의 얼굴"은 위에서 직접적으로 나오는 빛의 반사이다.113)

이 두 가지 인식 작용은 종종 "빛나는 거울"과 "빛나지 않는 거울"로 불린다. 탈무드에서도 이런 이름으로 나온다. 신이 모세에게 신의 뒷모습만 볼 수 있고 신의 얼굴은 볼 수 없다고 하였을 때, 신은 이 두 가지 인식 작용을 암시하고 있었던 것인데, 이것이 에덴동산에서는 "생명나무"와 "선과 악의 지식나무"로 표현되어 있다. 요컨대, 이는 오늘날 우리가 "직관"과 "성찰(Reflection)"이라고 부르는 것에 해당한다.

탈무드에서 모세에 관해 이야기하면서 "빛나는 거울", "빛나지 않는 거울" 표현을 쓰고 있는 것에 주목할 가치가 있다. 그러나 탈무드는 「조하르」와 반대로, 모세가 빛나는 거울 속에서 신을 봤다고 말한다. 또 흥미로운 점은 안식일 끝에 촛불을 축복할 때, 손톱과 손가락 끝을 바라보는 정통 유대교 관습이 있는데, 이는 「조하르」에 있는 구절에 근거한 관습이다.

종교적 관점에서 사랑과 경외심은 다음 구절에서 매우 놀라운 방식으로 정의가 된다.

우리는 경외심을 통해 사랑으로 간다. 사랑으로 신에게 복종하는 자는 최고의 수준에 도달하며, 그의 고결함 때문에 미래의 삶이 보장된다. 그러나 경외심으로 신을 섬기는 것을 신을 전혀 섬기지 않는 것으로 생각하지는 말라. 그로 인해 생기는 혼과 신의 합일이 그리 높지 않더라도, 그런 존경하는 자세는 매우 소중하다. 경외심의 수준보다 더 높은 수준은 하나뿐인데, 그것은 사랑이다. 사랑은 신과 합일의 신비를 내포하고 있다. 낮은 수준과 높은 수준을 연결하는 것이 바로 사랑이다. 모든 것이 하나가 되는 경지로 들어 올리는 것은 바로 사랑이다. 이것이 다음 구절의 비밀이다. "들어라, 오 이스라엘아, 우리 주님이신 신은 한 분뿐이시다(신명기 6:4)."114)

완성의 최고경지에 이르면, 혼은 성찰도 경외심도 모른다. 직관과 사랑에 완전히 둘러싸여 행복이 넘치는 이 존재는 자신의 개인적인 특성을 잃는다. 그는 자신의 정체성을 찾는 일에 무관심하고 행동도 하지 않고 의지도 없어, 더 이상 신의 존재와 자신을 분리할 수 없다. 실제로 이런 존재가 지성(intelligence)의 관점에서 어떻게 표현되어 있는지는 다음 구절에서 볼 수 있다.

보라! 혼이 '생명의 보물'로 불리는 곳에 도달했을 때, 그들은 눈부시게 빛나는 빛을 즐기는데, 그 빛의 근원은 가장 높은 하늘에 있다. 그 빛의 광채는 너무도 강해서 혼들이 빛의 외투를 입지 않았다면 그것을 감당할 수 없을 것이다. 이 외투로 인해 그들은 눈부신 난로를 들여다볼 수 있는데, 그 난로는 생명의 거주지를 비추고 있다. 모세 자신도 지상의 외투를 벗어 버린 후에야 이 빛에 다가가 볼 수 있었다.115)

혼이 사랑을 통해 신과 합일하는 방법을 알려면, 조하르가 시메온 벤 요하이 이후 가장 중요한 인물로 평가하는 한 노인의 말에 귀 기울여야 한다.116)

천상의 가장 신비하고 고귀한 곳 중 한 곳에 사랑의 궁전이 있다. 거기에 가장 심오한 신비가 있다. 축복받으시는 하늘의 왕이시고 거룩하신 분의 사랑을 받는 혼들이 있다. 그들은 하늘의 왕이 사랑의 입맞춤으로 합일한 거룩한 영들과 함께 있다. 그래서 의인의 죽음이 신의 입맞춤으로 불리는 것이다.117)

본문은 분명하게 "이 입맞춤은 혼이 자신이 기원하는 본질과 합일하는 것이다"라고 한다.118)
많은 신비주의 해석가가 부드럽지만 가끔은 불경스럽기도 한 『아가서』의 표현을 존중한 이유는 같은 원리로 설명된다. 시메온 벤 요하이는 죽기 전에 "내가 사랑하는 사람은 내 것이요, 나는 그분의 것이다"라고 말했다.

그런데 제르송(Gerson, 1363~1429)의 신비신학 논문에서도 같은 인용구로 끝나고 있음은 주목할 만하다. 이 유명한 제르송의 이름과 페늘롱(Fenelon, 1651-1715)의 이름을 「조하르」에 나오는 사람들의 이름과 나란히 놓는 것이 놀랍겠지만, 제르송의 『신비신학에 대한 고찰(Considerations on Mystic Theology)』과 페늘롱의 『성인들의 금언 해설(Explanations of the Maxims of the Saints)』 안에 카발라와 같은 사랑과 관조(contemplations) 이론이 담겨 있음을 쉽게 확인할 수 있다. 여기서 우리는 카발리스트들만이 솔직하였다는 결론을 내릴 수 있다.

우리는 앞에서 죽음, 타락 혹은 지옥의 천막에 대하여 언급했다. 한편으로 생명의 천막에는 존재의 여러 단계(일곱 천막이라고도 한다)가 있고 그중에는 "성자 중의 성자"라고 하는 단계가 있다. 거기서는 혼들이 최고의 혼(the supreme soul)과 합일하여 서로를 완성한다. 이 단계에서 모든 것은 합일과 완전한 상태로 돌아간다. 만물은 퍼져나가 우주를 가득 채우는 하나의 생각(a single thought) 속에서 합일한다. 그러나 이 한 생각의 근본, 즉 안에 숨겨져 있는 빛은 결코 이해되거나 알려질 수 없다. 우리는 오직 거기서 나오는 그 생각만을 알 수 있다. 이 마지막 상태에서 피조물은 창조주와 구별될 수 없고, 같은 생각이 그 둘을 비추며, 같은 의지가 둘에게 생명을 불어넣는다. 신뿐 아니라 혼이 우주를 지휘하며, 혼이 지휘하는 것을 신이 실행한다.119)

이 분석을 끝내기 위해, 카발리스트들이 전통적 교리에 대해 품고 있는 견해를 짧게 보여줄 필요가 있다. 그 견해는 카발라 체계에서는 그렇게 중요하지 않겠지만, 종교 역사에서는 아주 중요한 것 중 하나이다.

조하르는 우리의 첫 조상이 불복종하여 인류에게 가져온 타락과 저주에 대해 자주 이야기한다. 조하르는 아담이 뱀에게 굴복하여 자신과 후손들과 온 자연에 죽음을 불러들였다고 가르친다.120) 죄를 짓기 전에 아담은 천사들보다 더 강력했고 더 아름다웠다. 어쨌든 간에 그가 육체가 있었다 하더라도, 그것은 우리의 육체를 구성하고 있는 그런 하찮은 물질은 아니었다. 그는 욕구와 관능적 욕망을 전혀 지니고 있지 않았다. 그는 최고 높은 등급의 신의 사자들도 질투하게 만드는 아주 높은 지혜로 깨우쳐있었다.121)

그러나 이 교리가 어떤 선행으로도 없앨 수 없는 죄를 다루는

"원죄설"과 같은 것이라고 말할 수는 없다. 조하르에 보면 "순수한 인간은 그 자체로 속죄에 도움이 되는 진정한 희생물이다. 그래서 의인들이 우주의 희생물이며, 속죄의 수단이다."라고 나온다.122)

카발리스트들은 한 걸음 더 나아가 죽음의 천사를 우주에서 최고의 은인이라고 본다. "왜냐하면, 율법은 그로부터 우리를 보호하려고 주어졌는데, 그 천사 때문에 의인들이 다가올 삶에서 그들을 위해 보존된 최고의 보물을 상속받을 것이기 때문이다."123) 그러나 『창세기』에서 아주 적극적으로 가르치고 있는 인간 추락에 대한 오래된 신앙은, 혼의 창조와 마찬가지로 카발라에서 당연한 사실로 설명되고 있다.

아담이 죄를 짓기 전에, 그는 오직 위로부터 빛나는 지혜에만 복종했다. 그는 아직 생명나무에서 자신을 분리하지 않았다. 그러나 그가 여기 아래에 있는 것들을 알려는 욕망에 굴복하여 그들에게 내려갔을 때, 그는 유혹에 넘어가 버렸다. 그래서 그는 악과 친숙해져 선을 잊어버렸고 생명나무에서 자신을 분리하였다. 아담과 이브가 죄를 범하기 전에, 그들은 하늘에서 오는 음성을 들었고, 높은 지혜를 지니고 있었으며, 고상하고 빛나는 본성을 간직하고 있었다. 그러나 죄를 범한 후에, 그들은 아래에서 오는 소리도 이해할 수 없었다.124)

뱀의 간교함에 현혹되기 전에는, 아담과 이브는 육체의 욕구에서 벗어나 있었을 뿐 아니라, 육체를 지니고 있지도 않았다. 즉 그들은 이 세상의 존재가 아니었다. 그들은 순수한 지성적 존재였는데, 즉 선택받은 자들의 거주지에 사는 자들처럼 행복한 영들이었다. 이것은 아담과 이브가 순수한 상태였을 때 그들이 벌거벗고 있었다고 표현한 성서의 말씀을 설명해 준다. 신성한 역사(창세기)의 저자가, 신께서 그들에게 가죽옷을 입혔다고 했을 때(창 3:21), 그가 말하고자 한 것은, 신이 그들에게 육체와 감각기능을 주어서 그들이 신중하지 못한 호기심과 선악을 알려는 욕망에 이끌려져 내려온 이 세상에 거주할 수 있게 되었다는 의미이다. 아래는 필론(Philo)과 오리겐(Origen)이 받아들인 이 사상이 아주 분명하게 표현된 구절 중 하나이다.

> 우리 선조 아담이 에덴동산에 거주할 때, 그는 하늘에 있는 모든 존재와 같이 아주 높은 수준의 빛으로 만들어진 옷을 입고 있었다. 그가 에덴동산에서 쫓겨나 이 세상의 욕구에 복속하게 되었을 때, 그때 무슨 일이 일어났는가? 성서에 보면, 신이 아담과 그 아내에게 가죽옷을 만들어 입혔다고 나온다. 이 일이 있기 전에는 그들은 빛의 옷, 즉 에덴동산에 사용하는 아주 높은 수준의 빛으로 된 옷이 있었다.......
> 인간이 지상에서 행한 선행은 하늘에서 빛나고 있는 높은 수준의 빛 일부를 그에게 끌어다 준다. 그가 또 다른 세계로 들어가서 그 이름이 찬양받으시는 거룩하신 분 앞에 서야 할 때, 이 빛은 옷처럼 그를 섬긴다. 이 옷 덕분에, 그는 선택된 자들의 행복을 맛볼 수 있고, 눈부시게 빛나는 거울을 들여다볼 수 있다. 모든 면에서 완벽하기 위해서, 혼은 자신이 거주해야 하는 두 세계에 맞는 각기 다른 옷, 즉 하나는 지상 세계를 위한 옷, 하나는 더 높은 세상을 위한 옷을 지니고 있다.[125]

반면에 우리는 죄 그 자체인 죽음은 우주적인 저주가 아니라 전적으로 스스로가 원한 악일 뿐이라는 것을 안다. 죽음은 사랑의 입맞춤으로 신과 합일한 의인에게는 존재하지 않는다. 그것은 이 세상에 모든 희망을 두고 있는 악인들에게만 해당이 된다. 원죄설은 현대 카발리스트들, 주로 이삭 루리아(Issac Luria)에 의해 받아들여진 것 같다.

그는 모든 혼은 아담과 함께 태어났으며, 모두는 하나이자 같은 혼을 이루고 있다고 믿었고, 그들 모두가 최초의 불복종에 대해 동등하게 죄가 있다고 보았다. 그러나 그가 창조 이래 모든 혼이 그렇게 타락했다는 것을 보여주면서, 동시에 그는 혼들의 노력으로 신의 계명을 성취하여 자신들을 위로 들어 올릴 능력을 혼들에게 부여하고 있다. 그러므로 혼들을 이 상태에서 구원해내어 "많이 낳아 번성하라(창세기 1:28)."라는 교훈을 성취할 의무가 있는 것이다. 그러므로 한 번의 삶만으로는 이 복귀 작업이 충분하지 않기에 윤회의 필요성이 있는 것이다.[126] 그래서 또 다른 형태 아래에서(다음 생), 지상의 존재를 고귀하게 하고, 삶을 신성하게 하는 일이 혼에 주어지는데, 이는 혼이 완전성을 얻을 수 있는 유일한 수단이기 때문이다. 그리고 혼 안에 그 완전성의 필요성과 싹이 있다.

우리가 설명한 이 방대한 체계에 관해 판단을 내리는 것은 우리 계획의 일부가 아니다. 게다가 당연히 존중되어야 하는 그 철학과 종교 교리의 신비를 더럽히지 않고는 그것을 할 수 없다. 우리는 해석자의 역할만 하려 한다. 그러나 적어도 우리가 확신하는 것은, 언어의 모호함과 형태의 모순에도 불구하고, 그리고 모든 과정에서 진지하게 생각하는 것을 방해하는 유치한 공상적 내용에도 불구하고 우리는 역사적인 진실 앞에 떳떳하다는 것이다. 지금까지 다룬 내용을 요약하자면, 「세페르 예치라」와 「조하르」가 보여주는 카발라는 다음과 같은 요소들로 구성되어 있음을 알 수 있다.

1. 카발라는 성서에 기록된 모든 사실과 말씀을 상징으로 받아들여 인간이 자신에 대해 확신을 갖도록 가르치고 있다. 권위 대신에 이성을 내세우며 종교의 품 안에서 그리고 종교의 보호 아래 하나의 철학을 창조해낸다.

2. 카발라는, 자연 밖에 있고, 전능하면서도, 영원히 비활동적인 창조신에 대한 믿음 대신, 어떤 우주적 실체(an universal substance)라는 개념을 내세우는데, 이것은 늘 활동하고, 늘 생각하며, 실제로 무한한 것으로, 우주의 내재적 원인이지만 그것에 제한되지 않는다. 그에게 있어 "창조하는 것"은 생각하고 존재하고 자신을 전개하는 것을 의미한다.

3. 카발라는 무에서 나와 무로 돌아가는 신 밖에 있는 순전한 물질세계 대신에 신의 본질이 사유의 불변 법칙에 따라 그 자체를 전개하고 현시하는 수많은 형태를 인정한다. 모든 것은 지각력 있는 형태가 되기 전에 최고의 지성 안에서 합일되어 존재한다. 그러므로 두 개의 세계가 있는데 하나는 지성적 또는 상위의 세계이고 다른 하나는 물질적 또는 하위의 세계이다.

4. 모든 형상 중 인간이 가장 고귀하고 가장 완전한 존재이며 신을 대신하도록 허용된 유일한 존재이다. 인간은 신과 세상의 연결자이며 변화를 주는 존재이다. 그리고 자신의 이중적 본성 속에서 신

과 세계를 반영하고 있다. 유한한 속성을 지닌 모든 것과 마찬가지로 인간은 언젠가 합일해야 하는 절대적 본질의 첫 번째 부분이다. 합일의 날은 그가 성장을 통하여 준비되었을 때이다. 그러나 우리는 절대적 형상과 그것의 희미한 복사판인 개별적 인간을 구별해야 한다. "천상의 인간"으로 불리는 전자는 신의 본질과 분리될 수 없다. 그것은 신의 본질의 첫 번째 현시이다.

이런 요소 중 얼마는 카발라와 동시대로 보이는 사상 체계들의 근간이 되고 있다. 다른 요소들은 훨씬 이른 시기에 알려져 있었다. 인간 지성의 역사에서, 히브리인의 비밀 가르침이 독창적인 것인지 아니면 위장된 복사판인지를 찾아내는 일은 매우 흥미로운 일이다. 이에 대해서는 3장에서 다루게 된다.

제3편 카발라와 유사한 철학

9장 카발라와 플라톤 철학

카발라 사상 자체의 특성이나 이 사상이 발생한 시기 때문에, 이 비밀 가르침의 기초와 본보기가 된 것으로 보이는 사상들이 있는데, 이들 중 일부는 철학적 사상이고 일부는 종교적 사상이다. 철학적 사상에는 플라톤 사상과 그의 충실하지 못했던 알렉산드리아 제자들의 사상, 그리고 이들과 혼동하지 말아야 할 필론의 사상이 있다. 종교 사상에 대해서는 이 시점에서는 그리스도교만을 언급할 수 있다. 그러나 솔직히 신과 우주에 대한 거대한 여러 이론 중에 그 어느 것도 우리가 앞에서 논의한 카발라 전통의 기원을 설명하지는 못한다.

플라톤 철학과 「조하르」와 「창조의 서」에서 가르치는 어떤 형이상학적 그리고 우주론적 원리 사이에 매우 커다란 유사성이 있다는 것은 아무도 부정하지 않을 것이다. 두 사상에서, 만물이 창조되기 이전에 신 안에 있는 유형에 따라 우주를 창조하는 신의 지성 혹은 신의 말씀을 보게 된다. 또한 두 사상에서 숫자가 최고의 개념과 이 개념의 불완전한 현시인 세상의 사물들 사이에서 중개자 역할을 하는 것을 볼 수 있다. 그리고 마지막으로 두 사상에서 영혼선재설과 회상설(回想說) 그리고 윤회이론을 볼 수 있다.1)

이런 여러 가지 유사성은 너무도 놀라운 것이어서, 현대의 카발리스트들은 이들을 인정하면서, 플라톤을 예레미야(Jeremiah)의 제자로 만들어 설명했는데, 이것은 다른 사람들이 아리스토텔레스를 의인 시몬(Simon the Just)의 제자로 만들었던 것과 같다. 사실 어떤 학자들은 아리스토텔레스가 알렉산더 대왕과 함께 팔레스타인에 있는 동안 솔로몬의 작품을 보았으며, 이 작품이 그의 철학에 주요한 원리를 제공했다는 학설을 세웠다.

그러나 이런 피상적인 관련성을 가지고, 아테네 철학자(플라톤)의 작품이 카발라의 초창기 제자들에게 영감을 주었다고 누가 감히 결론을 내릴 수 있겠는가? 또한 이교도인 이들 그리스 철학자의 마음에서 생겨난 카발라 사상이 미슈나에서 크게 존경받고 있고 깊은 신비로 여겨지는 것은 더욱 놀라운 일이 아닌가? 그러나 이 견해를 따르는 사람들은 「조하르」가 단지 13세기의 창작물이라고 주장하는 바로 그 비판자들이다. 그래서 아직 플라톤이 알려지지 않은 시대에 조하르가 나타난 것처럼 되었다. 왜냐하면 제자인 아리스토텔레스의 작품들 속에 산재해 있는 플라톤의 가르침 구절과 그것에 수반되어 나오는 신랄한 비판이 플라톤 철학에 대한 어떤 개념을 전달할 수 있다고 아무도 주장하지 않을 것이기 때문이다.

어느 경우라도 카발라와 플라톤 철학의 실제적인 관련성을 받아들일 수 없다. 그 두 사상에 대해 처음에 언급되었던 유사성은 이들 사상의 차이점에 의해 곧 사라진다. 플라톤은 공식적으로 두 가지 원리를 인정했는데, 그것은 영과 물질, 즉 지성적 원인과 비활성(非活性)의 질료이다. 그가 말한 것을 가지고는, 두 번째(물질)의 개념을 첫 번째(영)만큼 명확하게 이해하기 어렵기는 하다. 반면에 카발리스트들은 무로부터 창조라는 이해 불가한 교리에 용기를 얻어, 절대적 단일성을 자신들 체계의 근간으로 받아들였다. 여기서 신은 하나이면서 동시에 원인이고 본질이며, 존재할 수 있는 것뿐 아니라, 존재하는 모든 것의 형상이다.

다른 사람들처럼, 카발리스트들도 선과 악, 정신과 물질, 힘과 저항력 사이의 투쟁을 인정한다. 그러나 그들은 이 투쟁을 절대적 원리에 종속시킨다. 그리고 그들은 투쟁을 유한과 무한 사이에서 사물이 생겨날 때 필연적으로 존재하는 차이로 본다. 또한 모든 개별적인 존재물과 그들의 한계 사이에서 필연적으로 존재하는 차이로 본다. 조하르에서 때때로 심오한 철학적 표현을 통해 해석되고 있는 이 기본적인 교리는, 「세페르 예치라」에서는 환상적이고 조잡한 형태로 나타난다. 그러나 확실히 독창적이며 적어도 플라톤의 영향력은 없다. 플라톤의 이데아 이론과 세피로트 이론을 서로 비교해 보면, 그리고 이들 이론에서 나오는 하위 형상들을 이들 이론과 서로 비교해 보면, 절대적 단일성과 이원론이 다른 것만큼이나 그 둘은 다르다는 것을 알 수 있다.

플라톤은 지성적 원리와 비활성의 물질 원리 사이에 깊은 간격을 만들어 놓았기 때문에, 그는 이데아2)에서 지성의 형상들만 인정할 수 있는데, 이것은 최고지성의 형상이며 우리 자신은 단지 이 최고지성의 잠정적이고 한정된 일부분이다. 그러한 형상들은 그들이 속해 있는 원리와 마찬가지로 영원하고 불멸이다. 왜냐하면, 형상들은 그 자체가 이데아이며 지성이므로, 그들 없이는 지성적 원리가 존재할 수 없기 때문이다. 이러한 의미에서 그것들은 또한 사물의 본질을 나타내는데, 사물은 신성한 이데아의 흔적 없이 혹은 형상 없이는 존재할 수 없기 때문이다. 그러나 형상들은 비활성의 원리 속에 존재하는 모든 것과 원리 그 자체를 나타낼 수는 없다.

그러나 그 원리가 수많은 변화를 겪기는 하겠지만 첫 번째 원리(지성적 원리)처럼 영원히 존재하기에, 그 원리 또한 자신의 본질과 자신의 독특한 불변의 특성을 갖는 것은 필연적이다.

우리는 플라톤이 물질을 각각의 존재물들을 둘러싸고 있는 경계로 묘사하려 했다는 주장을 인정하지 않는다. 그는 이 역할을 명백하게 숫자에 부여하고 있는데, 수는 모든 경계와 비율의 원리이다. 그는 "숫자"와 그리고 "생산적이고 지적인 원인"3)과 더불어 사물이 나오는 물질, 좀 더 정확히는 인과관계에서 분리된 질료에 다소간 영향받는 "무한(Infinity)"을 인정한다. 그러므로 존재들, 아니 오히려 존재의 형상들이라고 할 수 있는 것이 있는데, 이것은 필연적으로 이데아의 숫자(number of ideas)에서 제외되는 불변하는 존재(being)의 양태들이다.

이것은 카발라의 세피로트와 다르다. 카발라의 세피로트에서는 물질 그 자체가 나타난다. 세피로트는 존재하는 것의 형상들과 이데아의 형상들 둘 다 나타내는데, 즉 지적인 인과관계의 형상들만이 아니라 수동성과 저항을 지닌 비활성의 물질 특성을 나타낸다. 카발리스트들은 그들을 똑같다고 여기기 때문이다.

그러므로 세피로트는 두 개의 큰 부류로 나뉘는데, 조하르의 형이상학적 언어로는 "아버지들"과 "어머니들"로 불린다. 이 분명히 상반되는 두 원리는 다함이 없는 근원 즉 무한에서 나와 "아들"이라 불리는 하나의 공통된 특질 속에서 재결합하고, 거기에서 다시 떨어져 나와 새로운 형상 속에서 재결합한다. 그러므로 카발라의 삼위일체 체계를 플라톤의 삼위일체와 혼동할 수가 없다.

카발라가 그리스 철학의 영향을 받았다 하더라도 카발라 체계의 토대가 그리스 철학의 토대와 다른 점을 고려하면 여전히 그 독창성을 주장할 수 있다. 왜냐하면, 형이상학에서는 절대적 독창성이란 극히 드물며, 결코 찾아볼 수 없을 것이기 때문이다. 그리고 플라톤 자신도 모든 것을 자신의 천재적 재능만으로 만들어낸 것은 아니다. 모든 위대한 개념은 이성과 과학에 잘 어울리는 특성을 취하기 전에, 최고의 원인과 최초의 존재 그리고 사물의 발생에 대해서 처음에는 다소간 조잡한 형태로 나타났다. 이처럼 철학 정신의 독립성과 풍요로움에 해가 되지 않는 전통은 받아들여질 수 있다.

그러나 이런 방어 논리와는 상관없이 우리는 카발리스트들이 플라톤과 직접적인 관계가 없었다는 주장을 지지한다. 만약 카발리스트들이 가장 독립적인 철학(플라톤 철학)의 근원에서 교리를 가지고 와서, 모든 것을 의문시하고, 정립하는 것만큼 자주 파괴해 버리는 우스꽝스럽고 무자비한 변증법으로 교육받았다고 생각한다면, 만일 플라톤의 「대화편」을 피상적으로 읽는 것으로 자신들이 가장 세련된 문명의 모든 고상함에 입문되었다고 생각한다면, 조하르의 중요한 구절들에서 보이는 비이성적이고 거칠고 자유로운 상상력을 어떻게 이해해야 하는가? 그리고 흰머리(백두, the white head)에 대한 비범한 묘사, 미숙한 세부 묘사와 뒤섞여 있는 웅대한 비유들, 시나이 산의 계시보다 더 오래된 비밀 계시를 추측하게 하는 내용들, 그리고 끝으로 가장 자의적인 방법으로 성서에서 자신들의 교리를 찾으려는 저 믿기 어려운 노력을 어떻게 설명할 수 있을 건가?

이러한 특징들 속에서, 뛰어나게 종교적인 민족의 가슴에서 생겨난 이 철학은 자신의 대담성을 감히 인정하지는 못하고, 자기 마음의 평화를 위해 권위에서 안식처를 찾고 있는 모습을 보게 된다. 그러나 이러한 특징들을, 오직 이성에서 권위와 힘과 깨달음을 가지고 온다고 공공연히 주장하고 완전히 자유로운 선택을 하는 이상하고 독립적인 철학(플라톤 철학)과 조화롭게 양립시킬 수는 없다. 더욱이 유대인들은 이방인 교사들을 부정하지 않았으며, 다른 민족에게 존경심을 표하는 것에 관해 거부감이 없었다. 왜냐하면 그들은 때때로 그들로부터 지식을 받아들였기 때문이다.

탈무드 학자들은 어떤 견해의 주창자 이름을 매우 꼼꼼하게 언급하였다. 그래서 탈무드는 유대인들이 오늘날까지 성서에서 쓰고 있는 문자뿐 아니라, 달의 명칭과 천사들의 이름을 아시리아인들(Assyrians)이 전해 주었다고 말한다.4) 후에 그리스어가 그들 사이에 퍼지기 시작하자, 미슈나의 존경받는 교사들은 그리스어에 대해 칭찬하였다. 그들은 심지어 종교의식에 성경 본문 대신에 그리스어 사용을 허락했고, 중세 시대에 아랍인이 아리스토텔레스 철학을 전했을 때, 그들은 자신들의 철학자만큼 아리스토텔레스를 공경하였다. 그들은 책 한 권(Book of the Apple)을 그의 작품으로 돌렸는데, 그 책에서 그들은 임종 시 신과 이스라엘의 율법을 인정하는 아리스토텔레스를 묘사하고 있다.

끝으로 조하르에 보면, 동방의 책들은 신의 율법과 시메온 벤 요하이 학파가 가르친 일부 견해에 매우 가깝다고 말하는 주목할 만한 구절이 있다.5) 이 고대 지혜는 족장 아브라함이 자기의 첩에게 태어난 자녀들에게 가르쳤으며, 성서에 의하면, 그들이 동방에 거주했다고 조하르는 덧붙인다. 그런데 무엇 때문에 카발라의 저자들은 플라톤에 대해서는 기념할 만한 말을 남기지 않았을까? 그들은 현대 카발리스트들처럼 편하게, 플라톤이 유대 신을 믿는 예언자에게서 교육받았다고 말할 수 없었을까?

교회사의 아버지라고 여겨지는 유세비우스(Eusenius, 264-340)에 따르면 이런 방식은 알렉산드리아 학파의 유대인 철학자인 아리스토불루스(Aristobulus, BC 2-3세기)가 한 일과 똑같은 것인데, 그는 플라톤의 철학으로 성서를 해석하고 나서는, 플라톤이 모세오경에서 지식을 가지고 왔다고 말하면서 주저 없이 그를 비난했다. 필론도 포르티코학파(the Portico)의 지도자인 철학자 제논(Zeno, 360-270 BC)에 대해 같은 전략을 썼다.6)

그러므로 이 모든 것을 고려하면 플라톤 사상에서는 카발라 체계의 기원이 발견되지 않는다고 주장할 수가 있다. 그러면 알렉산드리아 철학자들에게서 그 기원을 발견할 수 있는지 살펴보도록 하자.

10장 카발라와 알렉산드리아 학파

우리가 조하르에서 찾아낸 형이상학적이고 종교적인 교리는 순수한 플라톤 철학보다 이른바 신 플라톤 철학과 확실히 더 많이 닮았다. 그러나 조하르와 신플라톤주의와 공통점을 지적하기 전에, 카발라가 신플라톤주의의 복사판이라고 결론짓는 것이 정당한 것일까? 비판이 있겠지만 이 질문에 대한 해답은 한마디로 충분할 것이다. 왜냐하면 히브리인들의 비밀 가르침은 (신플라톤주의자인) 암모니우스(Ammonius Saccas, 175~242경)와 플로티누스(Plotinus, 205-270) 그리고 포르피리우스(Porphyrius, 233-305)가 철학의 양상을 바꾸어 놓기 훨씬 전에 존재했다고 주장하는 데는 아무 어려움이 없고, 이미 이 책의 1편에서 확증했기 때문이다.

그러나 신중하게 이유를 찾아야 하기에, 카발라가 발전하여 분명한 형태를 갖추는데 여러 세기가 걸렸다는 것을 인정하고 싶다. 카발라가 알렉산드리아의 이교도 학파로부터 많은 것을 빌려왔다는 가정은 진지하게 고려할 만하다. 마케도니아 군대에 의해 동방에서 일어난 변혁 이후, 많은 유대인이 정복자들의 언어와 문명을 받아들였다는 것을 기억하면 특히 그렇다.

카발라가 랍비 제도와 밀접하게 관련이 있는 것에서 증명이 되듯이, 카발라가 팔레스타인에서 왔다는 입증된 사실에서 출발해야 한다. 알렉산드리아의 유대인들은 그리스어를 썼으며, 거룩한 땅(팔레스타인)의 대중적인 언어를 사용하지 않았을 것이기 때문이다. 그러면 신플라톤학파가 등장하고부터 4세기 중반까지, 이들 나라 사이와 이들 문명 간의 관계는 어떠했던가? 이 시기 동안 유대 사람들은 마지막 학파들과 마지막 족장들과 그리고 그들의 지적, 종교적 삶의 마지막 불꽃이 사라지는 것을 목격했다.7) 만약 이 기간에 이교도 철학이 거룩한 땅에 스며들어 왔다면, 자연스럽게 알렉산드리아 유대인들의 개입을 추정할 수 있다. 그들은 유대교의 거룩한 책들만큼이나 그리스 문명의 기념비적인 작품들에도 익숙해 있었으며, 이것은 70인 역 그리스어 성서와 아리스토불루스(Aristobulus)의 예에서 증명이 되고 있다.

그러나 알렉산드리아의 유대인들은 팔레스타인의 유대인과는 거의 교류가 없었기 때문에, 그들은 팔레스타인에서 커다란 역할을 했고, 서력기원전 2세기 이상 동안 깊이 뿌리내렸던 랍비 제도를 완전히 무시하였다. 필론의 작품과 알렉산드리아의 어떤 작가에게서 나온 『지혜의 서(the Book of the Wisdom, 외경)』와 『마카베오기 마지막 서(the last Book of the Maccabees)』를 면밀하게 검토해 보면, 유대 땅에서 가장 신성한 권위를 부여받은 이름들, 예를 들면 유대 대집회(Great Synagogue)8)의 마지막 의장이었던 대제사장 의인 시몬(Simon the Just, 310-291 or 300-273 BCE)과 그를 이어 사람들로부터 존경받은 탄나임(Tannaim)의 이름들이 전혀 언급되어 있지 않음을 보게 된다.

힐렐(Hillel)과 쉠마이(Shemmai) 사이의 유명한 논쟁9)이나 나중에 「미슈나」에 수집되어 율법적 효력을 갖게 된 여러 가지 관습에 대해 간접적인 언급도 찾아볼 수 없다. 필론은 자신의 저서 『모세의 생애(Life of Moses)』10)에서 이스라엘의 장로들에 의해 보존되었고 통상적으로 성서 본문과 함께 연구되던 전승에 대해 언급한다. 그러나 이러한 전승은 랍비 의례의 근간이 되는 전승들과는 공통점이 없다. 그것은 미드라심(Midrashim, 미드라쉬 복수형) 즉 유대교 역사의 매

시기마다 풍성했던 대중적이고 권위가 부여되지 않은 전설들을 생각 나게 한다.

반면 팔레스타인의 유대인들도 이집트에 사는 동포들의 상황에 대해 잘 알지 못하였다. 그들은 현재 우리의 주의를 끌고 있는 판본보다 훨씬 더 오래된 된 시대로 거슬러 올라가는 『70인 역 그리스어 성서』로 추정되는 판본에 대해 소문으로만 알고 있었다. 그들은 아리스테아스(Aristeas)[11]의 우화를 열정적으로 받아들였는데, 거기에는 그들의 민족에 대한 자기애와 신비한 것을 좋아하는 그들의 경향이 잘 조화되어 있다.

이 구절에서 분명히 보여주는 것은, 「탈무드」의 저자들이 「70인 역 그리스 성서」를 알지 못했을 뿐만 아니라, 그들이 그리어와 그리스 문학에 무지하여서 그 내용을 몰랐을 수도 있었다는 것이다. 성서 번역의 목적을 위해 특별히 성령의 영감을 받은 72명의 장로가 번역하면서 생겨난 모세오경 본문의 변형을 열거하면서, 그들은 10곳을 지적하지만, 그중 몇 개는 전혀 존재하지도 않거나, 흔적조차 찾을 수 없고, 대부분은 말이 되지 않거나, 변형이 가능하지 않다.

「미슈나」와 두 개 「게마라」에는 철학자 아리스토불루스와 필론 그리고 앞에 언급된 외경 작가에 적용될 수 있는 단 하나의 단어도 발견이 되지 않는다. 더욱 놀라운 것은 탈무드가 테라페우테파(Therapeutae)[12]나 심지어 에세네파(Essenes)에 대해 전혀 언급하지 않는데 에세네파는 역사가 요세프스(Josephus, 37-100)가 살아있는 동안 팔레스타인에 조직이 잘 뿌리내리고 있었다.

이런 침묵은 이 두 교파의 기원과 그들이 가르침을 전달하기 위해 사용한 언어를 보면 설명된다. 두 교파는 이집트에서 발생했으며, 그들의 종교적 조상의 땅에서조차 그리스어를 계속 사용했던 것 같다. 그렇지 않다면 특히 에세네파에 대한 「탈무드」의 침묵은 여전히 설명될 수 없을 것이다. 요세푸스에 의하면, 이 교파들은 기독교 시대보다 150년 전인 요나단 마카베우스(Jonathan Maccabeus)의 통치 동안 이미 알려져 있었기 때문이다.13)

팔레스타인 유대인이 자부심을 가졌을 수도 있었을 자기 동포에 대해 그렇게 모르고 살았다면, 왜 그들이 멀리 떨어진 이교도 학파들에서 일어나고 있는 사건들에 대해서 알고 있었다고 추측해야 하는가? 앞에서 그들이 그리스어를 매우 존중했다고 언급했는데, 그러나 그들이 당시의 철학적 경향을 따를 만큼 그것에 충분하게 친숙했을까? 이를 의심할 만한 충분한 이유가 있다. 무엇보다 탈무드나 조하르에는 그리스 문명의 기념비적 작품들에 대한 흔적이나 언급을 찾아볼 수 없다. 그런데 그 언어로 쓰인 작품들이 알려지지 않았는데, 어떻게 그 언어를 이해하는 것이 가능한가?14)

다음으로 팔레스타인에서 태어나 삶의 대부분을 거기서 보낸 요세푸스에게서 알 수 있는 것은, 이 유명한 역사가가 그리스어로 작품을 쓸 때, 정확히는 작품을 그리스어로 번역할 때 도움이 필요했다는 것이다. 그의 다른 작품에서15) 그는 이 주제에 대해 훨씬 더 분명히 언급하는데, 여기서 그는 이것을 동포들 탓으로 돌린다. 그리고 자기 나라에서 언어 공부는 불경스러운 직업으로 여겨져서 자유민에게보다 노예에게 어울리는 일로 여겨진다고 했다. 또 종교 율법과 성서에 대하여 학식이 뛰어난 사람들만이 높은 존경을 받으며 학자로 불린다고 했다.

그러나 요세푸스는 거룩한 땅에서 가장 뛰어난 가문 중 하나에 속하였다. 그는 왕족 혈통과 사제계급 출신이어서, 정치뿐 아니라 종교적으로도 그 땅의 모든 지식에 입문하기에 그보다 더 적절한 인물은 없었다. 『유대고대사(Jewish Antiquities)』와 『유대전쟁사(Jewish War)』의 저자인 그는 불경스럽다는 학문에 헌신하면서, 자신의 나라와 신앙에만 충실하였던 동포들과 같은 그런 양심의 가책은 받지 않았다.

팔레스타인에서 우리가 믿는 것보다는 그리스어가 더 많이 사용되었다는 것을 인정하더라도, 아직 알렉산드리아 철학의 영향에 대한 어떤 결론을 끌어낼 입장에는 있지 않다. 탈무드는 그리스어와 그리스 학문을 명백하게 구별하고 있기 때문이다.16) 그리스어와 그리스 학문은 별개의 것이다. 전자는 높게 평가되고 존중되지만, 후자는 비난받았다. 미슈나는 율법 판결집 성격상 아주 간결하게 표현되는데, 거기서 보면 그리스 학문으로 자녀를 양육하는 것을 금지한다. 이러한 금지는 티투스(Titus)17)와 전쟁 기간에는 유효하였다고 덧붙인다.18) 그러나 게마라는 훨씬 더 분명한데, 금지가 더 이른 시기에 있었다.

다음 사항은 우리의 스승들이 가르친 것이다. 하스몬 왕조(Hasmonian)의 왕자들 사이에 전쟁이 일어난 기간 동안, 히르카누스(Hyrcanus)는 예루살렘을 포위 공격했는데, 아리스토불루스가 포위당했다. 동전을 가득 담은 바구니가 매일 성벽을 내려오고, 그것과 교환으로 희생제를 위한 동물들이 올려보내졌다. 그때 포위군의 진영에 그리스 학문에 능통한 노인이 있었다. 그는 "그대들의 적이 신께 예배를 드리는 한, 그들은 너희 손안에 들어오지 않을 것이다." 다음 날 동전이 가득 든 바구니가 내려왔으나, 희생제물 대신에 돼지 한 마리가 올려보내졌다. 이 불결한 동물이 성벽을 반쯤 올라갔을 때, 그 동물이 성벽을 향해 발굽을 찔러넣었다. 그러자 400 파라상[19] 주위에 있는 이스라엘 땅이 흔들렸다. 그때 다음과 같은 저주가 선포되었다. "돼지를 올려보내는 그에게 저주가 있기를. 자기 자녀들에게 그리스 학문을 가르치는 그에게 저주가 있기를."[20]

지진이 났다는 우화적이고도 우스꽝스러운 설명이 없다면, 이 이야기는 비평가들에게는 가치가 있는 내용이다. 그 요점은 요세푸스의 글(유대고대사, Vol. XIV, ch. 3.)에서도 나오기 때문에 분명한 사실이다. 그에 의하면, 히르카누스의 부하들은 포위된 자들에게 한 마리에 한 드라크마(drachma, 옛 그리스의 은화)를 받는 즉시 희생제의 동물을 보내겠다고 약속했다. 그러나 그들이 돈을 보내게 하고는 동물을 보내는 것을 거절했다는 것이다. 유대인들에게 이 일은 이중으로 혐오스러운 일로 간주 되었다. 요세푸스에 따르면, 그것은 사람의 맹세를 위반한 것이며, 또한 신을 공격한 일이기도 하였다.

그토록 조급해하며 기다리던 희생제물 대신에 그들이 가장 역겨워하는 동물이 거룩한 장소로 오는 것을 사제들이 보았다는 아주 그럴듯한 상황을 추가하면, 신성모독과 위증이 극에 달했다는 것을 알 수 있다.

그러면 누가 그 범죄에 책임이 있었는가? 어디서 그 최초의 요인을 찾을 것인가? 물론 다른 나라의 지혜를 얻으려고 신의 율법을 무시한 자들에게서이다. 이 비난이 충분히 근거가 있는지 아닌지는 중요하지 않다. 이 저주가 하스몬가의 전쟁 기간에 선포되었는지, 티투스와 전쟁하는 동안 선포되었는지는 더욱 중요하지 않다. 관심을 불러일으키고 확실한 것은 그리스 학문이 팔레스타인에서는 불신앙의 근원으로 여겨졌으며, 이중의 신성모독이 되었다는 것이다. 그러므로

카발라와 유사한 철학   195

그리스 학문을 한다고 의심받는 사람들과 랍비 정통의 창시자거나 수호자 사이에는 어떤 공감이나 동맹이 있을 수 없었다.

탈무드는 또한 랍비 유다의 이름으로 가말리엘의 아들인 시몬이 한 말을 전하는데, 그가 사무엘이라는 노스승에게서 들은 말이다. 가말리엘은 『사도행전』에서 아주 아름다운 역할을 했던 인물이다(사도행전 5:34-42 참조). "내 아버지 집에는 1천 명의 자녀들이 있었는데, 그중 5백 명은 율법을 공부했고, 5백 명은 그리스 학문을 배웠다. 지금은 여기에 있는 나와 아시아에 있는 내 사촌만이 남아 있다." 게마라는 이에 대하여 "가말리엘 가문이 궁정과 가까워서 예외가 행해졌다"라고 했다. 주의할 점은 이 전체 구절이 앞의 구절보다 신뢰하기 어렵다는 점이다. 앞에서는 일반적 전통을 다루는 것이고, 여기서는 한 개인의 증언에 대한 단순한 소문을 다루는 것이기 때문이다.21) 전승이 묘사하고 있듯이 가말리엘이라는 인물은 유대교의 정통을 고수했고 그래서 전반적으로 존경심을 불러일으킨 점에서 다른 교사들과는 다르다.22)

이런 정서는 그리스 문화를 받아들인 유대인들에 가해진 불경에 대한 비판과 쉽게 양립하기 어려워 보인다.23) 더욱이 사도들의 시대에 아주 연로했던 유대 회당의 족장, 가말리엘은 알렉산드리아 학파가 설립되기 오래전에 사망했다. 끝으로, 가말리엘 가문은 예외였기 때문에, 그것이 무엇이든 그 사실은 그 원인(가말리엘)과 함께 사라졌을 것이다. 그래서 후에 그러한 어떤 흔적을 볼 수가 없다. 이 모호하고 불확실한 내용을 보충하는 「미슈나」의 엄격한 말과 완전히 일치하는 또 다른 구절을 찾아냈다.

벤 도마(Ben Domah)가 그의 삼촌인 랍비 이스마엘(Rabb Ismael)에게 율법 공부를 모두 한 후에, 그리스 학문을 공부할 수 있는지 물었다. 그 교사는 그에게 다음 구절을 언급하였다. "이 율법서가 네 입에서 떠나지 말게 하며 밤낮으로 그것에 대해 숙고하라." 그리고 나서는 이렇게 덧붙였다. "이제 밤도 아니고 낮도 아닌 시간을 찾아라. 그러면 네가 그 시간에 그리스 학문 연구에 매진하는 것을 허락하겠다."24)

알렉산드리아 철학이 유대 교사들 사이에서 제자를 찾았다는 가설은, 위에 인용한 구절에서 완전히 무너진다. 이 구절로 그들이 "철학"이라는 단어조차 알지 못했다는 우리의 견해가 맞는 것을 확인시켜준다.

적의 절박한 종교적 필수품을, 또한 자신에게도 필요한 것이기도 했던 것을 히르카누스에게 이용하도록 충고한 이 노인은 어떻게 철학자로 여겨질 수 있겠는가! 그런 술책은 마키아벨리(Machiavelli, 1469-1527)에게나 어울리는 것이다. 어떻게 철학이 헤롯의 왕궁에 들어가는데 필요한 학식 가운데 하나가 될 수 있단 말인가?

아주 오래전에 살았던 유명한 성서 주석가인 랍비 솔로몬(R. Solomon bar Isaac, 1049-1105)의 견해를 들어보면, 우리의 견해가 맞는 것이 확인된다. 그는 탈무드에서는 이렇게 말한다. "그리스 학문이라는 말을 일반 사람들은 이 언어를 이해하지 못하고 궁정 관료들이 사용한 학자풍의 언어라는 뜻으로 이해했다." 이 설명은 매우 합리적이지만 좀 한정적인 것 같다. 그러나 확실히 이 문장에 나오는 불확실한 표현은 어떤 일반적인 문화, 더 정확히 말하자면 그리스 학문의 영향으로 생겨난 어떤 지적 자유만을 가리킬 수 있다.

유대인의 종교 전통이 그리스에서 나온 모든 학문에 대해 커다란 증오심을 나타내지만, 다음 구절에서 그들이 어떤 열광과 동경 그리고 미신적인 두려움을 가지고 카발라에 대해 말하고 있는지 보여준다.

한번은 스승이신 요하난 벤 차카이(Yohanan ben Zakkai)가 나귀에 올라타고 길을 나서는데, 랍비 엘레아자르(Rabbi Eleazar ben Arak)가 스승을 수행했다. 엘레아자르가 벤 차카이에게 메르카바의 한 장(章)에 대해 가르쳐 달라고 요청했다. 스승께서 대답하셨다. "내가 말하지 않았는가? 사람이 현명하여 스스로 지혜를 추론할 수 있지 않으면, 심지어 한 사람에게라도 그 메르카바를 설명하는 것이 금지되어 있다네."

엘레아자르가 대답했다. "그러면 이 학문에 대해 제게 가르쳐 주셨던 것이라도 스승님 앞에서 다시 말할 수 있도록 허락해 주십시오." 스승은 "그것은 괜찮지. 말해보게."라고 대답하였다. 그러면서 스승은 나귀에서 내려, 모자로 머리를 가리고 올리브나무 그늘에 있는 돌 위에 앉았다. 엘레아자르가 메르카바에 관하여 말을 하자마자, 불꽃이 하늘에서 내려와 들판의 나무들을 둘러쌌고, 나무들은 찬송가를 부르는 듯했다. 그 불꽃 속에서 한 천사가 이 비밀을 듣는 기쁨을 표현하는 소리가 들렸다.[25]

후에 다른 랍비 두 사람이 엘레아자르의 흉내를 내려고 했을 때, 그들은 놀라운 기적에 압도당했다. 검은 구름이 갑자기 하늘을 덮고, 무지개 같은 유성(流星)이 지평선 위에 빛났고, 결혼 행진을 보러 모이는 호기심 많은 군중처럼, 이야기를 듣고자 서둘러 가는 천사들이 보였다.[26]

이 구절들을 읽고 나서도 여전히, 카발라는 단지 알렉산드리아 철학이라는 태양에서 훔친 한 줄기 빛이라고 생각할 수 있을까?

그러나 공통의 기원이 아니라면 설명할 수가 없는 카발라와 알렉산드리아 철학 사이의 어떤 유사성을 우리는 인정하지 않을 수 없다. 이 기원을 유대나 그리스가 아닌 다른 데서 찾아야 할지도 모른다.

암모니우스(175~242경) 학파도 시메온 벤 요하이 학파처럼 자신들을 신비 속에 감추고, 자신들 교리의 비밀을 결단코 드러내지 않으려 했다. 그리고 그들은 마지막 제자들을 통해 자신들이 신의 근원에서 나올 수밖에 없는 고대 비밀 전통의 상속인이라고 주장했으며, 그들은 비유적 해석을 알았고 이를 응용했으며[27], 끝으로 그들은 열정과 믿음을 통하여 얻어지는 그럴듯한 깨달음을 이성 위에 두었다. 그런데 이것들은 모든 신비주의에 공통된 주장이다. 여기서는 이런 주장은 더 다루지 않고, 다음과 같은 더욱 중요한 요점으로 넘어가려고 한다.

1. 카발라의 거장들만이 아니라 플로티누스(Plotinus, 204-270)와 그 제자들에게, 신은 만물의 본질적 근원인 내재적 원인이다. 만물은 그분에게서 나와 그분에게로 돌아간다. 그분은 존재하는 모든 것의 시작이며 끝이다.[28]

포르피리우스(Porphyrios, 234-305)가 말하듯이, 그분은 어디에나 계시며, 어느 곳에도 계시지 않는다. 만물이 그분 안에 있고, 그분을 통해 존재하므로, 그분은 어디에나 계신다. 그분은 어떤 특정한 존재물 속에도 계시지 않고, 모든 존재물의 총합 속에도 계시지 않으므로, 그분은 어디에도 계시지 않는다.

플로티누스에 따르면 그분은 모든 개별적인 존재를 합친 것은 결코 아니므로, 그분은 존재 너머에 계시며, 자신은 그 안에서 그분의 현시된 것 중에 하나만 본다고 말한다. 그분이 존재 위에 계신다면, 그분은 필연적으로 자신에게서 나온 지성 위에 계신다. 그래서 지성은 그분에게 도달할 수 없다.

한편으로 그분이 일반적으로 단일성 또는 첫 번째라고 불리지만, 그분에게 어떤 이름도 부여하지 않는 것이 더 적절할 것이다. 그분의 본질을 표현할 수 있는 어떤 이름도 없기 때문이다. 그분은 말로 표현할 수 없는 분이며, 알 수 없는 분이다.29)

이것은 정확히 아인소프의 상태이다. 조하르는 늘 아인소프를 알 수 없는 분 중에 가장 알 수 없는 분, 신비 중의 신비라 불렀으며, 최고 수준의 추상적 개념(abstraction)으로 존재를 표현하는 세피로트보다도 위에 두었다.

2. 알렉산드리아의 플라톤주의자들에 따르면, 신은 오직 삼위일체의 형상 속에서만 인식될 수 있다. 먼저, 플라톤의 용어에서 빌어온 세 개의 표현으로 구성된 일반적 삼위일체가 있는데, 그것은 (1) 단일성 또는 선, (2) 지성, (3) 세상의 혼 또는 조물주(demiurge)30)이다. 그러나 이 세 가지 표현 각각은 각자의 특정한 삼위일체를 낳는다.

선 또는 단일성은 만유와 관계 속에서, 첫째로 모든 사랑의 원리 또는 보편적 욕망의 목적이고, 둘째로 충만한 힘과 소유이며, 끝으로 최고의 완성이다. 충만한 힘을 지닌 존재로서 신은 자신을 외부로 현시하여 창조의 원인이 되려고 한다. 사랑과 욕망의 목적으로서, 신은 존재하는 모든 것을 자신에게로 끌어당겨 최종적 원인이 된다. 그리고 최고의 완성으로서, 신은 이런 배열을 만물의 시작이자 끝인

효과적인 덕성으로 변화시킨다.31) 첫 번째 삼위일체는 선 자체로 불린다.

다음에는 지성적 삼위일체, 또는 신의 지혜가 오는데, 가장 완벽한 일체성 속에서, (1) 존재 (2) 진리 (3) 지성적인 진리, 즉 (1) 생각하는 것 (2) 생각되는 것 (3) 생각 자체가 휴식하고 합일한다.32)

끝으로 세상의 혼(soul of the world) 또는 조물주도 삼위일체로 생각될 수 있다. 즉 조물주 삼위일체이다. 그것은 (1) 모든 자연 속에서 작용하는 보편적 힘 혹은 보편적 본질 (2) 만물의 움직임 또는 발생, (3) 그리고 그들을 낳은 본질의 품으로 만유가 귀환하는 것이다.33)

자연의 이 세 측면은 세 개의 다른 것으로 대치될 수 있는데, 그것들은 상징적으로 올림포스의 신들로 표현된다. 주피터(Jupiter)는 혼과 육체의 조물주이고, 넵튠(Neptune)은 혼을 지배하고, 플루토(Pluto)는 육체를 지배한다.

이 세 개의 특유한 삼위일체는 어떤 방식으로 하나의 총괄적 삼위일체 속에 섞여 자취를 감추는데, 이들은 「조하르」에서 표현되듯이 신의 특질들을 분류하는 것과 크게 다르지 않다. 기억할 것은, 모든 세피로트가 세 개의 범주로 나뉘며, 그 세 범주는 전체적으로 또한 총괄적이며 분리할 수 없는 하나의 삼위일체를 이룬다는 사실이다. 첫 번째 셋은 순수하게 지적인 삼위일체이며, 다음 셋은 도덕적인 삼위일체이고, 마지막 셋은 자연 속에 보이는 신과 관계가 있는 삼위일체이다.34)

3. 똑같은 방식으로, 만물의 발생, 또는 신의 특질들의 현시는 우리가 비교하려고 하는 두 가지 체계에서 보인다. 이미 말한 대로, 플

로티누스와 프로클러스는 지성이 바로 존재의 본질이며, 존재와 지성은 합일 속에서 절대적으로 같다고 가르친다. 이어서 세계를 구성하고 있는 모든 존재와 그 존재들의 모든 측면은 빛과 실제(reality)와 생명을 동시에 낳는 절대적 생각의 전개 또는 일종의 창조적 변증법일 뿐임을 가르친다.

특별하고 불변인 최고의 단일성 또는 원리로부터 어느 것도 분리되지 않는다. 여기에는 세상 안에 있는 눈에 보이는 모든 존재와 힘들(forces)이 포함된다.

끝으로 더 낮은 수준에서는 다양성(multiplicity)과 수(number)가 무한히 뻗어나가나 동시에 만물의 지성적 본질은 전적으로 결여가 될 때까지 점점 줄어든다. 이 상태에서 그것은 물질이 되는데, 포르피리우스는 이것을 "모든 존재의 부재" 혹은 진정한 무(a true No-thing)로 불렀다.35) 이것은 플로티누스에 의해 "그늘의 이미지"라는 좀 더 시적인 단어로 표현되었는데, 그는 이 그늘의 이미지가 우리의 지식을 제한하고 그 안에 있는 우리 혼에 의해 지적인 형상이 부여된다고 했다.36)

조하르에 나오는 주목할 만한 두 개 구절을 기억해 보자. 거기서는 생각이 처음에는 완전한 일치 속에서 존재와 결합하고, 이어 훨씬 더 다양하고 개별적인 자아의식을 획득하면서, 모든 피조물과 신의 특질을 산출한다. 물질적 요소와 공간 속에서 관찰될 수 있는 여러 가지 상황은 생각이 자신의 품에서 영원히 산출해 내는 만물 가운데 있다.

그러므로 히브리인들의 가르침에서든 알렉산드리아 학파의 가르침에서든 모든 비유는 늘 글자대로 볼 것만은 아니다. 그 비유들은 만물의 최고원리를 빛의 근원으로 표현하는데, 이 빛은 끊임없이 영원히 광선을 발산하며, 이 광선은 무한한 모든 상황에서 자기 존재를 나타낸다. 프로클러스(Proclus)는 빛이란 지성, 또는 신의 지성의 참여라고 분명히 말한다.37) 그 빛이 끊임없이 흘러나오는 다함이 없는 근원은 자신의 품 안에 존재와 생각을 합치는 절대적 단일성이다.38)

「조하르」를 분석하면서 인간 혼에 대해 그리고 믿음과 사랑을 통해 신과 혼의 합일에 대해 말한 것을, 신플라톤학파와 관련하여 반복적으로 이야기하는 것은 쓸데없는 일일 것이다. 모든 신비 사상은 이런 내용에 동의하고 있는데, 이는 그것이 신비주의의 근간 그 자체로 간주 될 수 있기 때문이다.

실제로 대다수 지성인이 접근할 수 없는 사상체계 안에 있는 깊고도 일관성 있는 유사성이 인간 능력으로 또는 일반적인 사상 규칙으로 설명될 수 있을까? 반면에 우리는 팔레스타인의 교사들이 자신들이 그토록 저주하고 파문한 그리스문화에서 율법 연구보다 훨씬 중요한 학문을 끌어냈을 수는 없다는 것을 충분히 보여주었다고 믿는다.

비판은 당연히 있겠지만, 그리스 철학자들이 유대 전통을 유익하게 사용했을 수도 있었다고는 인정조차 할 수 없다. 왜냐하면 누메니우스(Numenius, 서기 2세기)와 롱기누스(Longinus, 213?-273 그리스의 철학자)가 모세에 관해 이야기하고, "이집트의 신비"39)의 저자가 누구인지 간에 그가 천사들과 대천사들을 자신의 신학 체계에 받아들인 것은, 이는 70인 역 그리스 성서의 번역 때문이거나, 이 세 명의 철학자와 이집트의 헬레니즘 유대인들 사이의 관계 때문일 것이다. 그들이 메르카바의 엄청난 신비를 전해 받았다고 결론짓는 것은 불합리할 것이다.

카발라 체계와 알렉산드리아의 플라톤주의 둘 모두가 나온, 서로 알지는 못하는 더 오래된 가르침이 존재할 수 있었을까? 그 답을 찾기 위해 프톨레마이오스 왕조(기원전 305년부터 기원전 30년까지 고대 이집트를 다스린 왕조)의 수도를 떠날 필요는 없다. 우리는 유대 민족의 가슴 안에서 다양한 시각으로 평가되고 엄청난 명성을 지닌 한 사람을 발견한다. 일반적으로 철학 사학자들은 그를 알렉산드리아 학파의 진정한 창시자라고 보지만 몇몇 비평가들과 현대 유대 역사가 대부분은 그를 히브리 신비주의 창시자로 본다. 이 사람이 바로 필론(Philo, BC 15?~AD 45?)이다.

이제 그의 견해와 수많은 작품을 탐구 대상으로 삼아 그 속에서 카발라 최초의 흔적을 발견하기 위해 노력할 것이다. 나는 카발라에 대해서만 말할 것이다. 필론의 뒤를 이어 세워진 이교도 철학 학파들과 필론의 관계는 분명해질 것이기 때문이다. 더욱이 이 필론 철학의 기원이 이 작품에서 얼마나 가치가 있는지와 관계없이 여기서 그것은 이차적인 고찰 대상이다.

11장 카발라와 필론 교리

팔레스타인과 이집트의 유대인들이 서로 모르고 고립되어 있었다는 것에 관해서는 이미 말했으므로 되풀이하지 않겠지만, 중세 유대 작가들이 필론의 이름을 한 번도 언급한 일이 없다는 것은 언급하고 싶다. 사디아(892-942)[40]와 마이모니데스(1135-1204)[41], 그들의 후대 제자들 그리고 현대 카발리스트들, 그 누구도 그에게 찬사를 바치지 않았고, 지금도 그리스 문학을 잘 모르는 유대교인들 사이에는 거의 알려져 있지 않다.[42] 이런 외적인 사실에 매여, 이런 사실을 과장하지는 않을 것이다. 오히려 현대 비평의 노력으로 빛을 보게 된 이 철학자의 견해 속에서 우리 문제의 해결책을 찾을 것이다.[43]

필론의 작품 속에는 체계라고 불릴 만한 것이 없다. 무질서한 배열 속에 앞뒤가 맞지 않은 견해들이 나오는데 -성서에 대한 상징적 해석을 말하는 것임- 이것은 아주 자의적인 방법에 잘 어울린다. 이 혼돈 속의 여러 요소는 공통되는 끈 -히브리 작품들 안에 다른 나라의 지혜 속에 있는 아주 고귀하고 순수한 것이 존재함을 보여 주려는 작가의 내적인 욕망-으로 서로 연결되어 있으며, 크게 두 종류로 나눌 수 있다.

첫 번째는 어떤 도덕적 혹은 종교적 가르침의 근본원리들과도 일치할 수 있는 피타고라스, 아리스토텔레스, 제논 같은 그리스철학 체계에서 빌려온 것이다.[44] 그리고 무엇보다도 플라톤의 사상이 그것인데, 플라톤의 용어와 개념은 이 히브리 철학자의 모든 저서 속에서 일차적인 바탕이 된다.

두 번째에 속하는 요소들은 이성과 학문을 경멸하고, 인간 혼을 무모하게 무한 속으로 밀어 넣는 성급함에서 알 수 있듯이 그 기원이 외부에 있음을 분명히 보여 주며, 이것은 오직 동방에서만 나올 수 있다. 필론의 사상에 있는 이 이원론은 우리가 풀고자 하는 문제를 위해서만이 아니라, 일반적으로 철학 역사를 위해서도 아주 중요하다.

필론이 창조와 존재의 첫 번째 원리, 신, 그리고 신과 우주의 관계에 대해 말할 때, 논리적인 노력으로는 결코 화합시킬 수 없는 두 개의 교의를 마음에 두고 있다. 하나의 교의는 티마이오스(Timaeus)45) 에서 가르치고 있는 것으로 플라톤의 이원론이다. 또 하나는 플로티누스와 카발라를 동시에 생각나게 하는 교의이다. 필론의 작품에 나오는 모세의 입에서 나오는 첫 번째 교의를 살펴보고자 한다.

저자는 창조에 대한 논문에서 이렇게 말한다. "히브리인들의 입법자(모세)는 똑같이 필요한 두 가지 원리를 인지하고 있었는데, 하나는 능동적 원리이고 다른 하나는 수동적 원리이다. 첫 번째 것은 미덕과 지식, 선, 그리고 아름다움 그 자체를 넘어서 있는 가장 높고 절대적인 지성이다. 두 번째 원리는 비활성이며 생명이 없는 질료인데, 그것은 지성으로부터 운동과 형상과 생명을 부여받을 때 완전해진다."46)

이 마지막 원리를 순수한 추상적 개념으로 다루지 않으려고, 필론은 다른 글47)에서 이교도의 유물인 유명한 금언을 조심스럽게 언급하고 있는데, 그것은 절대적 시작도 절대적 소멸도 없고, 같은 요소가 하나의 형상에서 다른 형상으로 옮겨간다고 하는 것이다. 이 요소는 흙, 물, 공기, 불이다. 티마이오스 문헌에 의하면, 신은 세상을 충분히 완성되게 하여 최고의 건축가에게 어울리는 작품이 되도록, 세상 밖에 어떤 조각도 남기지 않았다고 한다.48) 그러나 이 감각적인 우주 속에 있는 질료와 존재에게 형태를 부여하기 전에 신은 자신의 마음속에 지성적인 우주 또는 원형들(prototypes), 즉 만물에 대한 불멸의 개념들을 심상화했다.49)

세상 창조의 유일한 원인인 신의 자비심이 또한 세상이 왜 멸망하지 말아야 하는지를 설명해 준다. 신이 자신의 선함을 멈추지 않는 한, 신은 질서와 조화를 혼돈으로 바꾸기를 원하지 않으신다. 언젠가 현재의 세상을 대체할 더 나은 세상을 상상하는 것은, 만물의 현재 질서에 신의 선함이 부족했다고 신을 비난하는 것과 같다.50)

이 사상에 의하면 만물의 발생 즉 우주를 형성한 힘의 사용은 필연적으로 시작이 있었겠지만, 그 힘이 끝없이 계속 작용할 수는 없다. 왜냐하면, 신은 다른 세상을 만들기 위하여, 한번 창조한 세상을 파괴할 수 없기 때문이다. 즉 물질은 총체적인 혼돈으로 돌아갈 수 없기 때문이다. 더욱이 신은 현대 신학적인 의미에서 창조의 원인도 아니고 만물의 내재적 원인도 아니다. 신은 단지 최고의 건축가 즉 조물주(Derniurge)일 뿐이고 사실 이 용어는 필론이 그리스철학의 영향 아래에 있을 때 습관적으로 사용한 것이다.51) 끝으로, 신은 창조 세계 너머 계실 뿐 아니라 완전히 그 세계 밖에 계신다. 왜냐하면 무한의 지식과 지복을 지니신 그분은 물질과 같이 형태가 없고 불순한 질료와 관계를 맺을 수 없기 때문이다.52)

이제 이 원리들을 필론 서적에 나오는 다음 교리들과 조화시키도록 해 보자.

신은 자기의 작품 속에서 휴식하지 않는다. 타는 것이 불의 본성이요 냉기를 발산하는 것이 눈(雪)의 본성이듯이, 창조하는 것이 신의 본성이다.53) 휴식을 신에게 적용한다면, 휴식은 비활동을 뜻하는 것이 아니다. 우주의 활동적인 원인(active cause)은 가장 아름다운 작품을 만드는 일을 절대 멈추지 않기 때문이다. 그러나 우리는 신이 휴식한다고 말한다. 이는 그분의 무한한 활동이 고통이나 피로함 없이 자발적으로 일어나기 때문이다.54) 그래서 성서가 세상이 6일 만에 창조되었다고 말할 때, 그것을 문자 그대로 받아들이는 것은 터무니없는 일이다.

창조가 6일 동안 지속된 것은 아니다. 창조는 시간 안에서 시작되지도 않았다. 왜냐하면 플라톤에 의하면, 시간 자체가 다른 것과 같이 창조되었으며, 시간은 영원의 무상한 이미지일 뿐이기 때문이다.55) 앞에서 말한 것처럼 신의 행동은 비활성 질료에 형상을 부여하고, 세상의 창조에 필요한 모든 요소를 혼돈과 어둠에서 벗어나게 하는 것이다. 그렇게 함으로써 신의 활동은 창조적으로 되고 절대적으로 되고 시간과 공간에서도 제약받지 않는다.

필론은 분명하게 이야기한다. "신이 만물을 창조할 때, 그것들을 눈에 보이게만 한 것이 아니라, 전에 존재하지 않았던 것을 만들어 내었다. 그분은 우주의 건축가(조물주)일 뿐 아니라, 창조자이다."56)

그분은 만물 전체뿐 아니라 개별적인 존재 각자 속에 있는 모든 행동의 원리이다. 왜냐하면 능동성은 오직 그분에게 속한 것이며, 수동성은 모든 피조물의 속성이기 때문이다.57)

이런 이유로, 만물은 그분의 현존으로 차 있고, 또한 현존으로 스며들어있다. 또한 이런 이유로 그분 없이 만물이 존재하게 허용하지 않는다.

그러나 어떤 것도 그 무한을 품을 수 없으므로, 그분은 어느 곳에도 계시지 않으면서 동시에 모든 곳에 계신다. 이것은 이미 포르피리우스에게서 들은 내용이며, 후에 플로티누스의 제자들이 이해한 것과 같은 의미로 이해된 내용이다. 공간과 장소는 천체와 함께 창조되었기 때문에, 신은 어디에도 없다. 그리고 창조주가 피조물 속에 갇혀 있다고 말할 수 없다. 그분은 자신의 다양한 능력으로 동시에 땅과 물, 공기와 하늘에 퍼져 있기에, 그분은 어디에나 계신다. 그분은 우주의 가장 작은 입자까지도 가득 채우고, 서로를 보이지 않는 끈으로 묶는다.58)

그러나 이것으로 충분하지 않다. 신 자신이 우주의 처소이다. 왜냐하면 만물을 포괄하고 있고, 우주가 거주하는 안식처이고, 신 자신이 거주하는 거처이기 때문이다.59)

신 안에서 오직 영들의 거처만 봤다는 말브랑슈(Malebranche, 1638-1715)가 스피노자(Spinoza, 1632-1677)와 아주 가까워 보인다면, 지고의 존재를 모든 존재의 거처, 즉 육체뿐 아니라 영의 거처라고 표현한 사람(필론)은 어떻게 생각해야 할 것인가?

그러나 우리는 또한 우주의 수동적 원리라는 이 개념은 어떻게 되는지 질문해야 한다. 그 자체로는 형상도 활동도 없고, 공간에 앞서 존재했으며, 공간과 함께 신의 품속으로 옮겨진 이 질료를 어떻게 실제적이며 필요한 존재라고 생각할 수 있는가? 필론은 "신은 모든 것이다."라는 위대한 말을 할 수밖에 없는 상황으로 내몰린다.60)

어떻게 최고의 존재가 자신의 본질인 지성적인 장소로부터 물질적이고 감각적인 세계를 포함하고 있는 실제적인 공간이 나오게 했는가?

어떻게 능동성 그 자체이고 지성 그 자체인 분이 수동적이고 비활동적인 존재들을 낳았는가? 이 점에서 그리스철학의 흔적은 동방의 용어와 개념으로 인해서 완전히 압도되어 버린다. 신은 가장 순수한 빛이며, 모든 빛의 원형이자 근원이다. 그분은 주변에 무수한 광선을 발산하며, 그것은 모두 지성에 의해서만 이해할 수 있는 것이며 어떤 피조물도 그것을 볼 수 없다.61)

그러나 그분의 이미지는 그분의 생각(그분의 로고스) 속에 반영되어 있다. 이 이미지에 의해서 신을 이해할 수 있다.62) 여기서 신의 첫 번째 현시, 또는 일반적인 말로는, 신의 속성의 첫 번째 발출을 본다. 플라톤의 영향력이 다른 영향력에 의해 밀려나면, 필론에게는 신의 말씀이 실제적인 존재가 된다. 후에 알렉산드리아 학파에서는 이 실제적인 존재를 사람 또는 위격(位格)이라고 불렀다. 천상의 모든 군대를 지휘하는 대천사의 속성이 그러하다.63)

그러나 필론은 여기서 멈추지 않는다. 보통 "가장 오래된 자", 신에게서 처음 태어난 자라 불리는 이 첫 번째 로고스는 절대적 영역에 있는 생각을 의미하는데, 이 로고스에서 말씀을 나타내는 또 다른 로고스가 발출되어 나온다. 즉 이것은 창조력이며, 이것의 현시가 바로 세상이다.

우리가 창세기에서, 강이 에덴에서 흘러나와 그 동산을 적셨다는 구절을 읽을 때, 그것은 일반적인 선함이 신의 말씀 즉 신의 지혜의 발출임을 말하는 것이다.64) 이 우주의 작가(신)는 자기 작품의 아버지이고 또한 건축가라고 불려야 한다. 우리는 최고의 지혜에게는 어머니라는 이름을 부여할 것이다. 신은 만물의 창조를 위하여 신비한 방법으로 최고의 지혜인 어머니와 결합하였다. 어머니는 신의 씨앗으로 임신하여 정해진 때에 산고 속에 세상이라 부르는 사랑받는 외아들을 낳았다. 그리하여 한 성스러운 작가(필론)는 지혜를 다음과 같이 표현한다. "신의 모든 작품 중에 나는 첫 번째로 형성되었다. 시간이 아직 존재하지 않을 때, 나는 이미 존재했다. 왜냐하면 모든 피조물은 당연히 우주의 어머니이자 유모이신 분보다 젊어야 하기 때문이다."65)

플라톤의 「티마이오스」에 있는 구절에서 한 가지 커다란 차이점을 빼면 거의 똑같은 말을 발견하게 되는데, 그 차이점은 만물의 어머니이자 유모는 신과 완전히 분리된 원리 즉 비활성이고 형태 없는 질료라는 것이다.66)

위의 인용구를 보면 조하르의 사상과 그 전형적인 표현이 떠오른다. 거기서도 신을 영원한 빛이라고 하고, 만물의 발생을 비유적으로 설명하는데, 만물은 신의 중심에서 발출된 광선들이 점차 어두워진 것이며, 신이 자신의 특질들 속에 있는 자신과 결합한 것이라고 한다. 신의 품에서 나와 우주에 생명을 주는 최고의 지혜도 지상낙원에서 발원한 강물로 표현되어 있다. 끝으로, 두 개의 로고스는 세상이 신의 말씀일 뿐이라고 하는 카발라의 원리를 상기시켜 준다. 그분의 말씀 또는 목소리는 눈에 보이게 된 그분의 생각이다. 그리고 그분의 생각은 그분 자체이다.

카발라의 주요한 작품(조하르) 속에 종종 묘사되는 또 다른 이미지에서는 우주를 신의 외투 또는 옷이라고 표현한다. 그리고 여기 필론의 말속에도 같은 표현이 있다. "지고의 존재는 값진 외투처럼 그분을 감싸고 있는 눈 부신 빛으로 둘러싸여 있다. 가장 오래된 말씀(the most ancient word)은 자신을 옷으로 덮듯이 세상을 덮고 있다."67)

신이 창조물과 독립된 자신의 본질로 고찰될 때, 신은 두 가지 방식으로 말해지는데, 이것은 만물의 속성과 탄생에 대한 이중적인 이론에서 나온다. 첫 번째로 신은 만물의 최고 이성이고, 우주의 능동적이고 효과적인 원인이고, 가장 보편적인 개념이고, 지적인 본성

으로 말해진다. 그분만이 자유, 지식, 기쁨, 평화, 행복, 즉 완전함을 지니고 있다.68)

두 번째로 그분은 완전함보다 더 높은, 그리고 모든 가능한 속성보다 더 높은 존재로 표현된다. 그 어떤 것도 그분에 대한 개념, 즉 그분의 덕성도 지식도 아름다움도 선함도69) 그리고 단일성도 전해 줄 수 없다. 왜냐하면 우리가 단일성이라 부르는 것은 첫 번째 원인의 이미지일 뿐이기 때문이다.70) 우리가 그분에 대해 아는 것은 그분이 존재한다는 것이다. 우리에게 그분은 표현할 수 없고 이름 없는 존재이다.71)

신에 대해 말하는 첫 번째 방법에서, 플라톤의 영향과 아리스토텔레스의 형이상학, 심지어 스토아학파의 자연철학의 영향을 인정하기는 쉽다. 두 번째 방식에서는 완전히 다른 개념체계가 나타나는데, 그것은 신플라톤주의 합일 사상과 카발라의 아인소프 사상이다. 아인소프는 세피로트와 이 세상을 지배하는 신비 중의 신비, 알 수 없는 분 중의 알 수 없는 분이다.

이것은 필론의 종교적 신념이나 철학적 견해 때문에, 필론이 피조물과 신의 순수한 에센스 사이의 매개체로 제시하는 것들에도 적용된다. 그것은 천사들, 말씀, 그리고 신의 힘이라는 다소 애매한 이름으로 말하고 있는 것들이다.

그리스 이원론이 진지하게 받아들여지고, 지성적 원리가 질료에 대해 직접 작용하고, 신이 세상의 조물주로 인식될 때, 그때 말씀 또는 로고스는 신의 개념이 되는데, 즉 이것은 만유가 형성되는 기본 틀인 모든 개념의 거처가 된다. 신의 말씀과 신의 메신저들 즉 천상 위계의 각 단계에 있는 천사들은 개념 그 자체들이다. 이러한 견해는 다음의 단편에서 이렇게 표현되어 있다.

평범하게 말하자면, 지성적인 세계는 신이 세상을 창조하려고 준비하였을 때 그분이 지닌 생각일 뿐이다. 이는 건축가가 계획에 따라 실제의 도시를 건설하기 전에 마음으로 관념적인 도시를 생각하는 것과 같다. 그 관념적인 도시가 공간을 점유하지 못하면, 단지 건축가의 마음속에 있는 그림일 뿐인 것처럼, 지성적인 세계도 물질적 우주에 대한 계획이 구상되고 있는 신의 생각일 뿐이다. 최고지성의 힘은 말할 것도 없고 이 순수한 힘 중 단 하나라도 수용하고 포용할 수 있는 곳은 없다.72) 이들이 무형의 지성적 세계, 즉 가시적이고 물질적인 세계의 원형을 만든 힘이다.73)

다른 곳에서74) 필론은 신의 힘과 신의 생각은 하나이며 같은 것이라고 말한다. 신의 힘과 신의 생각의 임무는 각 개체에 적절한 형상을 부여하는 것이다. 천사들에 대해서도 거의 같은 방식으로 언급이 된다. 천사들은 영원한 이성 또는 덕성의 여러 특별한 형상을 표현하고 있으며, 신의 공간 즉, 지성적 세계에 거주한다.75)

천사들이 직접 의존하고 있는 힘, 즉 대천사는 우리가 이미 알고 있듯이, 로고스 자체이다. 그러나 작가(필론)의 개념에 따르면 이러한 경향과 역할은, 신이 만물의 진정한 거처로 그리고 내재적 원인으로 나타날 때 완전히 변한다. 여기서는 자신의 본질이 존재하지 않는 물질의 여러 형상에 대한 모습은 다루지 않겠다. 그러나 모든 개념은 자신의 지성적 가치를 조금도 잃어버리지 않은 채, 실질적인 실체가 되고, 서로에게 종속된 능동적 힘이 되지만, 하나의 실체, 하나의 힘, 단 하나의 지성 안에 묶여 있다.

이리하여 지혜 또는 말씀은 천상의 모든 영향력 중 첫 번째가 되며, 별개의 힘이 되지만, 절대적 존재와 분리되지 않는다. 지혜는 땅에 물을 대고 생기를 주는 샘물이요, 혼들의 감로(甘露)를 전능자의 술잔을 따라 올리는 분이다. 지혜는 그 자신이 이 감로이며, 신의 첫 번째 자식이며, 모든 존재의 어머니이다.76)

지혜 즉 말씀은 또한 신의 사람이라고도 불리는데, 이는 땅의 사람이 6일째 그 형상으로 창조되었고, 성경이 신의 형상이라고 부른 형상이 바로 영원한 말씀이기 때문이다.77) 지혜는 우주의 대제사장인데 즉, 무한과 유한의 중재자이다. 지혜는 한 분의 신에 대한 믿음을 해치지 않으면서 두 번째 신으로 여겨질 수 있다.78) 성서는 이것을 염두에 두고 신에 대해 호칭들이나 이름을 부여한다. 왜냐하면 첫 번째 지위는 말로 표현할 수 없는 존재에게 속한 것이기 때문이다.79) 필론은 말씀이 때때로 물질적인 형상으로 인간에게 모습을 드러낸다고 하는데, 이런 주장은 이런 표현들이 사실상 인격화를 가리킨다는 것임을 확신시켜준다. 이것은 족장 야곱이 꿈에 본 말씀이고, 불타는 덤불에서 모세에게 이야기한 말씀이기도 하다.80)

강물이 근원에서 솟아나듯이 어떻게 최고의 말씀에서 다른 말씀이 발출되는지는 이미 보았다. 이 두 번째 말씀이 선이며, 창조적 덕성이며, 실체화된 플라톤의 이데아이다. 선 아래에는 정의로 모든 피조물을 다스리는 왕권(royal power))이 있다.81) 이 세 개의 힘 중에서 뒤에 두 개의 힘(선과 왕권)은 인간에게 그 작용이 한정될 때 자비와 정의라고 불린다.82) 세 개의 힘 모두는 아브라함을 방문한 세 천사의 모습으로 지상에 한 번 나타났다.83)

그들은 이 세상에서 조화로움과 눈에 보이지 않는 선함을 이루며, 다른 한편으로는 그들은 신의 현존이며 영광이기도 하다. 그들은 지상으로 내려오면서 그 무한의 빛이 점차 어두워졌다. 왜냐하면 그들 각자는 그림자이자 빛이기 때문이다. 그들은 위에 있는 것의 그

림자요, 그들 영역의 아래에 있는 것의 빛이며 생명이다.[84]

끝으로 그들의 움직임이 모든 곳에 존재하고, 그들의 형상이 우주의 형상들로 나타나지만, 근원적 존재의 본질을 이해하는 것이 불가능하듯이 그들의 본질을 이해하는 것은 불가능하다. 필론에 의하면, 이것이 모세가 신의 얼굴을 보여달라고 요청하였지만 실패하고 모세가 최소한 그분의 영광 즉, 그분의 보좌를 둘러싸고 있는 힘들을 보여달라고 간청했을 때, 신이 모세에게 가르치신 것이라 한다.[85]

앞에서 보았듯이 여러 종류의 덕성을 나타내는 개념(ideas)으로 묘사되는 천사들은 시인들과 성서 작가들의 성향에 따라 인격적으로 나타날 뿐 아니라, 에테르 안에 떠돌아다니는 혼으로, 때로는 인간 육체 속에 거주하는 혼들과 결합한 모습으로 보이기도 한다.[86] 그들은 자연의 모든 요소와 모든 부분에 생명을 불어넣는 실제적이고 살아있는 실체들을 형성한다. 이것에 대한 증거는 다음 구절에서 볼 수 있다.

모세는 다른 나라의 철학자들이 악마라 부르는 존재를 천사라 부른다. 이들은 공중에 떠다니는 혼들로 아무도 이들의 존재를 부정해서는 안 된다. 왜냐하면 우주의 모든 부분은 생명이 있어야 하고, 각각의 구성 요소에는 살아있는 존재가 거주해야 하기 때문이다. 이처럼 지구에는 동물이 살고 있고, 바다와 강에는 물에 사는 생명이, 불 속에는 불도마뱀이 하늘에는 별이 있다. 사실 별들이 순수하지 않고 신성한 혼이 아니라면, 당연히 영에게만 속한 원운동이 별에 부여되지 않을 것이다. 그러므로 공중에도 우리 눈으로는 볼 수 없지만 생명체가 거주하는 것이 틀림없다.[87]

카발라와 유사한 철학　215

필론의 열렬한 동방 사상 편애에도 불구하고, 그의 혼합주의와 이중적 방향성은 그가 인간에 대해 다룰 때 가장 잘 나타난다. 플라톤과는 달리, 그는 물질적 존재 속에서 영원한 이데아의 희미한 흔적을 보는 것으로 만족하지 않는다. 그는 나아가, 감각의 도움이 없으면 높은 수준의 인식에 이를 수 없으며, 물질세계의 모습이 없으면 비물질적이고 보이지 않는 세계의 존재에 대해 의심조차 할 수 없다고 주장한다.[88]

그런 다음 그는 감각의 영향이 절대적으로 해로운 것이라고 선언하면서, 사람들은 감각과 모든 관계를 끊고 자신 안에서 안식처를 찾으라고 명령한다. 그는 인간을 구성하는 이성적이고 지적인 혼과 우리 신체 기관이 자신에게 필요한 지식과 생명을 빌어오는 감각적 혼 사이에는 깊은 간격이 있다고 한다. 감각적 혼은 모세가 말했듯이 피 안에 있으며,[89] 이성적 혼은 신의 본질의 발출이고 신의 본질에서 분리될 수 없는 하나의 반영물이다.[90]

이렇게 과장된 관점에도 불구하고 필론은 여전히 인간 혼에 대한 플라톤적 관점을 유지하고 있는데, 그것은 생각, 의지, 욕망이라는 세 가지 요소를 인정하는 것이다.[91] 많은 곳에서 그가 "순환 학문"(encyclical sciences)이라 부르는 것, 즉 그리스인이 매우 소중히 여기는 외적인 문화를 낳는 지식과 웅변술을 가지고 지혜를 준비할 필요성이 있다고 역설하고 있다. 그는 우리 마음이 더 수준 높은 학문을 갈망하기 전에 이런 세속적 지식으로 양육되어야 하는데, 이는 육체가 좀 더 실질적인 음식을 소화할 수 있게 되기 전에 우유로 양육되어야 하는 것과 마찬가지라는 것이다.[92] 이런 지식을 얻기를 게을리하는 자는 아벨이 형제 살인자인 형의 일격에 굴복했던 것처럼 이 세상에 굴복하고 말 것이라고 한다.

또 다른 곳에서 그는 완전히 반대의 내용을 가르친다: 우리가 있는 그대로의 진리에 대한 명상과 지성 속에서 살 수 있도록, 말과 외모는 육체와 감각이 경멸 되듯이 그렇게 경멸 되어야 한다. 신이 아브라함에게 자기 고장과 가족과 아버지의 집을 떠나라고 하신 명령은 우리가 육체와 감각과 말을 떠나야 한다는 뜻이다. 육체는 우리가 살아야 하는 땅의 부분이며, 감각은 생각의 종이고 형제이며, 끝으로 말은 우리의 진정한 아버지인 지성의 덮개이고, 어떤 면에서는 지성의 거처일 뿐이다.93)

똑같은 생각이 하갈과 이스마엘에 의해 좀 더 풍부한 표현 속에 상징적으로 재현된다. 주인의 집에서 그토록 수치스럽게 쫓겨난 반항적인 여종과 그녀의 아들은 순환 지식과 그것이 낳은 궤변술을 상징한다. 더 높은 수준의 영적 지식을 갈망하는 사람은 누구나 히브리 족장을 본받아야 함은 더 말할 필요도 없다.94)

그러나 혼이 지성 안에서 피난처를 삼을 때, 그 혼은 거기에서 적어도 자신을 완성하고, 자신을 통해 진리와 지혜에 도달할 방법을 발견할까? 필론이 이 문제에 긍정적으로 대답했다면, 그는 플라톤의 가르침을 넘어서지 못했을 것이다. 플라톤에 있어서는 육체와 감각을 떠나 평생 죽는 법을 배우려고 애쓰는 자만이 진실로 지혜로운 사람이다.95) 그러나 우리의 알렉산드리아 철학자(필론)는 이 경계를 넘어간다. 왜냐하면 이성에서 빌려온 지식과 철학이 주는 계몽 외에도, 사람은 또한 신에게서 직접 나오고 은총으로 주어지는 높은 지식과 계몽이 필요하기 때문이다.

필론은 이렇게 말한다. 성서에서 신이 사람에게 말씀하셨다는 것을 읽을 때, 실제로 목소리가 대기를 진동시켰다고 믿으면 안 되고, 그 인간 혼이 순수한 빛에 의해 비추어졌다고 믿어야 한다. 신의 말씀은 오직 이러한 방법으로만 인간에게 전달된다. 다시 말해서, 율법이 시나이산에서 선포되었을 때, 성서는 목소리가 〈들렸다〉고 말하지 않고, 모인 사람들에게 목소리가 〈보였다〉고 말한다. 여호와가 말씀하시기를 "너희는 내가 하늘에서 너희에게 말한 것을 보았다."라고 하셨다.96)

이것은 하나의 기적을 설명하고 있는 것이므로, 합리적 지식이나 단순히 개념에 대한 깊은 사색을 뜻하는 것일 수는 없고, 신비적으로 이해되는 계시에 대해 말하는 것이다. 우리는 신의 사역에 대한 명상을 통하여 그분에게로 올라가는 대신 우리에게 직접 현시하는 신을 통하여 우리가 신을 알 수 있다는 가능성을 제공하는 다른 구절에도 같은 의미를 부여할 것이다. 그가 덧붙이기를, 이러한 상태에서 우리는 한눈에 신의 본질과 말씀의 본질과 우주의 본질을 이해할 수 있다고 한다.97)

필론은 자신이 "미덕의 여왕'이라 부르는 믿음을 모든 선(善) 가운데 가장 완벽한 것으로 보며, 이것이 우리를 신의 속성과 합일시키는 접착제라고 본다.98)

유다(Judah)와 다말(Tamar)의 이야기에 그려지는 것이 믿음이다. 왜냐하면 유다가 얼굴을 가린 다말의 베일을 들춰보지도 않고 다말과 잠자리를 한 것 같이 믿음은 우리를 신과 합일하게 하기 때문이다.

필론은 인간의 자유에 대해 말할 때, 지식의 속성과 기원을 설명할 때와 같은 망설임을 보인다. 그에게서 때때로 인간은 자유롭다고 하는 스토아학파의 가르침이 승리하는데, 이 말은 예외 없이 모든 피조물을 지배하는 필연성의 법칙이 인간에게는 존재하지 않는다는 뜻이다. 그리고 인간의 특권인 자유로운 선택은 동시에 인간에게 자신의 행위에 대한 책임을 부과한다. 그래서 모든 존재 중 인간만이 덕을 행할 수 있다. 그리고 이 때문에 선함의 개념을 통해 우주 속에 자신을 현시하고자 하는 신은 인간 혼보다 더 고귀한 성전을 발견하지 못했다고 말할 수 있다.99)

그러나 이 이론은 진실하고 지혜롭기는 하지만, 이전에 설명한 몇 가지 일반 원리, 예컨대 본질의 단일성과 빛의 발출을 통한 존재의 창조, 그리고 심지어 플라톤의 이원론과 모순된다.

우리의 철학자(필론)는 또한 반대 견해를 위해 이 이론을 버리는 데 망설임이 없다. 그는 분명히 반대 견해에 더 편안함을 느끼는 것 같다. 반대편 견해는 그의 풍성한 반(半) 동방(東邦) 기풍과 그의 타고난 천재성의 원천을 보여준다. 여기서 그는 인간에게서 도덕적 책임뿐 아니라 자유로운 선택권도 뺏어버린다. 일반적으로 이 세상을 지배하고 있는 존재로, 우리 자신의 책임이라고 생각하는 악이란 것은, 인간을 창조할 때 신의 로고스와 함께 참여했던 열등한 힘들의 작품이거나 물질의 불가피한 열매였다.100) 반면에 선함은 신에만 속한다. 신이 아담을 창조하실 때 자신에게 협력할 하위의 일꾼들을 부르신 것은, 최고의 존재가 악에 참여한다는 것이 합당하지 않기 때문이다. 우리의 행위와 생각에서 선한 모든 것은 신에게 돌려져야 한다.101)

이 원리에 따르면, 자신을 어떤 작품의 저자로 생각하는 것은 자랑하는 짓이며 불경스러운 일이다. 그렇게 하는 것은 우리 혼 속에 선의 씨를 넣으시고 그것을 발아시킬 자격이 있으신 신과 자신을 비교하는 일이기 때문이다.102)

필론이 은총이라 부르는 이 속성이 없으면 우리는 악에 삼켜져서 무(nothingness)나 물질과 뒤섞여 버릴 것이다. 필론은 "은총은 신과 혼 사이에 조정자로 봉사하는 천상의 처녀이다. 신은 제공하고 혼은 이것을 수용한다. 기록된 율법 전체는 단지 은총의 상징이다."라고 말한다.103)

이 신비한 요인(은총)과 함께, 필론은 도덕적 책임과 그리고 결과적으로는 자유로운 선택을 위태롭게 하는 또 다른 요인을 받아들인다. 그것은 선의 되돌림(reversibility of good)이다. 의인은 악인의 속죄 제물이며, 신은 의인을 위하여 악인에게 자신의 한량없는 보화를 아낌없이 주신다.104) 카발리스트들에게 수용되어 우주 전체에까지 적용된 이 교리는 근본적으로 은총의 전개를 말한다. 은총만이 의인에게 공덕을 가져다준다. 그런데 왜 악인에게는 은총이 같은 통로를 통해 올 수 없는가?

인간의 자유에 대한 또 하나의 장애물인 원죄에 대해서 필론의 글 속에서 그 정의를 찾아내는 것은 불가능한 일이 아닐 것이다.105) 그러나 그런 중요한 주제에 대해서는 좀 더 명확하고 확실한 증거가 필요하다. 확실하게 주장할 수 있는 것은 필론은 삶 자체를 상실과 강제의 상태로 보았다는 것이다. 그는 결과적으로 인간이 삶으로 깊이 들어갈수록 또는 의지나 지성을 통해 자연의 영역으로 깊이 통과할수록, 인간은 신에서 떠나 방황하게 되며, 왜곡되고 타락한다고 믿었다. 이 원리가 필론의 도덕성에 관한 거의 유일한 기반이다.

때때로 모순에 부딪히지만, 필론에 대한 그리스 철학의 영향은 언어에만 미치지만, 배경은 완전히 동방적이며 신비주의적이다. 예를 들면, 안티스테네스(Antisthenes, 444?-365? BC)와 제논(Zeno, 335?-263? BC)이 그러듯이, 필론이 본성에 따라 살아야 한다고 말할 때, 그는 육체에 대한 영(spirit)의 전적인 지배, 감각에 대한 이성의 전적인 지배로 이해할 뿐 아니라, 의심할 여지 없이 자신이 해석하고 이해한

대로 계시된 모든 율법을 준수하는 것으로도 이해한다.106)

플라톤과 스토아학파처럼, 그가 후에 "4대 덕목"이라고 부르게 된 것을 받아들일 때, 그는 그것들을 열등하고 순전히 인간적인 덕목으로 표현한다. 그는 이런 덕목들 위에 이들의 공통되는 근원으로, 선 또는 사랑을 보여주는데, 이는 오직 신과 관계가 있는 순전히 종교적 덕목이다. 그것은 신의 이미지이며 신의 가장 순수한 발출이다. 그것은 에덴동산, 즉 신의 지혜에서 직접 발원하는데, 거기서 오직 신 안에 있는 기쁨과 즐거움이 발견된다. 이런 의미에서 그가 덕과 지혜를 동일시하는 것으로 보이고, 소크라테스의 예를 따르는 것 같다.107)

끝으로 필론이 아리스토텔레스의 용어를 사용하여 덕이 세 가지 근원, 즉 지식, 본성, 실천에서 나온다고 말할 때, 그의 사상이 아리스토텔레스에서 온 것으로 보지 않도록 주의해야 한다.108) 필론에 의하면 진정한 지식과 지혜는 우리 지성의 자연적인 발달로 생기는 것이 아니라, 신의 은총으로 우리에게 주어지는 것이다. 그리스 철학자(아리스토텔레스)에 의하면, 본성 자체가 우리가 선을 향하도록 몰고 간다. 필론에 의하면 인간에게는 완전히 상반되는 두 가지 본성이 있는데, 이들은 서로 갈등하고 이 중 하나는 필연적으로 다른 것에 굴복하게 되어, 그 둘은 모두 폭력과 속박 상태 속에 있어 휴식을 취하지 못한다. 그래서 도덕적 완전성을 얻는 그의 세 번째 방법이 나오는데, 그것은 욕망에 대한 의지와 이성의 통제를 대신하는 최고 수준의 금욕이다.

문제는 악을 감소시키거나 일정한 범위 안에 가두어 놓는 것이 아니라, 악의 흔적이 조금이라도 남아 있는 한 그것을 끝까지 추적하여, 가능한 한 그 뿌리와 가지를 없애야 한다는 것이다. 왜냐하면 필론은 우리가 이 세상에서 경험하는 악은 완전히 우리의 애착 안에 있고, 혼의 본성에는 절대적으로 이질적이라 생각하기 때문이다.109)

필론의 용어를 쓰자면 그 애착(passions)은 육체에서 기원한다. 그러므로 우리는 육체를 굴복시켜야 한다. 어떤 방식으로든 어떤 경우에든 싸워 이겨야 한다.110) 삶이라 부르는 이 징벌의 상태에서 우리 자신을 끌어올려야 한다. 사라져버릴 소유물에 절대적으로 무관심함으로써, 육체라고 부르는 감옥에서 자유를 다시 찾아야 한다.111)

결혼의 목적과 결과가 이 불행의 상태를 지속시키는 것이기 때문에, 필론은 노골적으로 결혼을 비난하지는 않지만, 결혼을 치욕적인 필수품으로 보고, 선택된 혼들만이라도 이것에서 벗어나야 하는 것으로 본다.112)

이것은 대체로 금욕생활의 주요한 특징인데, 테라퓨틱스 교파(Therapeutic sect, 이집트의 경건한 유대 단체)에 의해 이것이 실행되는 것을 봤던 필론이지만 필론은 우리에게 더 많은 것을 생각하게 하고 더 많은 것을 보여준다. 그러나 금욕생활은 하나의 수단일 뿐이다. 금욕생활의 목적, 다른 말로 도덕성의 목적은 최고 수준의 완전함과 행복 그리고 실존이고, 이것은 혼이 자신을 완전히 잊고, 열정과 사랑을 통해 신과 합일하는 것이다.

다음은 마치 현대의 어떤 신비주의자에게서 가지고 온 것처럼 믿어지는 구절이다.

오, 나의 혼이여! 그대가 천상의 선물을 상속받고자 한다면, 우리의 첫 번째 족장이 그러했듯이 그대가 사는 땅 즉 육체와 그대가 태어난 가족 즉 감각과, 그대 아버지의 집 즉 말씀을 버리는 것이 필요하다. 그뿐만이 아니라, 신에 대한 열정에 취한 코리반트들(Corybants)처럼 자신에게서 벗어날 수 있도록 자신을 버려야 한다. 천상의 축복인 유산은 열정으로 가득 찬 혼이 더 이상 그 자체로 살지 않는 곳에 있고, 혼이 기쁨으로 신의 사랑에 뛰어들고 그래서 그것에 이끌려서 아버지에게로 올라가는 곳에만 있기 때문이다. 일단 모든 욕망에서 해방된 혼은 주님 앞에 바쳐진 포도주처럼 자신을 쏟아붓는다. 신 앞에 자신의 혼을 쏟아붓는다는 것, 즉 이 죽을 운명인 삶에 대한 근심의 사슬을 끊는다는 것은 자신의 자아에서 벗어나는 것을 뜻하기 때문이다. 이렇게 하여 우주의 한계에 도달하고 항상 존재하신 그분이 계신 천상의 모습을 즐기게 된다.113)

명상 생활은 비록 그것이 인간이 선택할 수 있는 유일한 것이 아닐지라도, 사랑을 원칙으로 하고 인간의 안녕을 목표로 하는 모든 사회적 덕목 위에 있다.114) 예배조차도 -외적인 예배를 의미 - 우리가 찾고자 하는 목표로 우리를 인도할 수 없다. 필론은 실로 이 점에서 매우 혼란스러워한다.

육체가 혼의 거처이므로 육체를 돌보아야 하는 것과 똑같이, 우리는 성문 율법을 지켜야 한다. 왜냐하면 그것에 더 충실하면 할수록, 우리는 그것이 상징하는 바를 더 잘 이해할 것이기 때문이다. 이에 덧붙여, 우리는 대중의 비난과 고발을 피해야 한다.115)

마지막 말은 편지의 추신과 많이 닮아 보인다. 이 마지막 말이 필론의 생각을 표현하고, 그와 카발리스트들 사이의 긴밀한 관계를 분명히 해준다. 그것은 또한 탈무드학자들이 그리스 학문에 입문한 그들의 형제들에 대해 가졌던 견해를 정당화해 준다.

지금까지 말한 것 중에서 카발라의 기원에 대해 아주 중요한 두 가지 추론을 얻을 수 있다. 첫째는 카발라 가르침이 필론의 저작에서 나온 것이 아니라는 것이다. 모든 그리스 사상 -사실은 모든 그리스 문명-이 필론의 저서에 참으로 많은 흔적을 남겼는데, 왜 카발리스트들의 오래된 작품들 속에서는 그것이 발견되지 않는 것인가? 반복하지만, 「조하르」와 「창조의 서」 어디에도, 프톨레마이오스 왕조가 이집트 땅에 이식시킨 장엄한 그리스 문명의 흔적이 전혀 없다.

시메온 벤 요하이와 그의 친구들이 또는 조하르의 저자가 누구든 그 사람이, 필론의 작품이 그들의 유일한 지침서였다면, 그들이 필론의 작품만 가지고, 알렉산드리아 학파가 거의 이름을 말하고 있지 않은 여러 그리스 철학자에게서 빌려온 사상과, 만물의 본질이고 형상인 내재적 원리라는 개념에 근거하는 또 다른 가르침에 속한 사상을 구별해 낼 수 있었을까? 그런 가정은 논의할 가치가 없다.116)

더구나 우리가 필론의 혼합주의 속에 있는 동방 사상으로 언급한 것은, 중요한 부분에서 팔레스타인의 현자들이 가르친 신비주의와 일치하지 않는다. 필론에 의하면, 5개의 신의 힘 또는 특질이 있을 뿐이지만, 카발리스트들은 10개의 세피로트를 말한다. 비록 그가 열정적으로 자신의 교리를 설명하더라도, 필론은 언제나 절대적 존재와 그 힘들 또는 본질과 그 특질들이라는 이원론을 견지하고 있어, 그 둘은 건널 수 없는 깊은 간격으로 분리되어 있다.

카발리스트들은 세피로트를 사물의 절대 원칙이 스스로를 한정하는 다양한 경계로 보거나 그들 자신의 표현 방식으로는 '그릇들'로 본다. 그들은 덧붙이기를, 신의 본질이 철수하면 그릇들은 깨져서 흩어진다고 한다. 또 그들은 존재와 생각의 동일성을 분명하게 가르쳤다는 점을 기억할 필요가 있다. 필론은 물질이 신과 구별되는 하나의 원리이며, 신처럼 영원하다고 하는 플라톤과 아낙사고라스(Anaxogoras)의 사상에 무의식적으로 지배당하고 있어서, 그는 자연스럽게 삶이 상실의 상태이며 육체는 감옥이라는 생각을 하게 되었다고 본다.

이것은 또한 그가 왜 결혼을 경멸했는지를 설명해 준다. 그는 결혼을 단지 육체의 욕구 충족으로 간주했다. 반면에 카발리스트들은 관능적인 욕망에 지배되지 않았던 창조의 초창기에 인간이 지금보다 더 행복했다는 성서의 내용에 동의하기는 하지만, 여전히 일반적으로 삶을 필요한 시련이라고 본다. 즉 유한한 존재가 자신을 신에게 들어 올려 무한한 사랑 안에서 신과 합일하는 수단으로 인생을 본다. 카발리스트들에게 결혼은 상징일뿐 아니라, 이 신비한 합일의 시작이며 첫 번째 조건이다. 그들은 결혼을 혼과 하늘의 영역으로 가져가는데, 그것은 상호 완성을 통한 두 혼의 합일이다. 끝으로, 필론이 성서에 적용하는 해석 체계는 기본적으로 카발리스트들의 방법과 일치하지만, 그들의 본보기가 될 수는 없었을 것이다.

필론은 확실히 자기 조상들의 언어에 완전히 무지하지는 않았다. 그러나 그가 알렉산드리아 유대인들이 사용했던 70인 역 그리스 성서만을 가지고 있었다는 것은 쉽게 입증할 수 있다. 그의 신비적 해석은, 주로 이 번역본의 표현과 순전히 그리스 어원학에 근거하고 있다.[117] 그러면 성스러운 언어(히브리어)에 적용되지 않으면 그 힘을 완전히 잃게 되는 「조하르」에 사용된 독창적인 절차는 어떻게 된 것인가?

그럼에도 불구하고 만약 필론과 카발리스트들이 그들의 철학 체계의 기초가 되는 성경 구절의 선택에 동의한다면, 또는 언어를 별개로 치고, 만약 같은 상징이 같은 개념을 불러일으킨다면. 이런 형식의 차이는 그다지 중요하지 않아 보일 수도 있을 것이다. 그러나 이것은 전혀 그렇지 않다는 것이다. 『조하르』나 『창조의 서』에서 알렉산드리아 철학자(필론)의 유일한 재산이라고 생각하는 풍부하고 독창적인 비유의 흔적을 전혀 발견할 수 없다.

이들 작품(조하르, 창조의 서)에는 우리의 첫 어머니인 이브 속에 있는 감각들의 인격화, 악을 권한 뱀 속에 있는 관능미의 인격화, 뱀의 충고를 들은 후에 아담이 이브, 즉 감각과 결합하여 나온 카인에게 있는 이기주의의 인격화, 육체를 완전히 부정했으나 세속적인 것에 대한 무지로 인해 굴복하는 아벨의 정신적 유형(有形, type)의 인격화, 아브라함이 지닌 신성 지식의 인격화, 하갈의 세속적 지식의 인격화, 사라의 덕성의 인격화, 이삭 속에서 거듭난 인간의 원초적 본성의 인격화, 야곱의 금욕적 덕성의 인격화, 다말의 믿음의 인격화에 대해 어떤 언급도 없다. 이런 이유로 필론의 작품은 카발라에 아무런 영향도 끼치지 못했다고 말할 수 있다.

이제 우리는 이들 작품과 필론의 성격에서 끌어낼 수 있는 두 번째 추론에 이른다. 우리는 필론이 얼마나 무분별하게 그리고 얼마나 건전한 논리를 무시하고, 그리스 철학 전체를 약탈했는지를 보았다. 그런데 우리는 왜 카발라 체계의 지배적 원리를 생각나게 하는 그의 견해에 뛰어난 독창성이 있고, 더 현명하고 더 깊이가 있다고 신뢰해야 하는가? 그가 자기와 같은 종교를 지닌 사람들의 전통 중 일부에서 이미 다 만들어져 있던 이런 자료를 찾아냈고, 단지 그것을 자기 상상력을 가지고 화려하게 다듬었을 것으로 생각하는 것이 타당하지 않은가? 이런 전통들은 아주 오래되었다. 왜냐하면 알렉산드리아 유대인 사이에서 예루살렘에 대한 기억과 자기 조상들의 언어가 완전히 사라지기 전에 이집트가 이스라엘로부터 그것들을 받아들인 것이 분명하기 때문이다.

다행히 추측에 의존할 필요가 없다. 우리가 논의하고 있는 사상 중 일부가 그리스도교 시대에 앞서 1세기 전에 이미 알려져 있었음을 결정적으로 증명하는 사실들이 있다. 첫째는, 필론 자신이 우리에게 자신이 자기 민족의 장로들에 의해 보존된 구전 전승에서 가지고 왔다고 확인시켜준다.118) 이 구전 전승은 테라퓨틱스 교단의 오래된 신비주의 서적인 『데 비타 컨템플라티바(De Vita Contemplativa)』와 성서의 모든 부분에 예외나 유보 없이 적용되는 비유적 해석법이다.

그는 말하기를 "그들에게는 율법 전체가 육체는 글자로 표현되고, 혼은 매우 깊은 의미로 표현되는 살아 있는 존재와 같았다. 거울을 통하여 보듯이, 이성적 혼은 단어를 통하여 가장 은밀하고 놀라운 경이를 발견한다."119)

같은 비유가 「조하르」에서도 사용되고 있음을 기억하자. 육체를 덮는 율법의 옷이 있는데, 이는 성서의 세속적 사실을 뜻하는 것이고, 혼 위에는 더욱 거룩한 혼인 신의 말씀이 있는데, 이는 모든 영감과 진리의 원천이라고 하는 점이 다르다. 그러나 필론의 증언보다 훨씬 더 오래되고 믿을 만한 증언이 있다. 그중에 가장 중요한 증언, 즉 유명한 70인 역 그리스 성서를 가지고 이야기를 시작해본다.

탈무드는 이 유명한 번역판에 수많은 오류가 있음을 막연히 알고는 있었으나, 이 번역판을 매우 존중했다. 현대 비평학은 그 번역본이 성서의 신인동형론에 대단히 적대적인 체계를 위해서 만들어졌으며, 그 속에서 필론의 신비주의의 씨앗이 발견될 수 있음을 분명하게 입증했다.120) 그러므로 성서 본문(출애굽기 24:9-10)에 모세와 그의 형과 70명의 장로가 사파이어의 보좌 위에 앉으신 이스라엘의 신을 보았다고 분명히 기록하고 있는데, 이 그리스 번역본에서는 그들이 본 것은 신이 아니라 그의 거처라고 말한다. 또 다른 예언자 이사야가 보좌에 앉으신 신과 신의 옷자락이 성전을 가득 채운 것을 보았다(이사야 6:1)고 했는데, 70인 역 성서는 이 이미지가 너무 물질적으로 보여서 이것을 히브리인들의 쉐키나 즉 "신의 영광"으로 바꾸었다. 또 여호와는 모세와 얼굴과 얼굴을 마주 대하고 말한 것이 아니라 환상 속에서 말씀했다고 하는데(민수기 12:8), 이 번역자의 생각에는 이 환상이 순수하게 지적인 일이었을지도 모른다.

지금까지는 신인동형론의 파괴와 신의 개념을 인간 지성 너머의 신의 고상한 이미지에서 분리하려는 열망을 보았다. 그러나 더욱 흥미를 끄는 사안들이 있다. 만군의 주님(Lord Zebaot), 즉 성서에서 전쟁의 불길을 일으키고 스스로 전쟁터로 진군해 가는 또 하나의 군신(軍神)으로 묘사하고 있는 신(여호와께서 용사처럼 나서시고 전사처럼 큰 소리로 고함을 지르며 그 원수를 압도하실 것이다. 이사야: 42:13)에 대해, 그리스 번역본은 그를 최고의 신이 아니라, 필론이 자기의 작품에서 자주 말하는 주님의 군대라고 하는 것을 볼 수 있다.

또 "새벽의 자궁에서 태어난 이슬(새벽의 자궁에서 나온 이슬 같은 주님의 청년들은 당신의 것입니다. 시편 110:3)"이라는 비유에 대해, 이 무명의 성서 번역자는 그것을 신이 새벽 별보다 먼저 그분의 품에서 낳은 신비한 존재, 즉 세상과 별들보다 앞선 신의 빛인 로고스로 대체한다.

아담과 이브에 대해 말할 때 그리스 번역본은 신이 그들을 남자와 여자로 창조하셨다는 본문(창세기 1:27)을 엄격히 고수하려고 한다. 그러나 이 이중적 특성인 인류의 두 반쪽은 하나 안에 합일 되어 있는 같은 존재이며, 이것은 분명히 원형 인간인 아담 카드몬이다.

이 흥미로운 기념비적 번역본에서 우리는 또한 수론(數論)과 이데아론의 흔적을 분명히 볼 수 있다. 예컨대, 번역본에서 신은 일반적인 의미에서 천지의 창조주가 아니다. 그분은 단지 그것들이 전에 보이지 않는 상태에서 보이게 하였다(이사야 45:18). 히브리 예언자는 묻는다. "누가 이 모든 것을 창조하였느냐?" 이것을 알렉산드리아의 번역자(그리스 번역본)는 "누가 이 모든 것을 눈에 보이게 하였느냐(이사야 40:26)?"라고 해석한다. 같은 예언자(이사야, 40:26)가 우주의 주님께서 수많은 군대에게 하는 것처럼 별들을 명령하신다고 표현한 것을, 우리의 번역자(그리스 번역본)는 신이 수(數, Number)를 가지고 세상을 지으셨다고 한다.

이런 구절에서 플라톤과 피타고라스의 사상에 대한 간접적인 언급이 쉽게 발견되지만, 수 이론(theory of numbers)은 비록 다듬어지지 않은 형태로지만 「세페르 예치라」에도 나오고 있고, 이데아론은 조하르의 형이상학에서 절대로 분리될 수 없다는 것을 잊지 말아야 한다.

덧붙이고 싶은 것은 「세페르 예치라」에서 발견되는 피타고라스 원리의 응용이 글자 그대로 필론의 저작물에서 재현되고 있으나, 그리스어로 글을 쓴 다른 어떤 철학자의 글에서도 찾아볼 수 없다는 것이다. 7이라는 숫자의 영향 때문에, 우리가 7개의 주요 기관, 즉 오감과 언어기관 및 생식기관을 가지고 있고, 같은 이유로 혼의 7개 문, 즉 눈 두 개, 귀 두 개, 콧구멍 두 개, 입 한 개가 있다.121)

70인 역 성서에는 나중에 영지주의 가르침에서 사용된 또 하나의 카발라 전통이 발견된다. 성서에서 "최고 높으신 자가 이스라엘 자손의 숫자대로 민족의 경계를 정하였다."라고 말하지만, 알렉산드리아 번역본에는 "주님의 천사 숫자에 따라 민족의 경계를 정하였다"(신명기 32:8)라고 되어 있다.

분명히 이상하고 제멋대로인 이런 해석은 「조하르」에 나오는 구절과 비교하면 이해하기 쉬워진다. 조하르에 보면 지상에 70개의 민족이 있으며, 그들 각각은 천사 한 명의 권세 아래에 있는데, 각 민족은 그 천사를 자기들의 신으로 인정하며, 그 천사는 말하자면 각 민족의 영이 인격화한 것이라 한다. 이스라엘 자손만이 그 천사들 너머에 참다운 신을 가질 권리를 부여받았다. 그 참다운 신이 그들을 자기 백성으로 선택하신 것이다.122) 우리는 70인 역 성서만큼 오래된 한 종교 작가 즉 예수 벤시락(Jesus ben Sirach)123)에게서도 같은 전통을 찾아볼 수 있다.124)

프톨레마이오스(프톨레미) 왕조의 수도에서 번성했던 그리스 철학이 이 유명한 성경 번역본에 큰 영향을 미쳤다는 것은 의심할 여지가 없다. 그러나 우리는 거기에서 명백히 다른 출처에서 가지고 온 개념과 이집트 땅에서 가져올 수조차 없었던 개념을 발견한다.

만일 종교 원리의 비유적 해석, 말씀의 인격화, 절대적 지위와 말씀의 동일시 등과 같이 우리가 언급해온 모든 요인이 다른 근원에서 온 것이 아니라면, 만약 이것들이 그 시기 이집트 사상의 일반적 경향의 결과라면, 70인 역 그리스 성서125)의 마지막 저자들로부터 필론까지 2세기의 기간 동안 그리스 철학사에서 그런 경향에 대해 전혀 언급하고 있지 않은 것은 어떻게 된 일인가?

그러나 우리는 거의 동시대의 또 하나의 기념적 작품을 가지고 있는데, 거기서 더욱 분명한 형태의 히브리 기원이 분명한 같은 정신을 발견한다. 그 책은 시락의 아들 예수의 책으로 보통 『집회서(Ecclesiasticus)』라고 부른다.

이 종교 작가는 그의 손자의 그리스어 번역을 통해 우리에게 알려져 있는데, 손자는 서문에서 예수 벤 시락이 유대를 떠나 이집트에 온 것이 에우에르게테스 2세(Evergetes 2, BC 170-116)의 통치 38년이었다고 말하고 있다. 그러므로 작가가 이 시기 기준으로, 50년을 살아왔다고 추정하면(BC 182년 추정), 그는 그리스도교 시대보다 2세기 앞서 살았던 것이 된다. 자기 할아버지가 히브리어 자료로 글을 썼다는 번역자인 손자의 증언을 맹목적으로 믿지 않고도, 예수 벤 시락이 탈무드에서 요수아 벤 시락 벤 엘리에제르(Joshua ben Sirach ben Eliezer)란 이름으로 종종 칭송되고 있다는 점을 지적하고 싶다.126)

그 책의 원본은 성 제롬(St. Jerome, 342?-420) 시대까지 존재했으므로, 4세기 초까지는 이방인들뿐 아니라 유대인들도 그 책을 자신들의 성스러운 작품들 가운데 하나로 여겼다. 그리고 이 고대 작가의 글 속에서, 우리가 논의해 온 전통뿐 아니라, **로고스 또는 신의 지혜**에 대한 교의를 발견하는데 이는 필론과 카발리스트들이 가르친 것과 거의 같은 형태이다.

(집회서에서) 지혜는 무엇보다 말씀과 같은 신성한 힘이며, 칼데아어 번역판(아람어 번역판. 타르굼)에 나오는 멤라(memra)과 같은 것이다. 말씀은 가장 높으신 분의 입에서 나온 것이다.127) 그것은 순수한 논리적 존재나, 단순한 추상적인 개념으로 볼 수 없다. 왜냐하면 그것은 사람들 가운데에서, 가장 높으신 분의 모임에서, 자신을 드러내고, 자신의 혼을 찬양하기 때문이다.128) 이 천상의 집회는 말씀에

복종하는 세력으로 구성되어 있다. 탈무드와 조하르는 같은 사상을 전하기 위해 아주 유사한 표현을 자주 사용한다.129)

이렇게 등장한 지혜는 신의 첫 번째 자식으로 자신을 드러낸다. 왜냐하면 지혜는 시간이 있기 전에 이미 태초에 존재하였고 시간이 흘러도 없어지지 않기 때문이다.130) 지혜는 언제나 신과 함께 있었다.131) 지혜를 통해서 세상이 창조되었다. 지혜만이 천상의 영역들을 구성하고, 깊고 깊은 심연으로도 내려온다. 지혜의 통치는 바다의 파도와 지상의 모든 지역과, 그 안에 거주하는 모든 민족, 모든 나라에 미치고 있다.132) 지상에서 거처를 찾으라는 신의 명령을 받았기에 지혜는 시온(Zion)에 내려왔다.133)

벤 시락에 따르면 모든 민족마다 한 명의 천사 또는 하위의 힘의 영향 아래에 있다고 하는데 이것을 생각하면, 지혜의 거주지로서 시온을 택한 것은 단순한 비유가 아닌 것으로 보아야 한다. 오히려, 인용된 전승이 분명하게 말하고 있듯이, 그 선택은 신의 영 또는 로고스가 매개체 없이 이스라엘의 예언자들에게 직접 작용했음을 보여준다.134)

지혜가 실체가 아니라면, 그것이 어떤 식으로든 신의 도구나 종이 아니라면, 그것이 어떻게 구름 기둥 속의 보좌에 앉아 있는 것으로 생각될 수 있겠는가? 그 구름 기둥은 분명 사막에서 이스라엘 백성 앞에서 갔던 것과 같은 기둥일 것이다.

요컨대 이 책(집회서)의 정신은 70인 그리스 성서와 옹켈로스(Onkelos)의 칼데아어 역본135)과 마찬가지로, 절대적 존재와 사라져 버릴 세상 사이에 중재하는 힘을 두는 데 있다. 그것은 동시에 영원하며 신의 첫 번째 작품이다. 이 힘이 신을 대신하여 행동하고 말한다. 이 힘 자체가 그분의 말씀이요 창조력이다. 이렇게 하여 유한과 무한 사이의 심연이 메워진다. 하늘과 땅은 더 이상 나뉘지 않는다. 신은 자신의 말씀을 통해 자신을 현시하고, 그 말씀은 우주를 통해 자신을 현시한다. 그러나 신의 말씀은 가시적인 존재들 속에서 먼저 인식될 필요는 없다. 그것은 때때로 신성한 영감의 형태로, 또는 예언과 계시의 은사를 통해 직접적으로 인간에게 온다. 이렇게 한 민족이 다른 모든 민족 위로, 히브리인들에게 율법을 준 한 사람이 다른 모든 사람 위로 올려졌다. 이런 중요한 사안(지혜에 대한 이론)에 대해 신학과 원전 연구 사이에는 아무 갈등이 없음을 덧붙이고 싶다. 왜냐하면 우리가 『집회서』의 가장 정통적인 번역본들, 예를 들면 사시(Sacy 1613-1684)136)의 번역본을 살펴볼 때, 말씀에 대한 언급을 많이 볼 수 있기 때문이다. 우리는 『지혜의 서(The Book of Wisdom, 솔로몬의 지혜, 외경)』에 대해서도 같은 말을 할 수 있다.

> 지혜는 가장 활동적인 것보다 더 활동적이다... 그것은 호흡, 즉 신의 힘의 발출이고, 전능자의 찬란한 빛이 아주 순수하게 쏟아지는 것이다. 그것은 영원한 빛의 반영이며, 신의 위엄을 비추는 결점 없이 깨끗한 거울이며, 신의 선함을 나타내는 형상이다. 그것은 오직 하나이나 모든 것을 성취할 수 있으며, 자신 안에서 변치 않고 쉬고 있으나, 모든 것을 새롭게 한다. 그것은 여러 상황에 따라 거룩한 혼 안으로 들어가 그들을 신의 예언자와 친구로 만든다.137)

그러나 이 작품의 일반적 성격은 필론의 신비주의보다는 플라톤의 철학에 더욱 가까운 것 같다. 그리고 이 책의 연대와 진정한 기원이 밝혀지지 않았기 때문에,138) 좀 더 박식한 비평가가 이 문제를

카발라와 유사한 철학   233

해결할 때까지는 기다려야 할 것 같다. 그러나 우리가 수집한 사실을 통해 볼 때, 카발라가 알렉산드리아의 그리스 문명의 산물도 아니고, 순수한 플라톤 사상의 산물도 아님은 충분히 알 수 있다.

사실, 모든 카발라 체계의 기초가 되는 원리, 즉 존재들의 내재적 원인으로 여겨지는 말씀과 신의 지혜의 의인화만을 고려한다면, 우리는 알렉산드리아의 독특한 정신이 아직 태어나는 과정에 있었던 시대에서 그것을 찾을 수 있다.

그러면 그것을 어디에서 찾을 수 있는가? 우리는 이것을 성서의 전통적인 번역(70인 역 그리스 성경)과 순전히 히브리에 기원을 둔 또 하나의 기념비적 작품(벤 시락의 집회서)에서 발견한다.

세부적이고 부차적인 개념까지 고려하면, 예를 들면 비유적 방법의 응용이 다르다거나, 형이상학 원리로부터 끄집어내는 추론이 다른 점을 고려하면, 필론의 작품과 히브리 카발리스트들의 작품 사이에 큰 차이가 쉽게 눈에 띈다.

12장 카발라와 그리스도교

　카발라는 철학과 그리스와 프톨레마이오스(프톨레미, 톨레미) 왕조의 수도인 알렉산드리아에도 빚지지 않았기 때문에, 그것은 필연적으로 아시아에 그 요람이 있어야 한다. 유대교가 자신의 노력으로 카발라를 낳았거나 유대교에 분명한 영향력을 행사할 만큼 밀접했던 동방의 다른 종교에서 카발라가 나왔음이 틀림없다. 그리스도교가 그 종교일 수 있을까?
　이 질문은 처음에는 대단한 흥미를 불러일으켰고, 그 해결 방법은 앞에서 다룬 내용에서 찾을 수 있겠지만, 여기서는 이것을 위한 시간을 낼 수는 없다. 카발라의 근간이 되는 모든 위대한 형이상학적, 종교적 원리가 그리스도교 교리보다 앞선 시대의 것임이 분명하다. 그러나 이것을 비교하는 일은 우리의 연구영역 안에 있지 않다.
　그러나 이들 원리에 어떤 의미를 부여하든, 그 형식만으로도 그것은 사회적으로 종교적으로 매우 흥미로운 사실을 보여 준다. 대단히 많은 중세 카발리스트들이 그리스도교로 개종했다. 그들 중에는 파울 리치(Paul Ricci)와 콘로드 오톤(Conrod Otton) 그리고 『세페르 예치라』의 마지막 편집자인 리탄겔(Rittangel)이 있었다. 오톤은 1605년 누렘베르크에서 출판된 『베일 벗은 비밀(Gali Razia)』의 저자였다. 라틴어와 독일어로 번역된 히브리 인용문만으로 되어 있는 이 책의 목적은, 조하르와 탈무드의 여러 구절을 인용하여 기독교 교리를 증명하려는 것이었다. 좀 더 근래인 18세기 말엽에는 또 한 명의 카발리스트인 폴란드 유대인 야콥 프랑크(Jacob Frank)는 「조하르」 추종자들의 교파를 세운 후 수천 명의 추종자와 함께 가

톨릭의 품 안으로 들어갔다.139)

　랍비들은 오랫동안 이런 위험을 인식하고 있었으므로, 많은 랍비가 카발라 연구에 적대감을 표시했다.140) 그러나 오늘날도 카발라를 성궤(the holy ark)로 그리고 거룩한 분 중의 거룩한 분에게 가는 입구로 보고, 속된 자들이 접근하지 못하게 그것을 보호하는 랍비들도 있다. 레온 데 모데나(Leon de Modena)는 1840년 라이프찌히에서 출판된 『포효하는 사자(Ari Noham)』라는 책을 썼는데, 이 책은 조하르의 신뢰성에 이의를 제기하고 있다. 그는 주요한 카발라 서적들을 출판한 사람들의 구원을 매우 의심스러워한다. 반면에 크노르 폰 로젠로스(1636-1689), 로이힐린(1455-1522), 리탄겔(1606-1652) 같이 개종하여 그리스도교인이 된 사람들은 카발라가 유대교 회당과 기독교 교회 사이를 갈라놓고 있는 장벽을 허물 수 있는 가장 강력한 수단이라고 보았다. 이렇게 열렬히 바라는 결과가 이루어질 날을 기대하면서, 그들은 『조하르』와 『신약성서』에서 서로 유사성이 있는 모든 구절을 자신들의 저서에 수집하였다.

　우리는 종교적 논쟁과는 거리가 멀고, 이러한 발자취를 따라가서 그들의 메아리가 되는 대신 이제 카발라와 가장 오래된 영지주의 조직 사이에 어떤 공통점이 있는지를 연구해 본다. 그리하여 우리는 카발라 원리들이 유대 땅 밖으로 전해졌는지, 그 원리들이 또한 그리스 문명에 완전히 무지하였던 다른 사람들에게 영향을 주지 않았는지, 따라서 우리가 이 원리들을 동방 종교철학의 소중한 잔재로 여기는 것이 정당한지를 확인해볼 것이다. 이 (영지주의) 철학은 알렉산드리아로 이식되어 플라톤 사상과 섞였고, 위(僞) 아레오파고스의 디오니시우스(Dionysius the Areopagite)141)의 이름으로 중세 신비주의에 파고 들어갔다.

팔레스타인을 벗어나기 전에, 사도들의 시대에, 아마 좀 이전 시기에, 사마리아에서 매우 비범한 인물인 마법사 시몬(Simon the Magician)을 만나게 된다. 시민들 사이에서 논쟁의 여지가 없는 권세를 누리고(사도행전 8:10), 무한한 찬사를 받은 이 사람은 누구인가?

시몬은 사마리아의 작은 마을인 기토이(Githoi) 출신이라는 것이 통설이다. 역사가로는 요세푸스만이 키프로스 출신으로 마법사 흉내를 내던 한 유대인에 대해 언급한다.142) 우리로 하여금 가장 높은 선물을 다른 사람들과 나누도록 촉구하는 동기가 천박했을지 모르지만, 그는 확실히 사기꾼은 아니었다. 왜냐하면 그는 사도들을 존경했으며, 성령을 나누어 줄 특권을 사고자 했기 때문이다(사도행전 8:18-19).

더 나아가, 그의 권위는 사람에게 오랫동안 신뢰받고 지지받지 않았다면 헛된 것이었을 것이다. 그가 사람들에게서 신뢰받았다는 것은 시몬이 행했다는 초자연적 역할에서 아주 분명하게 나타난다. 『사도행전』에서는, 고위층에서 하층민까지 모든 사람이 시몬을 신의 위대한 능력의 화신으로 여겼다고 말한다. 즉 "이 사람은 신의 위대한 힘이다(사도행전 8:10)."

이에 근거하여 성 제롬은 이 사마리아 예언자가 신의 말씀을 이해했다고 말한다.143) 이 속성을 가지고 그가 자신 안에서 신의 다른 모든 특질을 합일시켰을 것이 틀림없다. 왜냐하면, 히브리의 종교 형이상학에 따르면, 신의 말씀 혹은 지혜는 절대적으로 하위 세피로트를 포함하기 때문이다. 성 제롬은 또한 시몬이 자신에게 적용한 신뢰가 가는 다음의 글을 보여준다. "나는 신의 말씀이며, 나는 참된 아름다움을 소유하고 있고, 나는 위로하는 자이며, 나는 전능자이고, 나는 신 안에 있는 모든 것이다."144) 이 표현 하나하나는 카발라의

카발라와 유사한 철학

세피로트 각각에 대응한다.

우리는 또 한 명의 교부인 클레멘트(Clement, 150-220)의 『보고서』145)에서 그의 영향력을 다시 본다. "마법사 시몬은 자신을 신의 말씀의 현시로 여겼으며, 또한 평판이 나쁜 한 여인 속에 있는 신의 생각을 인격화하기를 원했다." 이 말은 신의 생각과 상호 관련이 있는 여성 원리, 또는 배우자를 뜻한다.

플라톤 철학이나 알렉산드리아학파 - 알렉산드리아학파가 이때 존재했다 하더라도-에게 지지받을 수 없는 이 이상한 개념은 카발라 체계와 놀랍도록 일치하지만 동시에 그것을 왜곡하기도 한다. 카발라 체계는 지혜, 즉 남성 원리로 표현된 말씀이 같은 체계의 모든 다른 원리처럼 자신의 반쪽, 즉, 배우자를 가지는데, 이 경우에 그 세피로트는 지성으로 불린다. 영지주의자들은 지성을 성령이라고 보았고 이것은 언제나 여성의 형상으로 표현된다.

이들 영지주의자 중에는 유대인 엘카이(Elxai)도 있는데, 그는 사마리아의 예언자와 여러 면에서 닮았다. 그의 이름조차 -그는 분명히 스스로 그 이름을 택했다- 자신이 하고자 하는 역할을 암시하고 있다. 이 이교도의 수장은 성령을 여성 원리로 볼 뿐 아니라, 그리스도를 때때로 물질 형상의 옷을 입는 신의 힘일 뿐이라고 본다. 그는 그 굉장한 모습을 상당히 자세하게 묘사하고 있다.

우리는 조하르에서 흰 머리에 대한 비슷한 묘사를 기억한다. 카발리스트들 사이에서는 유명한 또 하나의 작품인 작자 미상의 『랍비 아키바의 알파벳(Alphabet of Rabbi Akiba)』도 거의 같은 용어로 신에 대해 말한다. 말씀 즉 성령에 대한 개념과 플레로마(Pleroma)146)를 구성하고 있는 거룩한 쌍들의 개념과 나란히, 시리아 사람인 바르다사네스(Bardasanes, 154-222)147)의 저작물에서도 카발라의 우주 발생론을 볼 수 있다.

> 빛 한 가운데 거주하시는 알 수 없는 아버지에게는 아들 하나가 있으니, 이분이 그리스도 또는 천상의 인간이다. 그리스도는 자기의 반쪽 즉 성령인 배우자와 결합하여 4대 요소인 공기, 물, 불, 땅을 순차적으로 낳는다. 어떤 점에서는 전반적으로 이들 요소와 외부 세계는 「세페르 예치라」에서처럼 영의 단순한 발출 또는 목소리이다.148)

그러나 우리는 순전히 동방의 영지주의 성서인 「나사렛 문서(Codex Nazareus)149)에서 자유롭게 자료를 가지고 올 수 있으므로 『사도행전』이나 『성 에프렘의 찬가(The Hymns of St. Ephrem)』150)에 여기저기 흩어져 있는 기록을 힘들게 수집할 필요는 없다. 성 제롬과 성 에피파니우스(St. Epiphanius, 310?-403)는 나사렛 교단의 활동 시기를 그리스도의 탄생기까지 올려잡고 있다. 이들 교리의 많은 부분과 카발라 체계의 근본적인 원리들 사이에는 유사성이 너무 커서, 『나사렛 문서』를 읽으면, 『조하르』의 단편적 내용들이 여기저기에서 발견된다.

여기에 보면 신은 언제나 빛의 왕, 또는 빛의 주인이라 불린다. 그분은 가장 순수한 광휘이고 무한이고 영원한 빛이다. 그분은 또한 아름다움, 생명, 정의 그리고 자비이다.151) 우리가 이 세상에서 인식하는 모든 형상은 그분에게서 발출되어 나온다. 그분은 창조주이고 건축가이시지만, 아무도 그분의 지혜와 본질을 알지 못한다.152) 모든 피조물은 서로 그분의 이름을 물으나, 그들은 그분이 이름을 갖지 않는다고 대답하지 않을 수 없다. 빛 즉 무한 빛의 왕으로, 그분은 불릴 수 있는 이름이 없으며, 알려질 수 있는 본성도 없다. 우리는 다만 순수한 마음과 의로운 영 그리고 사랑으로 가득 찬 믿음을 통해서만 그분에게 도달할 수 있다.153)

나사렛 교단의 교리가 최고의 존재에게서 창조된 세계의 가장 먼 곳까지 내려오는 단계는 이 책에서 여러 번 인용한 조하르 구절과 정확히 일치한다.

모든 신령과 왕들과 피조물은 기도와 찬양으로 최고의 빛의 왕을 다투어 찬양한다. 그분은 눈부시게 빛나는 다섯 가지 광선을 발출하는 분이시다. 첫째는 만물을 비추는 빛이요, 둘째는 그들에게 생명을 주는 부드러운 호흡이요, 셋째는 그들의 즐거움을 표현하는 아름다운 선율의 목소리요, 넷째는 그들을 가르쳐서 믿음을 증명하도록 그들을 고양하는 말씀이요, 다섯째는 모든 형상의 원형으로, 그 아래에서 그들은 태양으로 영양을 공급받는 열매처럼 성장한다.154)

우리는 이들 구절에서, 카발라가 생각과 호흡 또는 영, 목소리 그리고 말씀으로 표현하고 있는 존재의 여러 단계를 인식하지 않을 수 없다. 여기에는 같은 개념을 표현하는 꽤 친숙한 여러 다른 묘사가 있다. 즉 어떤 피조물이 생기기 전에, 생명은 영원하고 이해할 수 없고, 빛도 없이, 형태도 없는 그 자체 안에 숨겨져 있었다. 그 중심에서 말씀으로 불리는 빛나는 대기가 생겨났고, 말씀은 지혜를 상징하는 상징적인 강 혹은 의복으로 불린다. 이 강에서부터 살아 있는 물, 다른 말로 카발리스트들만 아니라 나사렛 교단 사람들에게도 신의 세 번째 현시인 지성 혹은 성령을 나타내는 위대한 물들이 흘러나온다. 이것이 다시 첫 번째 것에서 멀리 떨어진 두 번째 생명을 낳는다.155) 이 두 번째 생명은 유샤민(yushamin)이라 불리는데, 그 품에서 창조의 생각이 처음으로 인식된다. 유샤민은 창조의 가장 높고 가장 순수한 모형/표상이다.

두 번째 생명이 세 번째 생명을 낳는데, 그것은 "최고의 아버지", "알 수 없는 오래된 자", "세상의 오래된 자"로 불린다.156) 그 최고의 아버지가 심연, 즉 검은 물의 어둠을 들여다보았을 때, 그는 거기에 자기 이미지를 남겨 놓았고, 그것이 페타힐(Fetahil)이라는 이름으로 우주의 조물주 또는 건축가가 되었다.157) 그때 지옥과 천국의 계층구조인 끝없는 에온(eons, 영겁, 여러 세상)이 시작된다.158) 이 세 개 생명, 즉 플레로마 안에 있는 이 세 개의 단계가 카발라의 세 개 얼굴과 같은 등급임을 아는 것으로 충분하다. 이 카발라의 세 개 얼굴에 대한 호칭이 이 교단 사람들의 글에서 종종 발견된다.159) 그들도 조하르에서처럼 10개 세피로트를 상위의 세 특질과 하위의 일곱 특질로 나누었기 때문에160) 이 내용에 더욱 신뢰를 줄 만하다.

조물주를 낳은 이 유례없는 사건과 하위의 신령들이 점점 더 불완전하게 태어나는 것에 대해서는, 어둠과 악은 신의 빛이 점진적으로 약화된 것일 뿐이라는 원리의 신화적 표현이다. 이것 또한 나사렛 문서에 아주 명백하게 표현되어 있다.161) 따라서 "육체" 또는 "물질"이라는 말은 어둠의 왕자에 해당하는 말이다.162) 이 이름은 카발라 체계에서 같은 원리에 의해 수행되는 킬리포스(Klipoth, 껍질, 물질)와 다르지 않다.

나사렛 교단은 또한 두 명의 아담을 인정했는데, 하나는 천상의 아담이고, 또 하나는 인류의 조상인 지상의 아담이다. 지상의 아담은 그 육체 때문에 별의 영들인 하위의 신령들 작품이다. 그러나 그의 혼은 신성한 생명의 발출이다.163) 하늘에 계신 아버지에게로 돌아가야 할 이 혼은 악한 힘에 유혹되어 이 세상에 갇히게 되었다. 카발리스트들이 천사 라치엘(Raziel)에게 맡긴 메시지를 우리의 이교도들(나사렛 교단)은 그들의 신앙에서 중요한 역할을 하는 가브리엘에게 실행하라고 준다.

인간의 타락 이후 그들을 끌어올려, 아버지의 품으로 돌아가는 길을 열기 위해, 최초의 조상에게 진정한 율법 즉 생명의 말씀을 가져온 것이 바로 가브리엘이다. 그 생명의 말씀은 세례요한의 등장 때까지 전승으로 신비하게 전파된다. 나사렛 교단에 의하면, 세례요한은 진정한 예언자로, 그 생명의 말씀을 요단강 주변에서 선포하였다.164)

만일 우리가 이집트 영지주의에서 바실리데스(Basilides, 117-138)와 발렌티누스(Valentin, 100-160/180)의 가르침에서 같은 원리들을 만나게 된다면, 그 원리들의 기원이 그리스 철학이나 심지어 알렉산드리아의 신플라톤주의에 있다고 보는 것은 정당하지 않을 것이다. 그리고 사실 이 유명한 이교도 수장들이 남긴 단편들에서 카발라의 가장 특징적인 요소들을 찾기는 쉽다. 그것은 본질의 단일성, 처음에 신의 빛의 집중, 그리고 그 빛의 점차적 확산에 의한 만물의 창조, 쌍의 이론, 4개 세계의 이론165), 두 명의 아담, 세 개의 혼166), 심지어 알파벳 문자와 숫자의 상징적 기호체계이다.167)

그러나 우리는 이러한 유사성을 증명한다고 해서 얻을 것이 없다. 이 작품의 마지막 부분에서 우리가 설정한 목표에 도달했다고 믿기 때문이다. 우리는 카발라의 기초를 구성하는 형이상학적 개념이 그리스 철학에서 빌려온 것이 아님을 그리고 알렉산드리아의 유대 학파나 이교도 학파에서 태어난 것이 아니라 팔레스타인에서 알렉산드리아로 이식된 것임을 앞에서 입증했다. 그리고 지금 우리는 최종적으로 카발라의 기원이 팔레스타인이나 적어도 유대 땅에서는 발견될 수 없음을 입증했다.

유대교 회당의 교사들이 카발라의 가르침을 불가해한 신비로 감싸놓았다 해도, 우리는 이교도인 사마리아인들의 중심지에서, 그리고 시리아의 이교도들 가운데서, 덜 추상적이고 덜 순수한 형태로 그 가르침을 발견한다. 그것은 팔레스타인에서는 지적 엘리트의 소유였으므로 넓고 깊은 형이상학 체계를 이루었지만, 여기서는 종교의 기본 교의로 가르쳐졌기 때문에 신화적인 인격화의 특징을 갖게 되었다는 점은 그리 중요하지 않다. 이 개념들의 근간은 여전히 같은 것으로 남아 있고, 그들의 상호관계에서 그들이 띠고 있는 신앙형식도, 그것에 수반되는 다소 기묘한 전통도 변하지 않았다.

우리는 동방의 어떤 부분이 그리고 동방의 어떤 종교가 직접 유대교로 침투하였는지 그리고 거기서부터 우리가 언급한 다른 체계(이집트 알렉산드리아 등)로 어떻게 침투했는지 조사해야 한다. 이것은 우리의 임무를 완수하기 위해 해야 할 마지막 단계이다.

13장 카발라와 칼데아인과 페르시아인의 종교

　우리의 제한된 연구범위 내에서, 히브리인들에게 직접적이고도 장기적인 영향을 끼친, 문명이나 민족을 찾아낸다면, 우리가 제기한 문제를 그런 민족의 품 안에서 분명히 풀 수 있을 것이다. 키루스 왕(Cyrus, BC 600-529경)168)의 무력과 조로아스터교에 의해 한 나라로 통합된 칼데아인과 페르시아인에게서 이 조건이 충족되었음을 볼 수 있다. 진실로, 한 민족의 삶에서 바빌론 유수라고 불리는 기억할 만한 추방사건만큼 그 민족의 도덕적 구성을 바꾸고 사상과 관습을 변화시킬 수 있었던 사건이 있었을까? 이스라엘인들, 즉 제사장, 평신도, 교사, 일반사람들이 70년간 정복자의 땅에서 체류하면서 양편에 아무 영향도 주지 않은 것이 가능할까? 유대 회당의 장로들이 자기 조상이 유배지에서 천사들의 이름과 달(月)들의 이름 그리고 심지어 알파벳 문자까지도 가지고 돌아왔다고 공개적으로 인정한 탈무드 구절을 앞에서 이미 인용했다.

　달(月)들의 이름이 우리가 『세페르 예치라』에서 본 것과 유사한 천문학적 지식을 수반하지 않았다고 가정하는 것이나, 천사들의 이름이 조로아스터교 사제들이 믿고 있는 천상과 지옥의 위계에서 분리되었다고 가정하는 것은 불가능하다.

　또 성경에서 사탄이 최초로 등장하는 것이 칼데아에 살았던 욥의 이야기인데 이것은 오랫동안 주목받아 왔다. 탈무드에 수용되어 「미슈나」에 산재해 있는 학문적 성격을 띤 이 신화는 시적인 부분을 구성하고, 이런 표현이 어떨지 모르겠지만, 조하르의 외피를 구성한다고 본다. 그러나 오랫동안 알려진 이 사실을 연구 대상으로 삼고 싶지는 않다. 눈에 띌만하고 신뢰할 만한 작품을 남기지 않았고, 유대인들이 거룩한 땅으로 돌아오기 전에 페르시아인들에게 도덕적으로 물질적으로 정복당한 칼데아인은 무시하기로 하자. 그 대신 젠드 아베스타(Zend Avesta, 조로아스터교 경전)와 그것에 관한 종교적 주석에서, 카발라의 가장 일반적인 원리들은 아니더라도, 카발라의 거의 모든 요소가 존재함을 입증할 것이다.

덧붙여 말하자면, 우리에게 한 세기 이상이나 알려져 있던 이 방대하고 경탄할만한 기념비적 대작은 우리가 모든 출처를 그토록 열심히 추적하고 있는 이 시대에 인간 정신의 진정한 학문인 역사철학에 모든 것을 맡기지는 않았다.169) 우리가 그 간격을 채우려는 것이 아니라, 이미 유대와 알렉산드리아와 관련해 우리가 했던 것처럼, 페르시아와 유대 사이의 사상 전파를 밝혀보고 싶다.

먼저 지적해야 할 것은, 유대인이든 그리스도교인이든 모든 연대기 작가가 네부카드네자르(Nebuchadnezzar: BC 605-562, 에스라 1:1) 통치 시기에 칼데아에 포로로 있었던 이스라엘인들이 최초로 해방된 것은 그리스도교시대 이전인 536년에서 530년 사이로, 키루스가 바빌론을 통치하던 초창기였다는 것에 동의한다는 점이다. 해방 시기에 대한 의견 차이는 기원전 536년~530년 사이일 뿐이다. 앙크틸 두페롱(Anquetil-Dupperon)의 계산을 믿는다면, 조로아스터는 549년에, 즉 적어도 포로가 된 히브리인들이 자신의 조국으로 첫 번째 귀환이 있기 14년 전에, 종교 사역을 시작했다.

그때 조로아스터는 40세로 그의 인생에서 가장 찬란한 시기가 시작되었고 BC 539년까지 계속되었다. 이 10년 동안에 그는 다리우스(Darius) 왕의 아버지인 히스타스피스(Hystaspis)라고 여겨지는 구스타스프(Gustasp) 왕의 궁전과 왕국 전체를 자신의 가르침으로 개종시켰다. 같은 기간 동안, 이 새로운 예언자의 명성이 인도의 브라만들까지 놀라게 했고, 그들 중 한 사람이 조로아스터가 사기꾼이란 생각에 그를 제압하려고 구스타스프의 궁전에 왔다. 그러나 그와 그의 측근들은 조로아스터가 지닌 압도적인 힘에 굴복하지 않을 수 없었다. 539년에서 524년까지 조로아스터는 바빌론 제국의 수도에서 공개적으로 자신의 종교를 가르쳤으며, 자신의 가르침을 기존의 전통과 현명하게 결합하여 수도를 완전히 개종시켰다.170)

유대인들이 그러한 변화를 목격하고 그 변화가 절정에 달했을 때 고국에 돌아왔는데, 당연히 그들이 강한 인상을 받았다고 생각하는 것이 합리적이지 않겠는가? 이스라엘인들이 자신들의 가장 은밀한 사상이나 개념에 이런 영향에 대한 그 어떤 흔적도 남기지 않았다고 말하는 것이 가능할까?

악의 기원에 대한 위대한 질문은 그 당시까지는 유대교에서 다루지 않았던 것인데, 페르시아 종교에서는 그것이 말 그대로 중심이고 출발점이었다. 이것이 모든 것을 신의 개입으로 설명하는 것에 익숙한 이 동방 사람들의 상상력에 강력히 작용하지 않았을까? 히브리인들은 자신들의 불행에 짓눌려서 유배지에서 일어난 모든 일에 이방인으로 남아 있었다고 주장할 수는 없다. 성서 자체가 히브리인들이 정복자들의 모든 학문과 사상을 교육받았고 자신들이 바빌론 제국의 최고 관직에까지 오를 수 있게 허락받았다고 어느 정도 만족스럽게 언급하기 때문이다.

다니엘(Daniel), 제루바벨(Zerubabel, 스룹바벨), 느헤미야(Nehemiah)171) 가 그런 경우인데, 뒤의 두 사람은 유대 동포들의 귀환에 매우 적극적인 역할을 했다.172) 이것이 전부가 아니다. 제루바벨의 지도 아래에 4만 명이 예루살렘으로 돌아왔으며, 에스라(Ezra)의 지도 아

래에 제2차 이주가 이루어졌는데, 이는 제1차 이주 후 약 70년이 지
난 때이고, 아닥사스다 롱기마누스(Artaxerxes Longimanus, B.C.
465-425)의 통치 기간 때였다.

이 기간에 조로아스터의 종교개혁은 바빌론 제국 전역으로 전파
되어 사람들의 마음에 깊이 뿌리내릴 시간을 얻었다. 고향으로 돌아
온 후부터 알렉산더 대왕에 의해 정복당하기까지, 유대인들은 페르
시아 왕의 신민으로 남아 있었다. 그리고 알렉산더 대왕((B.C.
356-323)에게 정복당한 후에도 그들은 나라를 잃고 완전히 흩어질
때173)까지, 그들의 눈과 마음이 예루살렘으로 향할 때 그들은 한때
눈물로 적시던 유프라테스강 기슭을 제2의 조국으로 바라보았던 것
같다. 바빌론의 유대교 회당은 포로 지도자들의 종교적 영향으로 생
겼으며, 그것은 랍비 유대교(rabinic Judaism)의 확실한 조직이 되기
위하여 팔레스타인의 회당과 협력하였다.174)

수라(Sura), 폼파디타(Pompadita), 네하르데아(Nehardea) 등 도피처
를 찾은 곳마다 그들은 종교학교를 세웠으며, 그것들은 대도시의 종
교학교 못지않게 번성했다. 그들 가운데서 나온 교사 중에, 우리는
바빌로니아 출신인 힐렐(Hillel)을 언급하고자 하는데, 그는 그리스도
가 등장하기 대략 40년 전에 죽었는데, 이전에 인용한 카발라 이야
기에서 매우 커다란 역할을 한 요하난 벤 자카이(Yohanan ben Zakai)
의 스승이었다. 이들 학파가 유대교의 최종적이고 가장 완전한 표현
인 『바빌론 탈무드』를 낳았다. 이러한 사실을 열거하는 것만으로
도, 어떤 나라도 페르시아만큼 유대인들에게 깊은 영향을 주지 않았
으며, 어떤 도덕적 권위도 오랜 전통과 기록물을 지닌 조로아스터의
종교체계만큼 유대인들의 정신세계에 깊이 스며들지는 않았다고 결
론지을 수 있다.

그러나 우리가 두 민족 간의 순전히 외적인 관계로부터 두 문명의 가장 숭고한 결과이고 문명의 토대가 되는 사상의 비교로 넘어가면, 모든 의문은 사라진다. 카발라 기원을 고립된 순전히 우연한 유사성에 기초하고 있다는 의심을 피하기 위해서, 카발라 체계의 모든 요소가 『젠드 아베스타』에서 발견된다는 것을 보여주기 전에, 몇 몇 문장과 예를 가지고 페르시아 종교가 일반적으로 유대교에 미친 영향을 언급하겠다.

이 부분에 관한 연구는 우리의 의견을 강화하는데 적지 않게 도움이 될 것이다. 그러나 구약성서의 근본 교리에 대해 말할 생각은 전혀 없다. 왜냐하면 조로아스터 자신이 끊임없이 훨씬 오래된 전승에 대해 말하기 때문에, 아래 내용을 그의 가르침에서 가지고 왔다고 보는 것은, 공정한 비평 관점에서 보면 불필요하고 받아들일 수도 없다: "여섯 가한바르(Gahanbar)[175]에서 쉽게 알 수 있는 창조의 6일, 지상낙원과 뱀의 모습을 하고 첫 조상의 혼에 반역의 불을 지핀 악마의 책략, 천사처럼 살다가 동물 가죽으로 몸을 가리고, 땅속 깊은 곳에서 금속을 캐내고, 우리가 살아가는 데 필요한 모든 기술을 발명해야 했던 조상의 끔찍한 형벌과 상실. 마지막으로 영과 육체의 부활과 함께 공포를 수반하는 최후의 심판."

다음은 『젠드 아베스타』에 나오는 내용이다.

오르무즈드(Ormuzd, 광명의 신)가 자신의 하인인 조로아스터에게 자신이 에리에네 베에드조(Eeriene Veedjo)라고 하는 기쁨과 풍요의 장소를 주었다(또는 창조했다)고 했다. 온 세상보다 더 아름다운 이곳은 베헤쉬트(Behesht, 천상낙원)를 닮았다. 그때 아흐리만(Abriman, 어둠의 신)이 이곳에 물을 대주는 강에서 커다란 독사 즉 겨울의 어머니를 창조했다.176) 또 다른 곳에 보면, 아흐리만 자신이 독사의 모습을 하고 하늘에서 땅으로 내려온다. 이 아흐리만이 최초의 남자 메쉬아흐(Meshiah)와 최초의 여자 메쉬아네(Meshiane)를 유혹한다. "그는 그들의 생각으로 살금살금 다가가, 그들의 마음을 뒤집어 놓고, 그들에게 말했다. '물과 땅과 나무와 동물을 만들 건 아흐리만이다.' 이렇게 하여 아흐리만은 태초에 그들을 속였으며, 이 잔인한 자는 마지막까지 그들을 유혹하려고 노력했다."177)

하는 말이 모두 거짓인 데비(Devi, 아흐리만)는 더욱 대담해져서 두 번째로 와서 그들이 먹을 과일을 그들에게 가지고 왔다.178) 우리의 최초 부모는 세 번째로 유혹받고 우유를 마셨다. 네 번째에는 신께서 아담과 하와를 위하여 나뭇잎으로 옷을 지으신 것과 같이 사냥하여 짐승의 고기를 먹고 가죽으로 옷을 만들었다. 그런 다음 그들은 철을 발견하고 도끼를 만들고 나무를 베고 천막을 지었다. 그들은 마침내 육체적으로 결합했고 그들의 자녀들은 그들의 불행을 물려받았다.179)

부활의 날에 혼이 먼저 나타날 것이다. 혼은 자기의 몸을 알아보고 모든 사람이 서로를 알아볼 것이다. 그들은 의인과 악인으로 나뉠 것이다. 의인은 고타트만(낙원)으로 갈 것이고 악인은 다시 두자크흐(Duzakh, 지옥)로 떨어질 것이다. 3일 동안 천국에 간 사람들은 육체적으로나 영적으로 낙원의 기쁨을 맛보게 될 것이고 지옥에 간 사람들은 어떤 식으로든 지옥의 고통을 겪을 것이다. 그러면 죽은 사람이 정화될 것이며 더 이상 악한 사람은 없을 것이다. 모든 사람은 하나가 되어 같은 일을 할 것이다. 이때 오르무즈드는 모든 창조를 완료할 것이고 더 이상 아무것도 하지 않을 것이다. 죽음에서 부활한 자는 같은 휴식을 즐길 것이다. 이것은 창조의 일곱 번째 시대 또는 조로아스터교 신자들의 안식일이라고 부를 수 있다.180)

이 모든 믿음은 분데헤쉬(Bundehesh, 아베스타에 따르면 배화교 즉 조로아스터교의 가장 오래된 종교 서적)와 젠드 아베스타(Zend Avesta)에서 창세기와 마찬가지로 분명한 형태로 발견된다. 그러나 우리는 그 근원의 출처를 훨씬 더 이른 시대에 찾아야 한다고 확신한다. 한편으로 우리는 조로아스터교보다 훨씬 더 최근의 종교인 랍비 유대교에 대해서는 같은 말을 할 수는 없다. 배화교(파르시)의 흔적은 여기서 곧 확인하게 되겠지만, 쉽게 찾아볼 수 있다. 그리고 우리는 이 신비한 학문(카발라)의 가장 오래된 교사들이 또한 미슈나의 스승들에 속하고 유대 회당에서 가장 존경받는 장로들에 포함된다는 것을 기억하면, 카발라의 기원에 어떤 빛이 던져질 수 있음을 곧 알게 된다.

유대교에는 인생에 적용되는 현명한 금언과 신의 자비와 정의에 대한 위안이 되는 사상이 있는 반면에 아주 어두운 미신의 흔적도 볼 수 있다. 우리는 그 근원을 악마학이 주입한 공포에서 찾아야 한다. 악마학이 악령에게 부여한 힘은 매우 크기 때문에, 인간은 삶의 매 순간에 혼뿐 아니라 육체까지도 뺏으려고 애쓰는 보이지 않는 적들에게 둘러싸여 있다고 생각할 수 있다. 심지어 인간이 태어나기 이전에, 악령들은 인간을 보호하려는 신과 그리고 다정한 어머니와 싸우려고 요람에서 그를 기다리고 있다. 인간이 이 세상에 눈을 뜨자마자, 그들은 그의 머리를 천 가지의 위험으로, 그의 생각을 천 가지의 불순한 환영으로 공격한다. 그러니 그가 영원히 이에 저항하지 못한다면, 그에게 불행이 있으리라! 왜냐하면 생명이 육체를 완전히 떠나기 전에 악령이 그들의 먹이를 차지하려고 오기 때문이다.

이런 모든 개념에 있어서 유대교 전통과 『젠드 아베스타』 사이에는 완벽한 유사성이 있다. 후자에 따르면, 아흐리만과 어둠의 자식들인 악령 또는 악마는 오르무즈드의 피조물만큼 많다. 천 가지 종 이상의 악령들이 있어, 온갖 형태로 나타나 지상을 배회하며 사람들 사이에 질병과 고통을 퍼뜨리고 다닌다.181) 조로아스터는 오즈무즈드에게 묻는다. "남성 악마와 여성 악마의 거주지는 어디에 있습니까? 악마들은 오십, 백, 천, 만씩 떼를 지어 어디를 배회하고 있습니까?182) 인간을 약하게 하고 질병을 낳는 악령과 바람이 구름을 휩쓸어가듯이 마음을 앗아가는 악령을 파괴해주십시오."183) 탈무드는 같은 주제에 대해 이렇게 표현하고 있다.

> 압바 벤자민(Abba Bejamin)이 말했다. "그 눈이 악령들을 볼 능력이 있다면, 어떤 피조물도 그들을 견딜 수 없다. 압바예(Abbaye)가 덧붙인다. 그들은 우리보다 수가 많고, 들판을 에워싸고 있는 도랑처럼 우리를 에워싸고 있다."
> 랍 훈나(Rab Hunna)가 말하길. "우리 각자에게는 왼쪽에 악령 천 명이 오른쪽에 악령 만 명이 있다. 우리가 무리 속에 압박을 느낄 때는 악령들이 있기 때문이다. 우리 무릎이 몸 아래로 꺾일 때는 그들이 바로 원인이다. 우리 사지가 부러진 것처럼 느낄 때, 그 고통은 그들 탓이라고 생각해야 한다."184)

「젠드 아베스타」에는 이렇게 쓰여 있다. "악령들은 서로 결합하여, 인간처럼 번식한다."185) 그러나 그들은 또한 우리의 불순한 행위와 자위행위 같은 수치스러운 행동과 심지어 잠 속의 음탕한 생각으로 일어나는 무의식적인 부도덕함을 통해서도 번식한다. 탈무드에 의하면, 악령들은 세 가지 측면에서 천사들을 닮았고, 세 가지 측면에서 인간을 닮았다. 그들은 천사들과 같이 미래를 알며, 날개가 있고, 한순간에 세상 끝에서 끝까지 날아간다. 그러나 그들도 인간처럼 먹고 마시고, 번식하고 죽는다.186)

더구나 그들은 우리의 첫 번째 조상이 고독 속에서 보낸 여러 해 동안 밤마다 그를 괴롭혔던 음란한 꿈에서 기원하며187), 심지어 지금도 이와 같은 원인이 후손에게 같은 결과를 낳는다. 그래서 이 불행을 피하고자 유대인들과 배화교도들은 공식화된 기도문을 받아들였다.188) 죽는 순간에 유대인이든 배화교도든 같은 환영과 같은 공포에 휩싸인다.

젠드 아베스타 경전에 의하면, 인간이 악마에게 사로잡혀 심문받을 때, 그 사람은 죽지 않는다고 한다.189) 악마인 네소쉬(Nesosh)는 파리 모양을 하고 와서, 머리 위에 앉아, 사람을 무자비하게 때린다.190) 혼이 육체에서 분리되면, 이 세상과 눈에 보이지 않는 세상을 갈라놓고 있는 치네바드(Chinevad) 다리에 도달한다. 거기서 혼은 두 천사에게 심판받는데, 그중의 하나가 미트라(Mithra)이다. 그는 엄청나게 크며, 만 개의 눈을 갖고 있고, 손에는 곤봉을 들고 있다.191) 랍비들은 같은 기본사상을 갖고서 그것을 훨씬 더 무섭게 표현하고 있다.

이 세상을 막 떠나려고 하는 사람이 눈을 뜨면, 그는 방 안에 굉장한 빛이 있음을 보게 되고. 그는 빛에 싸여 있고, 몸에는 눈들이 박혀 있고, 손에는 불타는 검을 들고 있는 주님의 천사가 자신 앞에 있음을 본다. 이것을 보고 죽어가는 자는 공포에 사로잡

힌다. 그 공포는 그의 몸과 혼을 가득 채운다. 혼은 사방으로 달아나려고 한다. 그러나 도망치는 것이 불가능함을 알게 되면, 그는 자기 앞에 서 있는 천사의 얼굴을 바라보고, 그의 힘에 자신을 온전히 맡기게 된다. 만일 죽어가는 자가 의로운 사람이면, 신의 현존(쉐키나)이 그 앞에 나타나고, 그 혼은 육체를 떠나 사라진다.192)

이 첫 번째 시험에 이어 다음 시험이 나타나는데, 이는 무덤의 고문 또는 무덤의 시련이라 불린다. 카발리스트들에 의하면, 여기에는 일곱 가지 시련이 있다. (1) 육체와 혼의 분리, (2) 삶의 모든 행위의 요약, (3) 매장 시간, (4) 무덤의 시련 또는 무덤의 심판, (5) 영(Vital spirit, 네페쉬)으로 아직 살아 있는 자가 벌레에게 물리는 느낌, (6) 지옥의 징벌, (7) 윤회.193)

죽은 자가 무덤에 묻히자마자, 혼이 다시 그와 결합하며, 그가 눈을 뜨면 자기를 심판하러 오는 두 천사를 보게 된다. 각 천사는 손에 두 개의 불타는 막대기(어떤 이들은 불타는 쇠사슬이라고 한다)를 갖고 있으며 혼과 육체가 동시에 자신들이 행한 악행에 대해 심판 받는다. 유죄로 판정된 자에게 비애가 있으니, 아무도 그를 변호해 주지 않을 것이기 때문이다. 한 대를 치면 사지가 떨어져 나가고, 두 대를 치면 뼈가 다 부러진다. 그러나 그의 몸은 즉시 회복되고, 징벌이 다시 시작된다."194)

이들 전승의 가치를 더욱 가치 있게 여겨야 하는데, 이들 전승을 거의 문자 그대로 조하르에서 가져왔기 때문이다. 그리고 이들 전승은 조하르로부터 전적으로 랍비들의 작품과 대중적인 여러 도서 컬렉션으로 들어갔다. 이런 내용들 말고도 『탈무드』와 『젠드 아베스타』 모두에 규정되어 있는 수많은 종교적 관습과 의무가 있다. 배화교(Parsee, 파르시) 사람들은 아침에 잠자리를 떠나자마자 코스티(Kosti)라고 하는 성스러운 띠를 두르기 전에 네 발짝을 걸으면 안 되었다.195) 밤 동안 악마와 접촉하여 더러워졌다는 이유로, 그들은 손과 얼굴을 세 번 씻기 전에는 자기 몸의 어느 부분도 만지면 안 되었다.196)

우리는 랍비 율법의 추종자들이 같은 이유에 기초하여서 같은 의무를 행했음을 볼 수 있는데, 코스티가 다른 모양의 옷으로 바뀌었다는 차이점이 있을 뿐이다.197) 조로아스터의 제자들과 탈무드 추종자들은 모두 기도와 감사로 달의 첫 분기를 맞이할 의무가 있다고 생각했다.198)

죽은 자와 신생아를 손에 넣으려는 악마에게서 이들을 보호하는 의식은 두 종교에서 거의 같다. 배화교 여인이 아이를 낳으면 바로, 불이 타오르는 램프나 불을 그 방에 3일 밤낮으로 두어야 한다.199) 유대인은 사람이 죽을 때 같은 풍습을 지킨다. 악마 릴리트(Lillith)를 신생아에게서 떼어놓는 의식은 더 복잡하다. 그러나 그 이유와 그것에 대한 묘사는 라치엘(Raziel)의 책에 실려 있다.

유대인뿐 아니라 조로아스터교 사람들은 넘칠 정도로 지나치게 이런 의식에 헌신적이다. 모든 순간과 모든 행위 그리고 육체적 삶과 도덕적 삶에서 일어나는 모든 상황에 맞는 기도와 종교적 의무가 있다. 이런 주제와 관련하여 이야기할 자료가 더 있지만, 이러한 유사한 비교를 끝마칠 때가 되었다고 생각한다.

그러나 우리가 수집한 이 기상천외하고 이상한 사실조차도 우리의 결론에 더 큰 확신을 주고 있다.

우리는 고대 페르시아 문명이 유대교의 모든 분야에 수많은 흔적을 남겼음을 보여주었다. 즉, 천사들로 표현되는 천상의 신화, 지옥의 신화, 그리고 종교적 의식이 그것이다. 그런데, 카발라 혼자만이 이런 영향에서 벗어나 있다고 믿어야 하는가? 카발라 전통이 탈무드의 구전 율법과 같은 시기에 같은 방법으로 발전했으며, 같은 용어에 의존한다는 것을 안다면, 이런 견해가 가능하겠는가? 이런 중요한 주제에 대해서는 아무리 증거가 충분해도 단순한 추측만으로 만족할 수는 없다. 우리는 카발라의 중요한 요소 모두를 하나하나 들어가며 그것이 조로아스터교의 형이상학적 원리와 유사함을 보여줄 것이다. 이런 진행 방법은 그렇게 학문적이지는 않지만, 적어도 가장 공평하게는 보여야 한다.

1. 카발라에서 아인소프, 즉 이름도 형태도 없는 무한자로 나오는 부분이 조로아스터교 사제인 마기(Magi) 신학에서는 "영원한 시간(Zervane Akerene)"으로, 다른 자료들에는 "무한한 공간"으로 나온다.200) "공간" 또는 "절대적 장소"라는 용어가 히브리인들에게 바로 신의 이름이 되었음을 주목하자. 더구나 이 제1 원리 즉 이 유일하고 모든 존재의 최고 근원은 오직 추상적인 신인데, 그분은 피조물에 대해 직접적인 행동이 없고, 세상에 적극적 관련이 없고, 따라서 우리가 인식할 수 있는 어떤 형태도 없다. 왜냐하면 선도 악도, 빛도 어둠도 모두 그분 품 안에 있기 때문이다.201)

페르시아 역사가인 샤리스타니(Sharistani, 1086-1153 CE)가 보존해 온 주르반 교파(the Zervanites)202) 에 따르면203) 주르반(Zervan) 자체는 카발리스트들의 왕관처럼, 무한한 빛의 최초의 발출이다.

2. 칼데아 번역가들이 사용한 멤라(Memra, 지혜, 말씀)의 뜻은 오르무즈드 자신이 호노베르(Honover) 또는 창조의 말씀을 정의한 다음의 구절에서 쉽게 알 수 있다.

오 현명한 조라아스터여! 내가 그대에게 말하노니, 순수하고, 거룩하고, 즉각적인 호노베르는 하늘이 있기 전에, 물이 있기 전에, 땅이 있기 전에, 가축이 있기 전에, 나무가 있기 전에, 오르무즈드의 아들인 불이 있기 전에, 순수한 인간이 있기 전에, 악마가 있기 전에, 존재하는 모든 세상이 있기 전에, 모든 좋은 것들이 있기 전에 존재했다.

오르무즈드는 이 말씀(호노베르)으로 세상을 창조했고, 이 말씀으로 행위하고 존재한다.204) 이 말씀은 세상보다 먼저 존재했을 뿐 아니라, 조로아스터교 경전이 말하듯이, 이 말씀은 "신에 의해 주어졌음에도" 신과 같이 영원하다. 이 말씀은 "무한한 시간"과 그 가슴에서 흘러나온 존재들 사이의 중재자 역할을 한다. 이 말씀은 모든 완성의 근원과 원형을 포용하고 있으며, 그것들이 만물 속에서 실현되게 하는 능력이 있다.205)

끝으로 카발라에 사용되는 "말씀"과 유사성은 이 말씀(호노베르)이 몸과 영을 지니고 있다는 것에서 확인된다. 즉 그것은 성령이자 동시에 말씀이라는 것이다. 그것은 오르무즈드 자신이 분명히 말하고 있듯이,206) 오르무즈드의 혼과 마찬가지이기 때문에 성령이다. 그것은 법칙이고 동시에 우주이기 때문에, 말씀 또는 육체, 다시 말해서 눈에 보이게 된 영인 것이다.207)

3. 오르무즈드 속에서, 우리는 「조하르」가 "인격(person)" 또는 "얼굴(Partsuf)"이라고 부르는 것과 완전히 닮은 것을 발견한다. 사실 오르무즈드는 창조하는 말씀 즉 그의 혼을 이루고 있는 "뛰어난 말씀"의 가장 높은 인격화이다. 우리가 보통 신에게 돌리고 있는 모든 특성의 합일을 찾아야 할 곳은 최고의 원리인 "영원한 시간"에서가 아니라 오히려 오르무즈드 안에서다. 이들 모든 특성은 그의 현현, 또는 동방의 용어를 쓰자면, 가장 눈부시고 가장 순수한 빛이다.

배화교 경전에는, "태초에 모든 것 위에 계신 오르무즈드가 최고의 지식과 순수함을 가지고 세상의 빛 속에 계셨다. 이 빛나는 왕좌(메르카바), 즉 오르무즈드가 거하시는 이곳은 원초 빛이라고 불린다." 라고 말하고 있다.[208]

카발리스트들의 천상의 인간처럼, 그는 자신 안에 참된 지식과 최고의 지성, 위대함, 선함, 아름다움, 에너지 또는 힘, 그리고 순수함 또는 광휘를 모두 통합하고 있다. 최종적으로, 그가 만물을 창조하였거나 적어도 형상을 갖게 하였고, 그리고 만물을 기른다.[209]

물론 이들 특성과 세피로트와의 유사성이 우리를 어떤 결론으로 이끌 수는 없다. 그러나 우리는 그것들이 오르무즈드 안에서 합일되어 있으며, 무한과 무한한 시간과 관련하여 오르무즈드의 역할이 아인소프의 관계에서 아담 카드몬의 역할과 똑같다는 것을 주목하지 않을 수 없다.

우리가 앞에서 언급한 역사가 샤리스타니의 말을 신뢰한다면, 오르무즈드가 눈부신 인간의 형태를 하고 나타난 신의 의지라고 주장한 거대 페르시아교파가 있었다.[210]

사실 조로아스트교 경전들은 오르무즈드가 어떻게 세상을 낳았는지, 그 자신과 그의 적이 어떻게 "영원한 존재"의 품에서 나왔는지,

또 무엇이 만물의 원초적 본질을 구성하는지에 대해서 아무런 설명이 없다.211) 그러나 신이 빛으로 비유되고, 세상의 동인(動因, efficient cause)이 더 높은 원리에 종속되고, 우주가 눈에 보이지 않는 말씀의 몸이라고 생각될 때, 우리는 존재들을 무한 빛의 고립된 말씀으로 생각하지 않을 수 없다. 또한 영지주의의 범신론은 다소간 배화교(파르시) 신학의 근본원리와 연관이 있음을 언급하고 싶다.

그럼에도 불구하고, 『젠드 아베스타(Vol. II, p. 180)』에서는 오르무즈드가 "육체 중의 육체"로 불린다는 것을 주목할 필요가 있다. 이것이 혹시 카발리스트들의 "본질 중의 본질", 즉 카발라의 생명나무를 구성하는 세피로트인 "기초(예소드)"는 아닐까? 뷔르누프(Eugene Burnouf, 1801~1852, 프랑스 동방학자)는 아주 오래된 펠빅(Phelvic)주석에 대해 말하고 있는데, 그 주석에서는 세페르 예치라와 조하르에서처럼, 두 개의 세계가 불타는 석탄이라는 상징으로 표현되어 있다. 위의 세계는 불꽃이고, 눈에 보이는 현실이 불타는 물질이다.212)

4. 카발라 신앙과 플라톤 철학에 따르면, 이 세상의 모든 존재는 처음에는 더 완전한 형상으로 눈에 보이지 않는 세계에서 존재했다. 그들 각각은 신의 생각 속에서 불변의 원형(Model)을 가지고 있지만, 물질의 불완전함을 통해서만 이 세상에 드러날 수가 있다. 선재설과 이데아 이론의 원리가 뒤섞여 있는 이 개념은 『젠드 아베스타』에서는 "페로우에르(Ferouer)"로 불린다. 위대한 동방학자 뷔르누프는 이 말을 다음과 같이 설명한다.

페르시아인들은 "페로우에르"에 대해, 지성이 부여된 각 존재의 신성한 원형이고, 오르무즈드의 생각 속에 있는 각 존재의 이데아이고, 각 존재 속에서 숨 쉬며 그것을 지켜보는 더 높은 영이라고 표현했다. 이 의미는 문헌에 의해서도 전통에 의해서도 뒷받침된다.213)

이것은 앙크틸 두페론(Auquetil-Duperron, 1731~1805)의 해석과 완전히 일치한다.214) 이것을 확인해 주는 젠드 아베스타의 모든 구절을 인용하지는 않을 것이다. 오히려 우리는 카발리스트들과 조로아스티의 제자들 사이에 이 교리의 한 특정 부분에서 아주 놀랄만한 우연의 일치를 보이고 있음을 지적하고 싶다.

우리는 지상에 보내질 혼들이 신에게 떨어져 있는 동안 어떻게 고통을 받을 것이며, 이 세상에서 어떤 비참함과 더러움이 그들을 기다리고 있는지를 신에게 표현하고 있는 「조하르」의 장엄한 구절을 기억한다. 파르시들의 종교 전승 속에도 페로우에르가 똑같은 불평을 하고, 오르무즈드는 여호와가 하늘을 떠나는 것을 슬퍼하는 혼들에게 했던 것과 거의 같은 식으로 답변한다.

그는 그들에게, 그들은 투쟁을 위해 그리고 악과 싸워 창조 세계에서 악을 몰아내기 위해 태어났다며, 지상에서 그들의 과제를 완수했을 때 비로소 불멸성과 천국을 즐길 수 있다고 말한다.215)

세상에서 내가 너를 육체에 머물도록 허락할 때 네가 얻게 될 이익이 무엇인지 생각해 보라. 싸워서 아흐리만의 자식들을 사라지게 하라. 마지막에는 내가 너를 너의 처음 상태로 되돌릴 것이고 너는 행복할 것이다. 마침내 내가 너를 다시 세상에 거주하게 하리니, 너는 불멸하고 영원히 젊고 흠이 없을 것이다.216)

카발라의 개념을 생각나게 하는 또 하나의 특징은 개인과 마찬가지로 나라에도 페로우에르가 있다는 것이다. 그래서 「젠드 아베스타」는 종종 조로아스터의 법(law)을 처음으로 인정한 이란의 페로우에르에게 기도한다. 더구나, 다니엘의 예언(다니엘 10:13)에서도 보이는 이 신앙은 아마도 칼데아인들이 페르시아인들과 정치적, 종교적으로 융합되기 훨씬 전에 칼데아인들 사이에 널리 퍼졌을 것이다.

5. 카발라의 혼 이론과 플라톤의 혼 이론 사이에 어떤 유사성이 있다면, 카발라의 혼 이론과 파르시의 혼 이론 사이에는 그보다 더 많은 유사성이 있다. 이들 내용 대부분은 앙크틸 두페론이 『비문의 아카데미의 회고록(Memoires de l' Academie des Inscriptions)』에서 각색한 아주 오래된 전승집에 나와 있다.217)

카발라 이론에 의하면, 인간 혼은 서로 완전히 구별되는 세 가지 힘이 있고, 그들은 오직 지상의 삶을 통해서만 결합 된다. 최고 수준에서는, 진정한 의미의 영(네샤마), 즉 신의 지성의 순수한 발출은 그 근원으로 돌아가서 지상의 더러움에 영향받지 않게 운명지어져 있다. 가장 낮은 수준은 물질 바로 위인데, 여기서 혼은 동작과 지각의 원리인 생령(vital spirit, 네페쉬)이며, 무덤가에서 역할이 끝난다. 끝으로 이 두 극단 사이에 선과 악의 자리 즉 자유와 책임의 원리인 도덕적 인격(루아흐)이 있다.218)

카발리스트들과 그리고 대단한 권위를 지닌 몇몇 유대교 철학자들은 이 세 가지 요소에 다른 두 개의 주요한 요소를 추가했다. 그중 하나가 생명의 원리(히야)로, 지각의 원리(생령)와 구별되는데, 혼과 육체 사이의 매개하는 힘이다. 또 하나는 원형 또는 이데아라고 할 수도 있는데, 이것은 개체의 분명한 형상(예히다)을 표현한다. 이 형상은 하늘에서 내려와 임신할 때 여인의 자궁으로 들어가고, 죽기

30일 전에 떠난다. 이 30일 동안에 그 형상은 모양이 없는 그림자로 대체된다.

파르시(배화교)의 신학 전통도 인간 혼에 대하여 완전히 같은 구별을 둔다. 우리는 페로우에르 안에서 개별적 유형(type)을 쉽게 인식할 수 있는데, 이것은 하늘에서 순수하고 고립된 상태로 존재하다가, 우리가 앞에서 이미 본 대로, 육체와 결합하지 않을 수 없게 된다. 생명의 원리(히야)는 디안(Dian)에서 분명하게 찾을 수 있는데, 이것의 역할은 육체의 힘을 보존하고 육체의 모든 부분에서 조화를 유지하는 것이다. 유대인들의 "히야"(He-yah)처럼 디안도 인간이 범하는 악에는 참여하지 않는다. 그것은 심장에서 나오는 가벼운 증기일 뿐이며, 죽은 후에는 흙과 섞어야 한다.

반면, 아코(Akko)는 가장 높은 원리이다. 그것은 악 너머에 있는 일종의 빛으로, 하늘에서 와서, 육체가 먼지로 돌아갈 때 하늘로 돌아가야 한다. 아코는 플라톤과 카발리스트들의 순수한 지성에 해당하지만, 그것은 우리의 의무에 대한 지식과 미래의 삶에 대한 예지 그리고 부활, 즉 간단히 말해서 도덕적 의식에 국한된다.

끝으로 진정한 의미의 혼, 또는 도덕적 인격(person)이 있다. 그것의 능력의 다양성에도 불구하고 오직 하나이고 그것만이 우리의 행동에 대한 신의 심판에 책임이 있다.

훨씬 덜 철학적이기는 하지만, 젠드 경전들이 똑같이 인정하고 있는 또 다른 특징은 인간을 세상의 형상(image)으로 만들고 인간의 의식 속에서 두 개의 상반된 원리를 인정하는 것이다. 두 개의 케드라(Kedras)가 그것인데, 하나는 하늘에서 와서 인간을 선으로 인도하고, 다른 하나는 아흐리만이 창조한 것으로 인간을 악으로 유혹한다.[219] 그럼에도 불구하고 이 두 원리는 인간에게 행동의 자유를 주고 탈무드에서 두드러진 역할을 한다. 탈무드에서 그들은 선한 욕망과 악한 욕망이 되는데, 그들은 선한 천사와 악한 천사를 뜻할 수도 있다.

6. 순전히 신화적인 특성이 있긴 하지만, 아흐리만의 개념도 카발라 교리에 보존되어 있다. 신의 빛이 천상의 인간에 의해 빛나는 광휘로 표현되는 것처럼, 어둠과 악이 사마엘에게서 의인화되기 때문이다. 이 상징에 대한 형이상학적 해석에 대해 말하자면 악한 원리는 물질, 또는 카발리스트들의 말에 따르면, 존재의 마지막 단계인 "껍질"인데, 이것은 제르두스티안 교파(the Zerdustians)에게서 발견된다. 그들은 신의 빛과 어둠의 왕국 사이의 관계를 몸과 그 그림자 사이의 관계와 같다고 주장했다.220)

그러나 다른 어느 곳에서도 발견되지 않아서 더욱 주목할 가치가 있는 또 하나의 사실이 있는데 그것은 파르시(배화교)의 종교법전 중 가장 오래된 부분에서 발견된다. 여기에서 어둠의 왕자인 사마엘이 자기 이름의 반을 잃어버리고 종말에 빛의 천사가 되어, 저주받은 모든 자들과 함께 신의 은혜로 돌아온다는 카발라의 견해를 볼 수 있다. 야크나(Yacna, 조로아스터교 경전)의 한 구절은 이렇게 말한다. "악밖에 이해하지 못하는 이 불의하고 불순한 어둠의 왕이 부활할 때 「아베스타」를 암송할 것이며, 율법을 이행하며, 지옥에 떨어진 자들의 거주지에서도 율법을 확립할 것이다."221)

그때 오르무즈드와 일곱의 최고 수호신이 한쪽에, 아흐리만과 일곱의 악한 천사들이 한쪽에 서서 영원하신 존재인 "영원한 시간(Zervane Akerene)"에게 희생제물을 바치는 것을 볼 것이라고 분데헤쉬(Bundehesh)는 덧붙인다.222)

끝으로 이 모든 형이상학적, 종교적 개념에 추가할 것이 아주 특별한 지리적 체계이다. 이것은 조하르와 파르시의 경전 모두에서 약간 변형되어 나타난다. 『젠드 아베스타(Vol. II, p. 70)』와 『분데헤쉬(Zend Av., vol. III, p. 363)』에 따르면, 땅은 일곱 부분(keshvars)으로 나뉘는데, 일곱 개의 큰 강이 이들 각각에 물을 대고, "태초에 쏟아진 물"로 서로 나뉜다. 각 부분은 그 자체의 세계를 이루어 서로 다른 속성을 지닌 거주자들을 부양하는데, 그들 중 일부는 흑인이고, 일부는 백인이며, 동물처럼 몸이 털로 덮여 있는 사람도 있고, 좀 괴상한 모습을 지닌 사람들도 있다. 이런 지상의 분리된 땅 중에서 한 곳만이 조로아스터의 율법을 받아들였다. 같은 주제에 대한 카발리스트들의 견해를 살펴본다.

신이 세상을 창조하였을 때, 그분은 우리 머리 위로 일곱 하늘을 펼치고, 발아래에는 같은 수만큼의 땅을 만들었다. 그분은 일곱 개의 강을 만들고, 7일로 한 주를 삼았다. 일곱 하늘은 각자의 성좌와 독특한 성격의 천사들을 지니고 있다. 그 아래 땅들도 마찬가지다. 그것들은 하나가 다른 것 위에 놓여 있고, 그 모든 곳에는 서로 다른 속성을 지닌 존재들이 거주하고 있음은 하늘이 그런 것과 같다.

어떤 존재들은 두 개의 얼굴을, 어떤 존재들은 네 개의 얼굴을, 그리고 어떤 존재들은 단 하나의 얼굴을 갖고 있다. 그들은 피부색도 다른데, 어떤 존재들은 붉고, 어떤 존재들은 검고, 어떤 존재들은 하얗다. 어떤 존재들은 옷을 입고 있고, 어떤 존재들은 벌레처럼 알몸이다. 세상의 모든 거주자가 아담에게서 나왔다고 하는 것에 대한 반대의 근거로, 우리는 이렇게 질문한다. "아담이 이들 모두를 퍼뜨리기 위해 이 모든 지역을 여행했다는 것이 가능한 일인가? 그는 아내가 몇 명이었단 말인가?" 그러나 아담은 상위의 하늘이 둘러싸고 있는 가장 고상한 지구의 한 지역에서만 살았다.223)

조하르의 이 구절과 파르시의 구절 사이의 유일한 차이점은, 지표면 위에 자연적으로 구분되는 일곱 지역 대신에, 카발리스트들은 그 지역들이 양파처럼 층층이 겹쳐 있다고 표현한 것뿐이다.

아주 단순한 형태로 간단히 표현되는 이들 내용은 『젠드 아베스타』의 영향 아래에서 나온 종교 개념을 구성하는 요소이고 카발라의 일반적인 기초를 이루는 요소이다. 그러나 우리가 파르시의 경전에서 천상과 지옥의 모든 신화, 제의(祭儀)의 일부, 심지어 유대교의 가장 본질적인 교의까지 찾아내지 못했다면 우리는 이 유사한 내용 비교를 통해 나오는 추론에 대해 여전히 적극적으로 수용하지 못하고 망설이지 않았을까? 그러나 우리는 카발리스트들이 주체성 없는 단순한 모방자라든지, 이질적인 개념과 신앙을 검증이나, 적어도 수정 없이 채택했다든지, 이들 사상에 경전의 권위를 부여하여 그것에 스스로 구속되었다는 비난을 할 생각은 없다.

일반적으로 다른 민족의 영향력이 아무리 강했다 하더라도, 민족의 내적 능력의 표현인 민족의 참된 생활상을 포기하고, 빌려온 삶과 빌려온 정신에 만족하는 민족은 없다. 우리는 카발라가 유대교에서 고립되고 부수적인 사상으로 생각할 수 없다. 반대로 그것은 유대교의 심장이며 생명이다.224)

왜냐하면 탈무드가 율법의 외적 실제와 물질적 실행에 관해 모든 것을 장악한 것에 비해, 카발라는 사변의 영역과 자연신학과 계시신학의 만만찮은 문제들을 독점적으로 간직하고 있기 때문이다. 더구나 카발라는 사람들의 투박한 신앙에 대해 절대적 존경심을 보여주고, 그들의 신앙과 예배 의식이 숭고한 신비에 근거하고 있다는 것을 알려주어서, 사람들의 존경심을 불러일으킬 수 있었다. 카발라는 비유적 방법의 원리를 최종 결론에 가져와서 속임수를 쓰지 않고도 이 일을 할 수 있었다.

우리는 앞에서 탈무드에 의해 카발라가 어느 정도까지 격상되었는지, 그리고 그것이 대중의 상상력에 어떤 영향을 미쳤는지 살펴보았다. 그것이 한때 심어준 정서는 상당히 가까운 시대까지 남아 있었다. 현대판 바르 코흐바(Bar Kochba)225)인 사바타이 제비(Sabbataix Zevi, 1626-1676)226)가 세계의 유대인 사회를 잠시 뒤흔들었을 때, 그가 의존한 것이 카발라 사상이었기 때문이다.227)

이 사상은 또한 18세기 말에 조하르파와 네오-하시딤(Neo-Hassidim) 교파를 낳았고 수천 명의 유대인을 기독교의 품으로 인도함으로써 헝가리와 폴란드의 유대인들 사이에서 가장 격렬한 동요를 일으켰다.

카발라 자체를 생각해 보면, 우리는 그 안에서 「젠드 아베스타」 신학에 대한 엄청난 진전을 볼 수밖에 없다. 조로아스터교에서 이원론은 일반적으로 생각하는 것처럼 그렇게 절대적이지는 않고, 하나의 절대적 존재를 인정하는 종교 원리로 태어났을지라도, 이원론은 조로아스터교 사상 구조의 초석이다. 오직 오르무즈드와 아흐리만이 신적 특성과 실제적인 힘을 가지고 실제로 존재한다. 그러나 우리가 말했듯이, 그들이 나온 무한한 시간 즉 "영원하신 분"은 순전히 추상적 존재이다.

영원하신 분을 악에 대한 책임에서 면제하려고, 세상에 대한 지배권이 그에게서 떨어져 나가게 했으며, 그 결과 선에 대한 모든 관여도 그에게서 떨어져 나갔다. 그에게는 존재의 그림자란 이름만이 남았다. 그러나 이것이 전부는 아니다. 「젠드 아베스타」와 이것과 관련된 후기의 전승들에 있는 인간 정신의 모든 위대한 원리와 눈에 보이지 않는 세계에 관련된 모든 개념은 여전히 신화적인 베일에 싸여 있으며, 그것들은 그 베일을 통해 눈에 보이는 현실로 그리고 인간의 이미지로 만들어진 독특한 인격들로 나타난다.

카발라의 교의는 아주 다른 특성을 나타낸다. 여기서 일신론은 모든 것의 기초이며 근간이며 원리이다. 이원론과 기타 모든 특성은 단지 형식적으로 존재한다. 유일하고 최고이신 신만이 동시에 만물의 원인이고 본질이며 지적 에센스이다. 이 지적 에센스는 만물의 이상적인 형상이다. 존재와 비존재 사이, 존재의 가장 높은 형태와 가장 낮은 수준 사이에만 대립 즉 이원론이 있다. 하나는 빛이요, 다른 하나는 어둠이다. 그러므로 어둠은 결여(缺如)일 뿐이다. 빛은 자신이 인식하는 모든 것을 창조하는 영적 원리요, 영원한 지혜이며, 무한한 지성이다. 빛은 그 존재 자체에 의해 인식하거나 생각한다.

그렇다 하더라도, 만약 어떤 수준에서 존재와 생각이 결합하는 것이 사실이면, 그 지성(존재)의 위대한 개념들은 마음에만 존재할 수 없다. 이들 개념은 마음대로 추상화되는 단순한 형상들을 의미하지는 않는다. 반대로 그것들은 본질적이고 절대적인 가치를 지니고 있고 영원한 본질과 분리될 수 없다. 이것이 바로 세피로트와 천상의 인간 그리고 큰 얼굴과 작은 얼굴의 특성을 나타낸다. 즉 카발라의 인격화된 모든 것의 특성을 나타낸다. 그 인격화는 우리가 본대로, 젠드 아베스타의 개별적이고 신화적인 인격화와 크게 다르다.

『젠드 아베스타』」의 윤곽인 구조는 (카발라에) 여전히 남아 있다. 그러나 그 구조의 본질은 완전히 변했고 카발라의 탄생은 신화에 대한 독특한 모습을 제공한다. 그것은 신화에서 종교적 감성의 영향 아래 형이상학으로 넘어가는 것이다. 그러나 이런 움직임의 산물인 (카발라) 체계는 분량과 깊이에도 불구하고 아직은 인간 이성이 이성의 권리와 능력을 마음대로 발휘할 수 있는 작품이 아니다. 여기에서 신비주의 그 자체는 가장 높은 형태로 나타나지 않는다. 왜냐하면 신비주의는 여전히 외적인 힘, 즉 계시된 말에 매여 있기 때문이다. 이 힘은 실제보다 더 분명하게 보이고, 비유적 내용은 신성한 문자(the sacred letter)를 우리가 원하는 것은 무엇이든 표현하는 순응 부호로, 즉 인간의 마음과 자유로운 영감에 봉사하는 유순한 도구로 만들었다.

　그러나 의도적이든 순전히 착각이든, 이런 과정 즉 새로운 사상을 어떤 존경할만한 문헌 아래에 감추는 방법은 진정한 철학에 대한 엄청난 불이익을 인정하는 것임을 부인할 수 없다. 따라서 카발라가 낯선 문명의 영향 아래에서 발생했고, 그 모든 교리의 밑바닥에 범신론이 있어도, 카발라는 유대인의 종교적, 민족적 특성을 유지하고 있다. 그것은 먼저 성서의 권위에서, 다음에는 구전 율법에서 피난처를 찾음으로써, 신학적인 체계, 특히 유대 신학 체계의 모습을 유지했다. 그것이 철학과 인류의 역사에서 받아들여지기 전에, 그런 모습은 깨끗이 지워져야 했고, 카발라가 그 자체의 진정한 빛 속에서, 즉 인간 정신의 자연스러운 산물로 보여져야 했다.

　이러한 흔적 제거작업은 이미 앞에서 말했듯이 프톨레미 왕조의 수도(알렉산드리아)에서 서서히 그러나 확실히 성취되었다. 거기서는 먼저 히브리 진통이 성소의 문지방을 넘어, 많은 새로운 사상과 혼합되었지만, 자신의 본질을 잃지 않고 세상으로 펴져 나갔다.

그것을 자기네 것으로 생각하고 이것을 되찾고자 하는 전통의 수호자들은 그리스 철학의 가장 고상한 결실을 열정적으로 받아들여 점점 자신들의 신앙과 혼합시켰다. 반면에 그리스 문명의 후계자로 자처하는 사람들은 이 결합에 점차로 익숙해져서, 이성과 직관, 철학과 신학이 균등하게 나타나는 조직화 된 체계 속으로 그것을 가지고 오는 것만을 생각했다.

이리하여 알렉산드리아 학파는 고대의 모든 철학적, 종교적 개념을 훌륭하고 깊이 있게 요약하여 발전시킬 수 있었다. 이처럼 이것은 신플라톤주의와 카발라가 모든 본질적인 점에서 유사함을 심지어 동일성을 설명해 준다. 그러나 카발라는 그리스화 되었지만, 그럼에도 불구하고 팔레스타인의 유대인 엘리트 집단의 작은 모임에 전해져서, 이스라엘의 비밀 가르침으로 여겨졌다. 카발라는 이러한 방식으로 유럽으로 전해졌으며, 「조하르」가 출판되기까지 가르쳐졌다.

여기서 새로운 연구가 시작된다. 즉, 카발라는 15세기 초부터 17세기 말까지 그렇게도 주목받은 연금술철학과 신비주의 철학에 어떤 영향을 끼쳤는가? 레이몬드 룰루스(Raymond Lullus, 1235-1315)가 그 최초의 인물이고 프란시스 메르쿠리우스 반 헬몬트(Francis Mercurius van Helmont, 16124-1698)가 마지막 대표자라고 할 수 있다. 이것은 현재 작품의 보완으로 간주 될 수 있는 두 번째 작품의 주제일 수 있다. 고유한 카발라 체계와 관련하여 우리가 설정한 목표를 달성했다고 믿으며, 우리가 달성했다고 믿는 결과를 요약하여 적시해 본다.

1. 카발라는 플라톤 철학의 모방이 아니다. 카발라 체계가 확립된 팔레스타인에는 플라톤이 알려지지 않았기 때문이다. 나아가 언뜻

보기에는 비슷한 몇 가지 특성이 있지만, 두 교리는 가장 중요한 내용에서 완전히 다르다.

2. 카발라는 알렉산드리아 학파의 모방이 아니다. 첫째는, 카발라가 알렉산드리아 학파보다 앞서기 때문이고, 둘째는 유대교가 카발라를 신의 계시 수준으로 끌어올렸을 때에도 유대교는 늘 그리스 문명에 대해 심한 혐오와 무지를 표현해 왔기 때문이다.

3. 필론의 교리가 아주 많은 카발라 개념을 담고 있다 하더라도, 카발라는 필론의 작품으로 여겨질 수 없다. 필론은 팔레스타인에 있는 동포들에게 그리스 철학을 전수하지 않고는 이런 개념을 전달할 수가 없었다. 그의 사상의 특성으로 보아, 필론은 새로운 교리를 창설할 수 없었다. 더군다나 유대교의 기념비적인 작품들 속에서 그의 영향을 조금도 찾아볼 수 없다. 끝으로 필론의 작품들은, 70인 역 그리스 성서와 예수 벤 시락의 작품(집회서), 그리고 『지혜의 서(The Book of Wisdom, 솔로몬의 지혜, 외경))』에 나타난 카발라 원리들보다 더 후대의 것이다.

4. 카발라는 그리스도교에서 가져온 것도 아니다. 카발라의 근거가 되는 모든 위대한 원리는 그리스도의 탄생 이전 것이기 때문이다.

5. 여러 페르시아 종파의 교리와 카발라의 가르침 사이에서 발견된 놀라운 유사성과 카발라가 『젠드 아베스타』와 관련하여 보여주는 수많은 이상한 관계, 조로아스터교가 유대교의 모든 영역에 남긴 흔적들 그리고 바빌론 포로 이후 히브리인들과 그들의 고대 교사들

사이의 외적인 관계, 이 모든 것이 우리에게 카발라 자료가 고대 페르시아인들의 신학에서 도출된 것이라는 결론에 이르게 한다.

　그러나 이렇게 빌려왔다고 해도 이것이 카발라의 독창성을 파괴하지는 않았다. 왜냐하면, 그것은 신과 우주 만물이란 이원론을 원인과 실체(cause and substance)의 절대적 단일성으로 대치시켰기 때문이다. 만물의 창조를 적대적인 두 세력의 자의적 행위라고 보는 대신, 카발라는 만물을 무한 지성(Infinite Intelligence)의 섭리에 따른 현시, 즉 신의 형상들로 표현한다.

　마침내 개념이 의인화를 대신하고, 신화는 형이상학으로 대체된다. 이것은 우리가 보기에 인간 정신의 일반적인 법칙으로 보인다. 민족 간에나 시대 간에 절대적 독창성이란 없으며, 또한 독창성 없는 모방이란 것도 없다.

　우리가 윤리학의 영역에서 무한한 독립을 얻기 위해 무엇을 하든 간에, 전통이라는 속박은 우리의 대단한 발견 속에서 항상 그 모습을 드러낼 것이다. 우리가 때로 전통과 권위의 지배 아래서 움직일 수 없는 것처럼 보일지라도, 우리의 지성은 길을 열고, 우리의 개념은 그것을 짓누르는 바로 그 힘으로 변화하며, 그리고 변혁이 시작될 것이다.

부록

히브리 문자와 상응하는 숫자 그리고 음가

히브리문자	읽기	숫자	음가
א	알레프(Aleph)	1	묵음
ב	베트(Beth)	2	B, V
ג	기멜(Gimel)	3	G
ד	달레트(Daleth)	4	D
ה	헤(Heh)	5	H
ו	와우/바브 (Waw/Vav)	6	V, W
ז	자인(Zayin)	7	Z
ח	(헤트)Cheth	8	Ch(as in loch)
ט	(테트)Teth	9	T
י	(요드)Yodh	10	I, J, Y
כ ך	(카프)Kaph	20	K, Kh
ל	(라메드)Lamed	30	L
מ ם	(멤)Mem	40	M
נ ן	(눈)Nun	50	N
ס	(사메크)Samekh	60	S
ע	(아인)Ayin	70	묵음
פ ף	(페)Peh	80	P, F
צ ץ	(차디)Tzaddi	90	Tz(as in cats)
ק	(코프)Qoph	100	Q
ר	(레쉬)Resh	200	R
ש	(신,쉰)Shin	300	S, Sh
ת	(타우)Tau/Tav	400	T, Th

- 히브리어는 문자마다 고유한 숫자가 부여되어 있다.
- 카프, 멤, 눈, 페, 차디는 두개의 문자가 있고 다음 문자(ץ ף ן ם ך)는 단어 뒤에서만 사용된다.

생명나무 10개가 내려오는 순서

순서	도리얼	그라	루리아. 서양카발라 등
1	케테르	케테르	케테르
2	호크마	호크마	호크마
3	비나	비나	비나
4	티페레트	티페레트	헤세드
5	헤세드	헤세드	게부라
6	게부라	게부라	티페레트
7	예소드	네차흐	네차흐
8	네차흐	호드	호드
9	호드	예소드	예소드
10	말쿠트	말쿠트	말쿠트

세피로트와 대응물

	세피로트	의미	신체부위
1	케테르, Keter	왕관/창조 근원	머리
2	호크마 Chokmah	지혜	뇌
3	비나, Binah	이해, 지성	마음
4	티페레트,Tiferet	아름다움	가슴/몸통
5	헤세드, Chesed	자비/사랑	오른 팔
6	게부라. Geburah	힘/정의	왼 팔
7	예소드, Yesod	기초/토대	성기
8	네차흐, Netzach	견고/승리	오른 다리
9	호드, Hod	광휘/영광	왼 다리
10	말쿠트, Malkhut	물질왕국	발

- 이 순서는 도리얼 생명나무 기준이다.

도리얼 생명나무 4계와 3개 기둥

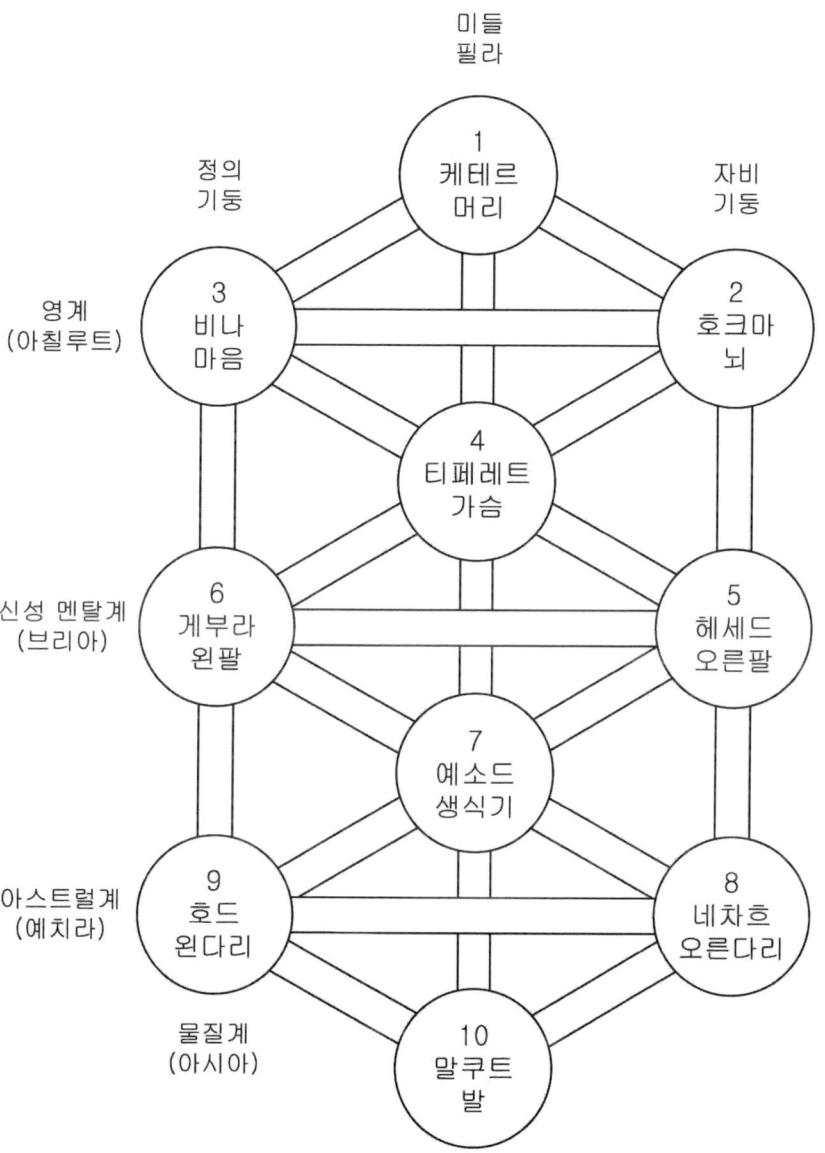

신의 4자 문자 모양(YHVH)

(가로 배열)

(세로 배열)

-참고 사항-

부록에 나오는 도형과 그림은 역자가 원문의 이해를 위하여 하모니 출판사의 『카발라의 신비 열쇠』에서 가지고 온 것이다.

주 석

1편 카발라 서적

1) Moses Cordovero, 『Pardes Rimonim』 fol. 55a.

2) 『Elucidarius Cabbalisticus』, Rome, 1706, 8 vo.

3) Reuchlin, 『de Arte Cabalistica』, fol. 9, 10, ed. Hagenau.

4) 기원전 5세기에 활약한 유대인 사제, 율법학자. (역주)

5) Pico de la Mirandola, Apology, p. 116 et sequ. tome I.

6) 마이모니데스, 『혼란에 빠진 자들을 위한 길잡이(the Guide of the Perplexed, Morah Nebuhim.』(역주)

7) 미슈나. Haggiga, 12a.

8) 40세가 되기 전에는 조하르나 다른 카발라 책을 읽는 것이 금지되었다.

9) Tractat Haggiga, 14b

10) 메타트론(מטטרון)의 문자 숫자 가치는 전능자로 번역되는 샤다이, Shaddai(שדי)의 문자 숫자 가치와 같다. 히브리 22문자는 각각의 고유한 숫자 가치를 지니고 있어서 단어에 대한 숫자 합계가 가능하다. 이것을 게마트리아라고 한다.

11) Babyl. Talmud, Tract. Berachoth and Maimonides, Moreh Nebuhim, Part I, ch. 62.

12) Babyl. Talmud, Tract. Berachoth and Maimonides, Moreh Nebuhim, Part I, ch. 62.

13) Maimonides, Moreh Nebuhim.

14) Maimonides, Moreh Nebuhim.

15) Maimonides is not only the author of the philosophic work entitled "Moreh Nebuhim," he has also composed under the title of "The Strong Hand" (יד הזקה) a great talmudical work which is to this day the indispensable manual of the rabbis.

16) 10개 세피로트 히브리 이름과 그것을 구성하는 문자의 수.

5	5	3	3	5	5	5	4	4	3
ויסוד.	מלכות	הוד	נצח	תפארת	גבורה	גדולה	בינה	חכטה	כתר

17) "Shalsheleth ha-Kabbalah, or the Chain of Tradition," by R. Gedalya, p. 23b, and David Gans' "Zemach David," p. 23a.

18) the second divine person, 예수를 지칭하는 것으로 보임. (역주)

19) Rittangel's commentary and translation of the Sefer Yetzirah, p. 84.

20) Babyl. Talmud, Tract. Kidushin, 30a.

21) Shalsheleth ha-Kabbalah, fol. 18, a and b, and Zemach David, fol. 19a, Amsterdam edition.

22) Peter Beer, part I, p. 88.

23) De Bello Jud., 8, I,

24) De vita contemplativa, in his collected works,

25) 창조의 서는 여러 판본이 있는데 이 구절이 아예 없는 판본도 있다. (역주)

26) See Wolf, Bibliotheca Hebraica, vol. I. Bayle, Dictionn. erit., article Abraham. Moreri, same article, etc.

27) Saadia begins his Arabic preface with the following words: "This book is called: Book of the Beginnings; it is attributed to our father Abraham (peace be with him)." Munk, l.c.

28) 1409년 작성, 1562년 인쇄. (역주)

29) Sefer Yetzirah, Mantua edition, p. 20, 21.

30) Babyl. Talmud, Tract, Menahoth, 29b.

31) Babyl. Talmud, Tract. Haggiga, 14a.

32) Babyl. Talmud, Tract. Haggiga, 14a.

33) Morimus, Exercitationes biblicae, p. 374.

34) Gedaliah ibn Yahya ben Joseph(1515-1587) was a 16th-century Italian Talmudist and Biblical chronologist chiefly known for his Biblical Chronology "Shalshelet HaKabbalah". (역주)

35) Shal-sheleth ha-kabbalah, fol. 20b.

36) The first edition of the Sefer Yetzirah is the Mantua edition published in 1565; while the Chronicle, just mentioned, Shalsheleth hakabbalah (The Chain of Tradition) was printed already in Imola in 1549.

37) "Book of Genealogies," P42, 45.

38) Shalsheleth ha-Kabbalah, Amsterdam edition, fol. 23, a and b.

39) There are two ancient editions of the Zohar which served as models for all others: the Cremona edition and the

Mantua edition, both published in the year 1559.

40) Babylonian Talmud, Tract. Sabbath, fol. 3b.

41) Josephus, d. b. j. I, 3, ch. 3. (Jellinek 주석)

42) The story of the flight and sojourn of ben Yohai in the cave is represented more fully in the Jerusalem Talmud, Tractat Shebuoth, ch. 9. (Jellinek 주석)

43) Zohar, Mantua edition, 3rd part, fol. 26. ib. fol. 29b.

44) 7세기(610년)에 이슬람이 생겼다. (역주)

45) 십자군 전쟁 시기는 1095-1270, 시메온인 살았던 시기는 2세기, 즉 후대에 쓰였다는 말임. (역주)

46) 조하르, Part III, p. 287b.

47) 조하르, Part III, fol. 59b.

48) 조하르, Part I, fol. 115b.

49) 조하르, Part III, fol. 10a.

50) Morinus, Exercitatt. bibl. 1, 2, exercit. 9, ch. 5.

51) Pardes Rimonim (פרדס רמונים), fol. 110a, 1st col.

52) 세상에 존재하는 모든 것을 분류해 보려는 철학서. (역주)

53) 창세기에 보면 신에 의하여 무에서 유가 창조됨, 이런 점이 발출 이론과 다르다는 것임. (역주). Beliefs and Opinions, Part I, ch. 4.

54) 욥기 28:20, 23. (20 Whence then cometh **wisdom**? and where is the place of **understanding**? 23. God understandeth the way thereof, and he knoweth the place thereof.)

55) Zohar, 2nd part, fol. 42 and 43. 첫 번째 세피로트는 무한

[Infinite, אין סוף (Ayn Sof)], 최고 왕관[Supreme Crown, כתר עליון (Kether Elyon)], 무[the No-Thing, אין (Ay-yin)] 혹은 장소[the Place, מקום (Mokom)]로도 불린다.

56) 이 책에서 심리학(psychology)은 혼에 대한 학문을 말한다.

57) Part II, fol. 99, sec. Mishpatim.

58) 『Beliefs and Opinions』, Part VI, ch. 2.

59) Hieron, ad Marcell., epist. 136, Vol. III, in his collected works.

60) 10세피로트의 이름은 케테르(Kether:왕관), 호크마(Hochma:지혜), 비나(Binah:지성, 이해), 헤세드(Hesed:자비), 게부라(Gevura:정의, 심판), 테페레트(Tepheret:아름다움), 네차흐(Netzach:승리), 호드(Hod: 영광), 예소드(Yesod:기초), 말쿠트(Malkut:왕국)이다. (역주)

61) 『Pardes Rimonim』, fol. 10, I.

62) 『Hieron.』, last volume of the Paris edition

63) 『Zohar』, Idra Zutah.

64) 아비세나(Avicenna)는 아랍인들 중에서 첫 번째 신비주의 해설자로 여겨진다. 그는 992년에 태어나 1036년에 죽었다.

65) 『Commentatio de vi quam graeca philosophia in theologian tum Muhammedanorum』 tum Judaeorum, exercuerit. Particula I, Hamb

66) Particula II, 『de Ortu Cabbalae』, Hamb., 1837.

67) 수피즘. (역주)

68) de Ortu Cabbalae, Hamb, part I, p 11.

69) Tholuck, 『de Ortu Cabbalae』 part I, p 17.

70) Thom. Hyde, de Relig. vet. Pers., ch. XXII, p. 296, et seq.

71) 조하르, 1st part, sect. Vayero, fol. 99b.

72) 상게서, fol. 100 a and b.

73) Tholuck, 『de Ortu Cabbalae』, part II, p. 28, 29.

74) 히브리어로 4계 이름. Azilah (אצילה), Bre-ah (בריאה), Yetzirah (יצירה), Assiyah (עשיה). (Jellinek 주석).

75) 『de Ortu Cabbalae』 part II, p. 30.

76) Shalsheleth ha-Kabbalah, fol. 25b.

77) Shalsheleth ha-Kabbalah, fol. 25b.

78) Zohar, part III, fol. 296b, Mantua edition.

79) 조하르, Part III, fol. 153b.

80) Zohar, Part III, fol. 157, 158.

81) The first part of the Zohar, fol. 99, 100.

82) 조하르, Idra Rabba, ad init.

83) Sefer Yetzirah에 대한 그의 주석, edition Mantua, fol. 46)

84) Botril's Commentary, fol. 87b.

85) 『De Coelo』, Vol. II, ch. 13. Aristotle's chief cosmological treatise: written in 350 BC.

86) 3-4세기의 그리스도교 호교론자.

87) Lib. 3, ch. 24.

88) 아우구스티누스 신국론, De Civitat. Dei, lib. 16, ch. 9.

89) 지구 위의 한 지점에 대하여, 지구의 반대쪽에 있는 지점. (역주)

90) 조하르, Part III, fol. 136a.

91) 뇌와 척수는 바깥쪽으로부터 피부, 뼈로 덮여 있으며 또 수막이라고 불리는 3층의 막으로 둘러싸여 있다. 수막은 바깥쪽으로부터 차례로, 경질막, 거미막, 연질막으로 이루어져 있다. (역주)

92) Babylonian Talmud, tract. Hulin, ch. 3.

93) Berahoth, 58b.

2편 카발라 교리 분석

1) 탈무드에 대한 저자의 판단은 전반적으로 올바르지 않다. (Jellinek 주석)

2) Judah Halevi, Cuzari, IV, 25.

3) M. de Bonald, Recherches Philosoph., ch. III.

4) Sefer Yetzirah, ch. I, first proposition.

5) Cuzary, Discors., vol. 4 S 25.

6) 범주는 사물의 개념을 분류할 때, 그 이상 일반화할 수 없는 가장 보편적이고 기본적인 유개념(類概念). (역주)

7) Sefer Yetzirah. Ch. I, proposition 9.

8) Sefer Yetzirah, Ch. I, proposition 4.

9) Sefer Yetzirah, Ch. I, from prop. 9 to prop. 12.

10) 기독교 교리. (역주)

11) Sefer Yetzirah, Prop. 7.

12) Sefer Yetzirah, Ch. I, prop. 8.

13) Sefer Yetzirah, Ch. II prop. 2.

14) Sefer Yetzirah, Ch. I, prop. 8.

15) The simples represent one sound only; the doubles express two sounds, one mild, the other hard. To the first class belong the following letters: הוז חטי לן מעצק; the last class is represented by these two words: בגד כפרת. Finally, in the word אמש are gathered the three mothers, one of which the ש, because it is a sibilant letter, represents fire; the second מ which is silent, represents water; and, finally, the first letter א, which is slightly aspirate, is the symbol of air.

16) Ch. III, prop. 4, b.

17) Ch. III, prop. 7.

18) Sefer Yetzirah, III, prop. 1.

19) Ch. VI, prop. 2.

20) Sefer Yetzirah, Ch. VI. prop. 13.

21) Sefer Yetzirah, Ch. VI, prop. 7.

22) Sefer Yetzirah, Ch. VI, prop. 11.

23) Sefer Yetzirah, Prop. 9.

24) 조하르 암스테르담 판은 3권의 책으로 구성된다. 8절 판인 각 권은 거의 600쪽 분량이다.

25) Zohar, part III, fol. 152a, sec.

26) 조하르, Part III, Fol. 149b.

27) Origen, Homilies on Leviticus 7.

28) Huet, Origeniana, p. 167.

29) Zohar, pt. III, fol. 128a.

30) Zohar, part III, fol. 129a and b. 이드라 랍바(Idra Rabba)에서 수염과 머리카락에 대한 묘사만 상당한 분량을 차지한다.

31) Ben Sira; Babyl. Talmud, tract. Haggiga 15. Bereshith Rabba, 8.

32) 원래 "기초[Foundation (יסוד--Y'sod)]"는 "왕국[Kingdom (מלכות--Malchus)]" 앞에 나온다. (Jellinek 주석)

33) Zohar, part II, fol. 42b, 43a.

34) Zohar, part I, fol. 1 and 2; part II, fol. 105a.

35) 조하르, Part III, fol. 288a, Idra Zutah.

36) 조하르, Part III, Idra Rabba, fol. 141b.

37) Ibid, fol. 144a.

38) 조하르, Part III, Idra Zutah, fol. 288a.

39) Pirke Aboth, Sec. 5, Mishnah 1.

40) Note that Intelligence, Wisdom and Power are names of three Sefiroth. (Sossnitz 주석)

41) It is said that the light of the last three upper Sefiroth gushed forth with such fullness into the first Sefiroth of the seven lower ones and so on into the others, that they broke. (Jellinek 주석)

42) Zohar, part II, fol. 288b.

43) Zohar, part I, fol. 2a. 15a.

44) 조하르, part III, fol. 288b.

45) Encyclopaedia der philosophischen Wissenschaften, par. 86, u. 87.

46) Zohar, part III, fol. 2926, 289b.

47) Ib., part III, fol. 290a.

48) Ib., part III, fol. 290a.

49) Ib., part III, fol. 290a.

50) Zohar, part III, fol. 291a and b.

51) 조하르, Idra Zutah, book III, fol. 288b.

52) 조하르, part III, fol. 288a and b.
흰머리는 "오래된 분(the Ancient)", 즉 첫 번째 세피로트(케테르, 왕관)이고 여기서 지혜와 지성이 나온다. 이것은 모든 것의 근원인 아인소프(무, the Ancient of Ancients)와 구분되어야 하는데, 여기서 보듯이 아인소프가 오래된 분(the Ancient)으로 표현되기도 한다. 혼란스럽다. 이 두 존재가 분리되기 전에는 하나였다고 생각하면 이해는 된다. (역주)

53) 조하르 Part I, fol. 2466.

54) 조하르, Part III, fol. 55b.

55) Pardes Rimonim, fol. 55a.

56) "Judgment" as translated by Jellinek is more correct and has been followed here. "Justice" as used by the author,

would be (Tsedek). According to Gesenius "Din" has the meaning of "to judge (and thus to reign)." I would say that "Din" represents justice untempered by mercy. (Sossnitz 주석)

57) Zohar, part III, fol. 143b.

58) Part III, fol. 269a.

59) Zohar, part III, fol. 296a.

60) Zohar, part III, fol. 296a.

61) 본서 생명나무 그림(P34, p273) 참조할 것. (역주)

62) Pardes Rimonim, fol. 66b, 1st col.

63) Zohar, part I, fol. 51a.

64) Part II, sect, Pekudah.

65) 생명나무 그림(이 책 34쪽, 273쪽)에서 가로로 3개씩 나누면, 삼위일체인 지성적인 세계(왕관, 지혜, 지성), 감정의 세계(자비, 심판, 아름다움) 자연의 세계(승리, 영광, 기초)가 된다. (역주)

66) 왕관, 아름다움, 왕국.
생명나무 그림(이 책 34쪽, 273쪽)에서 중간을 세로로 나누면 이 삼위일체가 나온다. 중간기둥이라고 함. 저자는 삼위일체를 만들기 위해 10개 세피로트 중 왕국 앞의 기초를 빼버림. (역주)

67) Zohar, part III, fol. 10b

68) Zohar, part III, fol. 7.

69) Cordovera's Pardes Rimonim, pgs. 60-64

70) Zohar, part I, fol. 60-70.

71) "Pardes Rimonim", fol. 34 39.

72) 생명나무로 불림. (역주)

73) 조하르의 이드라 랍바, part III, 148a, Amsterdam Ed)

74) Idra Zutah, part III of the Zohar, fol. 292, Amsterdam ed.

75) Idra Rabba, ib. 135a, b.

76) Idra Rabba, part III of Zohar, fol. 135b.

77) Zohar, part I, fol. 20a. 177.

78) Zohar, part I, fol. 2466

79) on the Sefer Yetzirah. Rittangel ed., p. 65.

80) Zohar, part II, fol. 100b, sect, Mishpatim.

81) Zohar, part II, fol. 100b, sect, Mishpatim.

82) Part II, fol. 218b, Part I, fol. 21a.

83) Zohar, part II, fol. 20a.

84) Zohar, part II, fol. 74a; part II, fol. 20a.

85) 조하르, part II, fol. 20a, Part II, 74a, Part II, fol. 76a.

86) Zohar, part II, fol. 73b.

87) Zohar, part II, fol. 73-75a.

88) Zohar, Part II, fol. 73b, ff.

89) Compare L. Dukes. History of the Neo-Hebrew religious poetry, pgs. 107-110. (Jellinek 주석)

90) Zohar, part III, fol. 68a, b.

91) Babyl. Talmud, Sanhedrin, ch. XI, and Hulin, ch. VI.

92) Zohar, part I, fol. 40, 41. Ib., fol. 55a. Ib., fol. 146a.

93) For all the details see Zohar, part II, fol. 255-259, sect. פ קודי and the commentary or rather the Hebrew translation of that passage in "Pardes Rimonim".

94) Part I, fol. 35 b.

95) It is supposed that the wife of Samael is Lilith (a power of the night), which is often spoken of in the Talmud.

96) Pirke Aboth, ch. III, 1.

97) Zohar, part III, fol. 48a.

98) Zohar, Part II. fol. 70b.

99) Zohar, Part II, 76a.

100) Part II, fol. 142a, Sect. T'roomah.

101) Zohar, part III, fol. 104a, b, Sect. אמור (Emor).

102) Zohar, part I Sect. Lech L'chah.

103) Zohar, part I, fol. 245a.

104) 기독교 사상. (역주)

105) Zohar, Part 1, fol. 55b.

106) Zohar, Part I, fol. 91b.

107) Zohar, Part II, fol. 96b.

108) Zohar,,Part III, fol. 61b.

109) Zohar, Part I, fol. 93a, b.

110) Zohar, Part III, fol. 61b.

111) Zohar, Part II, fol. 99b.

112) Adv. Celsum, liv. III.

113) Zohar, Part II, fol. 203b.

114) Zohar, Part II, fol. 216a.

115) Part I, fol. 66a, sect. נח (Noah).

116) Zohar, Part I, fol. 66a.

117) Zohar, Part II, 97a,

118) Zohar, Part I, fol. 168a).

119) Zohar, Part I, fol. 4-8a, b.

120) Zohar, Part I, fol. 145b.

121) Zohar, Part III, fol. 83b.

122) Zohar, Part I, fol. 65a.

123) Zohar, Part II, fol. 163a, b.

124) Zohar, Part I, fol. 52a, b.

125) Zohar, part II, fol. 229b.

126) Aytz Hay-yim, Treatise on Metempsychosis, liv. I, ch. 1.

3편 카발라와 유사한 철학

1) 플라톤은 인간은 이데아계의 완전한 이상적 형태가 투영된 불완전한 존재들이자 이러한 완전한 이상에 도달할 수 있는 가능한 존재로 보았다. 그런데 사람은 태어난 후 여러 가지 경험으로 정신이 육체의 굴레에 갇히게 되었고 완전한 이상에 대한 지식은 무의식 속에 억압되었다고 믿었다. 그래서 훈련과 노력을 통하여 그러한 것을 의식 속으로 재생시킬 수 있다고 보았다. 이를 플라톤의 회상설이라 한다. (역주)

2) 이데아는 비물질적이며 보이지 않는 형상으로 개개의 사물의 이상적 원형이고 본질인데, 감각적 인식의 대상이 아니라 이성에 의한 개념적으로 인식할 수 있다. 물질적인 것은 이데아의 그림자로 봄. (역주)

3) 세계의 형성자. (역주)

4) Jerusalem Talmud, Rosh-Hashanah, Tract. Sanhedrin, ch. XXI

5) Zohar, part I, fol. 99, 100.

6) Quod omnis probus liber, p. 873, Ed. Mangey.

7) Yost, History of the Jews, vol. IV, Book XIV, ch. VIII; and in the General History of the People of Israel, by the same author, vol. II, ch. V.

8) Ezra에 의해 설립된 120인으로 이루어지는 종교 회의. 기원전 450년경부터 200년경까지에 걸쳐서 활동. (역주)

9) 미슈나에서 언급되는 이 두 지도자는 BC 78-44년경, 즉 필론 이전에 활발히 활동했다. (역주)

10) De vita Mosis, liv. I, init.; liv. II, p. 81, ed. Mangey.

11) 아리스테아 편지(The Letter of Aristeas)를 말하는 것임. 이 편지는 70인 역이라고 불리는 구약성서 그리스어 판본의 기원에 관한 전설을 엮은 것으로, 기원전 145-100년경에 작성된 이 편지의 목적은 유대인의 율법이 그리스인의 지혜보다 우월하다는 것을 보여주는 데 있다. (역주)

12) 1세기경 알렉산드리아의 유대인 명상 공동체. (역주)

13) Josephus, Antiquities of the Jews, Book XII, ch. 9. Josephus does not state that the Essenes were established in Palestine at that time.

14) 이것은 많은 점에서 논쟁의 여지가 있다. 탈무드에 그리스 단어가 많이 받아들여졌다. 또한 미슈나는 이미 호머(Homer)에 대하여 알고 있었다. (Jellinek 주석)

15) 『유대고대사(Jewish Antiquities)』, lib. XX, IX.

16) Tract. Sotah fol. 49b.

17) 유대 전쟁의 최고 지휘자로서 예루살렘을 함락시켰고 후에 황제로 즉위. (역주)

18) Tract. Sotah fol. 49b, 티투스 군대에서 아이들에게 그리스 학문을 가르치는 것이 금지되었다.

19) parasang, 고대 페르시아의 거리 단위, 1 파라상은 약 5.5 킬로미터. (역주)

20) Tract. Sotah fol. 49b

21) This testimony is not to be distrusted. Granted that the number is exaggerated; the fact, as corroborated by the exact names given, still remains true. (Jellinek 주석)

22) This is the very expression used by the Gospel, Acts, V. 34-39.

23) Yost, History of the Jews. vol. III, p. 170 ff.

24) Tract. Menachoth, fol. 99b.

25) 바빌로니아 탈무드, Tract. Haggiga, fol. 14b.

26) Babyl. Talmud, Tract. Haggiga, fol. 14b.

27) 프로클로스에 따르면 신을 말하는 3가지 방법이 있다. 신비적 방법, 변증법적 방법, 상징적 방법, 이 구별은 조하르가 받아들인 율법의 3개 망토를 상기시킨다.

28) Proclus in the Theol. Plat., 1, 3; II, 44; Element. Theol. 27-34, and in the Commentary on Plato.

29) Proclus, in the Theol. of Plato, liv. II, ch. VI; II, 4.).
프로클로스: 고대 그리스의 철학자(410?~485). 신플라톤주의의 마지막을 대표하는 사람으로, 작품으로 신학 원론, 플라톤 신학(Platonic Theology), 유클리드의 기하학 원론, 주해서로는 플라톤 주해서 (Commentaries on Plato)가 있음. (역주)

30) 물질세계를 창조하는 신을 플라톤적 맥락에서 부르는 이름이다. 그리스 신화에서는 데미우르고스를 최고신으로 여긴다. (역주)

31) Proclus, in the quoted work, liv. I, ch. XXIII.

32) Plotinus, Ennead., VI, liv. VIII, 16; Enn., IV, liv. III, 17, et passim. Proclus, Theol, I, 25.

33) Proclus, Theol. secund. Plato, liv. VI, ch. VII, VIII et sequ.

34) 본서 34, 135, 273쪽 참조할 것.

35) Sentent. ad intelligib., Roman edition, ch. XXII.

36) Plotinus, Enn. IV, liv. III, ch. IX.--Enn., liv. VIII, ch. VII.--Enn. II, liv. III, ch. IV.

37) Theol. Secund. Plato, liv. II, ch. 4.

38) l.c., liv. II, ch. IV.

39) De Mysteriis Egypt., sect. II, ch. XI.

40) Saadia ben Joseph. Head of the academy of Sura; born 892, died 942. (Sossnitz 주석)

41) Moses ben Maimon (Rambam). Talmudist, astronomer, physician and philosopher. Born 1135, died 1204. (Sossnitz 주석)

42) Joseph Flesch of Moravia has lately undertaken the translation of Philo's works into Hebrew; the translation of de Vita Mosis, (חיי משה), de Decalogo as well as the treatise on the Essenes and the Therapeutae in the manuscript: quod omnis probus liber, have been printed. The death of the translator has cut short the undertaking. (Sossnitz 주석)

43) Gefroerer, Critical History of Primitive Christianity. Daehne, Historic Exposition of the Religious School of the Alexandrian Jews, Halle, 1834. Grossman, Questiones Philonae, Leipzig, 1829. Creuzer, in the "Theological Studies and Criticism," year 1832, first issue

44) Compare Creuzer's article, Theological Studies and Criticism, 1832, first issue, p. 18 ff. Ritter, article Philo. vol. IV of Tissot's translation.

45) 플라톤이 지은 철학서(기원전 4세기), 그의 우주 창조설이 실려 있으며, 피타고라스파의 천문학자가 주인공으로 등장한다. (역주)

46) 필론, De mundi opificio, I, 4.

47) De incorrupt. mund.

48) De plantat Noe, II, init.

49) 필론, De mundi opific.

50) Quod mund. sit incorrupt., 949, 950.

51) 필론, De planat. Noe, init.

52) 필론, De Sacrificantibus, ed. Mangey, vol. II, p. 261.

53) 필론, Legis Alleg., I, ed. Mangey, vol. I, p. 44.

54) 필론, De Cherubin, p. 123.

55) 필론, Leg. Alleg. lb. supr.

56) 필론, De Somniis, p. 577.

57) 필론, Legis, Alleg., I; De Cherubin, vol. I, p. 153, ed. Mangey.

58) 필론, De linguarum Confusione, ed. Mangey, vol. I, p. 425.

59) 필론, De Somniis, lib. I.

60) 필론, Legis. Alleg., I, 1.

61) 필론, De Cherubin., vol. I, p. 156. ed. Mang.

62) 필론, De Somniis.

63) 필론, De Confusione linguarum, p. 341.

64) 필론,, Leg. Alleg., I. I.

65) 필론, De Temulentid.

66) Timaeus, ed. Stallbaum, p. 212.

67) 필론, De Praefugis.

68) 필론, De Cherub., vol. I, p. 154, ed. Mangey.

69) De Mundi opific., loc. laud.

70) 필론, De Specialibus legibus, 1. II, vol. II, p. 329, ed. Mangey.

71) Quod mundus sit immutabilis.

72) 필론, De Mund. opific.

73) 필론, De Confusione Linguarum.

74) 필론, De Sacrificantibus. vol. II, p. 261.

75) 필론, De Posteritatae Caini.

76) 필론, De Somniis, I, col. I, p. 653, ed. Mangey.

77) De Confusions linguarum, vol. I, p. 407, ed. cit.

78) Leg. Alleg., III, vol. I, p. 128, ed. cit.

79) De Somniis, I, vol. I, p. 656, ed. Mangey.

80) 필론, De Somniis, I, vol. I, p. 656, ed. Mangey.

81) De Profugis, vol. I, p. 560, ed. Mangey.

82) 필론, De Profugis, vol. I, p. 560, ed. Mangey.

83) 필론, De Vita Abraham (vol. II, p. 17, ed. Mangey.

84) Leg. Alleg., III.

85) De Monarchia, I, vol. II, p. 218.

86) De plantatione. De Monarchia, II.

87) De Gigantibus vol. I, p. 253, ed. Mangey.

88) De Somniis, I.

89) De Concupiscentia, vol. II, p. 356, ed. Mangey.

90) Quod deterior potiori insidiari soleat, vol. I, p. 208, ed. cit.

91) Leg. Alleg., I. De Confusione linguarum. De Concupiscentia, vol. II, p. 350, ed. cit.

92) De Congressu quaerendae eruditionis gratia.

93) De Somniis, L, 1.

94) De Cherub. De Congressu quaerendae erudit. gratia.

95) 플라톤의 파이돈, Phedon, ad init.

96) De Migrat. Abraham.

97) Leg. Alleg., vol. II.

98) De Migratione Abraham. Quis return divinarum haeres.

99) De Nobilitate, vol. II, p. 437, ed. cit.

100) De Opific. mund. Quis rerum divinarum heares. De Nominum mutatione. De Vita Mos., III.

101) De Mund. opific. op. 16, Paris ed. 1640. De Profugis, same ed., p. 460.

102) Leg. Alleg., I. De profugis. De Cherub. Gefroerer, work cited, vol. I, p. 401.

103) De Nominum mutatione, p. 1052, quoted ed.

104) De Sacrificiis Abelis et Caini p. 152, Paris ed.

105) De Vita Mos., III, vol. II, p. 157, ed. Mangey.

106) De Migratione Abraham.

107) De Nobilitate, ed. Mangey, vol. II, p. 442.

108) De Migrat. Abrah. De Somniis, I et passim.

109) Quis rerum divinarum haeres sit.

110) Legis Allego., III.

111) De Migrat. Abrah. Quis rerum divinarum haeres sit, et passim.

112) Quod deter. potiori insidiari seleat.--De Monarchia.

113) 필론, De Ebrietate.

114) De Migrat. Abrah., ed. Mang., 1, I, p. 395, 413. Leg. Alleg., same ed. vol. I, p. 50. De Vita Contemplativa.

115) 필론, De Migration. Abrah.

116) 조하르에 그리스 문명의 흔적이 없는데, 필론은 그리스 문명의 영향을 많이 받았다. 조하르에 필론의 또 다른 교리인 동방의 가르침과 비슷한 내용이 나오는데, 조하르 저자가 이 두 교리를 구분하여 동방 교리만 받아들였다는 것은 가능하지 않다는 의미임. (역주)

117) See Gefroerer, loc. cit., vol. I, p. 50.

118) De Vita Mosis, I; ed. Mangey., liv. II, p. 81.

119) De Vita contemplativa, vol. II, p. 475, ed. Mangey.

120) For the necessary documents consult Gefroerer, Primitive Christianity, vol. II, p. 4-18, and Dahne, Historical Exposition of the Religious Philosophy of the Alexandrian Jews, vol. II, p. 1-72.

121) De Mundi opific., p. 27, Paris ed.

122) Zohar part I fol. 46h.

123) 구약성서 외경인 『집회서』의 저자, BC 150경 활동. (역주)

124) Jes. Sirach ch. XVII, 17.

125) 언어분석 결과 모세 5경(처음 5권)은 BC 3세기 중반에, 나머지 부분은 BC 2세기에 번역되었다고 함. (역주)

126) Zunz, The Religious Sermons of the Jews, ch. VII.

127) Ch. XXIV; de Sacy's translation, same ch., v. 7.

128) 집회서, Ch. XXIV, 1.

129) 집회서, Ch. XXIV v. 7 ff.; Sacy, v. I1.

130) 집회서, Ch. XXIV, v.9; Sacy

131) 집회서, Ch. I, 1.

132) 집회서, Ch. XXIV, 566.

133) Ch. XXIV v. 7 ff.; Sacy, v. I1. 사시가 번역한 예수 벤 시락의 집회서.

134) 집회서, Ch. XVII, v. 15.

135) 옹켈로스 타르굼, 바빌론 포함 동방지역에서 사용된 아람어 역본. (역주)

136) 프랑스 성경 번역자, Louis-Isaac Lemaistre de Sacy. (역주)

137) 지혜의 서, 7:24-27.

138) See dom Calmet's "Dissertation on the author of the Book of Wisdom, in hisliteralcommentary to the Old

Testament," and Daehme, l.c. liv. II, p. 152 ff.

139) Peter Beer, History of Jewish Religious Sects, vol. II.

140) See Ari Noham of Leon de Modena, pgs. 7, 79 and 80.

141) 신비 신학자, 사도행전에 나오는 디오니시우스와 구분하기 위해서 위(僞) 디오니시우스(Pseudo-Dionysius)라고 부르기 시작. 오늘날 학자들은 위-디오니시우스를 시리아 출신으로 5세기 말엽~6세기 초엽에 활동했던 인물로 추정, 저서로는 신명론, 천계 위계론, 교회 위계론, 신비 신학론. (역주)

142) Antiquities, Book XX ch. VII.

143) St. Jerome Commentar. in Matthaei ch. XXIV, in vol. VII of his work according to the Venetian edition.

144) St. Jerome Commentar. in Matthaei ch. XXIV, in vol. VII of his work according to the Venetian edition.

145) Clement., Recognitiones, liv. II. Iren., liv. 4, ch. XX.

146) In Gnosticism it signifies the spiritual divine nature with all the eons emanating from it.--Transl.

147) 기독교 영지주의자이자. 바르다이산파의 창시자. (역주)

148) Ephrem, hymn 55, p. 755.

149) Codex Nazareus, 3 vol. in 4to, 1815. Pub. and trans. by Matthew Norberg. 나사렛 문서는 영지주의 만다이파의 문헌이다. (역주)

150) 성 에프렘(306-373)은 시리아인으로 찬송가, 시, 설교, 신학 분야에서 방대한 작품을 남긴 유명한 신학자이다.

151) 나사렛 문서, Cod. Naz. vol. I, p. 5.

152) 나사렛 문서, Cod. Naz. vol. I, p. 7.

153) 나사렛 문서, vol. I, p. 11.

154) 나사렛 문서, vol. I, p. 9.

155) 나사렛 문서, vol. I, p. 145.

156) 나사렛 문서, vol. II, p. 88.

157) Ib., vol. I, p. 308.

158) 나사렛 문서, Vol 1, 3.

159) Ib., vol. III, p. 126. Onomasticon.

160) Ib., vol. III, p. 61.

161) 나사렛 문서, vol. I, p. 145.

162) Ib., III, Onomasticon.

163) 나사렛 문서, vol. I, p. 190-200. p. 121 and 123.

164) Vol. II, p. 25-26-117.

165) Iren., II, 4.

166) Neander, work cited, p. 219.

167) Neander, p. 176, Doctrine of Marcus.

168) 바빌로니아에 포로로 잡혀 있던 유대인을 해방시켜 고향에 돌아가게 해 준 것으로 유명. (역주)

169) 역사철학의 한계가 있어서 미탐구 영역이 많다는 뜻. (역주)

170) Zend Avesta, vol. II, Life of Zoroaster.

171) 바벨론 포로귀환 지도자, 예루살렘 성벽 재건. (역주)

172) Daniel, I, 1, Ezra, I, 2; II, 1. Josephus, Antiquities, Book

XI, ch. IV, V.

173) 132년 로마의 예루살렘 완전 지배. (역주)

174) Yost, General History of the Israelites, Book X, ch. XI and XII.

175) The word Gahanbars denotes the six creative epochs as well as the six festivals established as reminders for the faithful (M. Burnouf, Commentary to the Yacna, p. 309). In the first epoch Ormuzd createdp. 287the heavens; during the second he made the waters; in the third, the earth; in the fourth, the vegetations; in the fifth, the animals; and, finally, in the sixth, man was born. (Auquetil-Duperron, Zend Avesta, vol. I, part 2, p. 84; Kleuker, vol. II, No. XXVIII.) This system of creation was taught already before Zoroaster by another Median or Chaldean prophet, called Djemshid.--Auquetil-Duperron, Life of Zoroaster, p. 67; Kleuker, vol. III, p. 59.

176) Zend Avesta Vendidad, Vol. 2 P. 264.

177) Zend Avesta, Vol, 3, pp 351, 378.

178) 위에 나온 책(Ib., supr.)

179) 위에 나온 책((Ib. supr.)

180) Zend Avesta, 2권, 414면.

181) Zend Avesta, vol. II, p. 235; vol. III, p. 158.

182) Vendidad Sade, vol. II, of the Zend Avesta, p. 325.

183) Zend Av., vol. II, p. 113.

184) Tract. Berakoth, fol. 6a.

185) Zend Av., Vol. 2. p336.

186) Tractat Haggigah, fol. 16a.

187) Tractat Haggigah, fol. 16a.

188) Zend Avesta, vol. II, p. 408.

189) Zend Av., vol. II, p. 164.

190) Zend Av., vol. II, p. 316.

191) Zend Avesta, vol. II, p. 114, 151. vol. III, p. 205, 206, 211-222.

192) Zohar, part III sect. (blank--JBH) p. 126b, Amsterdam ed. Kitzur, p. 20, 21.

193) Zohar, ib. supr.

194) The same passage of the Zoha and of the Kitzur.

195) Zend Avesta, vol. II, p. 409.

196) Thomas Hyde, Religio veterum Persarum, p. 465, 477.

197) Orach Haim, directions for the washing of the hands, p. 54, Zohar, part I, e Talmud, Tract. Sabbath, ch. VIII.

198) Zend Avesta, vol. III, p. 313.

199) Zend Av., vol. III, p. 565. Th. Hyde, l. c. p. 445.

200) Auquetil-Duperron, in the "Memoires de l'Academie des Inscriptions," vol. XXXVII, p. 584.

201) Vol. II of the Zend Av., Vendidad. Ib., vol. III, Bundehesh.

202) 3~7세기에 페르시아에 나타난 조로아스터교의 이단 학파. (역주)

203) Sharistani, ap. Thomas Hyde, de Veter. Pers, relig., p. 297.

204) Zend Av., vol. II, p. 138.

205) Memoires de l'Academie des Inscriptions, vol. XXXVII, p. 620.

206) Zend Av., vol. II, p. 415.

207) Zend Av., vol. III, p. 325, 595.

208) Zend Av., vol. III, p. 343.

209) Eugene Burnouf, Commentaire sur le Yacna, ch. I, to p. 146.

210) This is the sect of the Zerdustians.

211) They say that Ormuzd and Ahriman were*given*by Zervan, the eternal time. That Ormuzd has*given*the heavens and all its products. But the sense of this important word is nowhere determined clearly.

212) Comment. sur le Yacna, p. 172.

213) 뷔르누프, Commentaire sur le Yacna, 270.

214) 『Explanatory compendium of the Theological system of Zoroaster,』 Zend Av., vol. III, O. 595, and the Memoires de l'Academie des Inscript., vol. XXXVII, p. 623.

215) Mem. de l'Acad. des Inscript., vol. XXXVII, p. 640.

216) Zend Av., vol. II, p. 350.

217) Vol. 38, p. 646-648.

218) 조하르, Part II, ch. III.

219) Mem. de l'Acad. des Inscript., passage quoted.

220) Thomas Hyde, Religio veterum Persarum, p. 296, 298, ch. XXII.

221) Zend Av., vol. II, p. 169.

222) Zend Av., vol. III, p. 415.

223) Zohar, part III, p. 9b, 10a.

225) 기원전 132년에 유대를 식민지로 삼은 로마에 대항하여 반란을 일으켰던 사람, 일부 유대인이 그를 메시아로 보았음. (역주)

226) 카발리스트, 자칭 메시아였으며, 사바타이파의 창시자. (역주)

227) Lacroix, Memoires de l'empire Ottoman, p. 259 ff--Peter Beer, work cited, vol. II, p. 260 ff. Basnage, Histoire des Juifs, Book IX, etc.